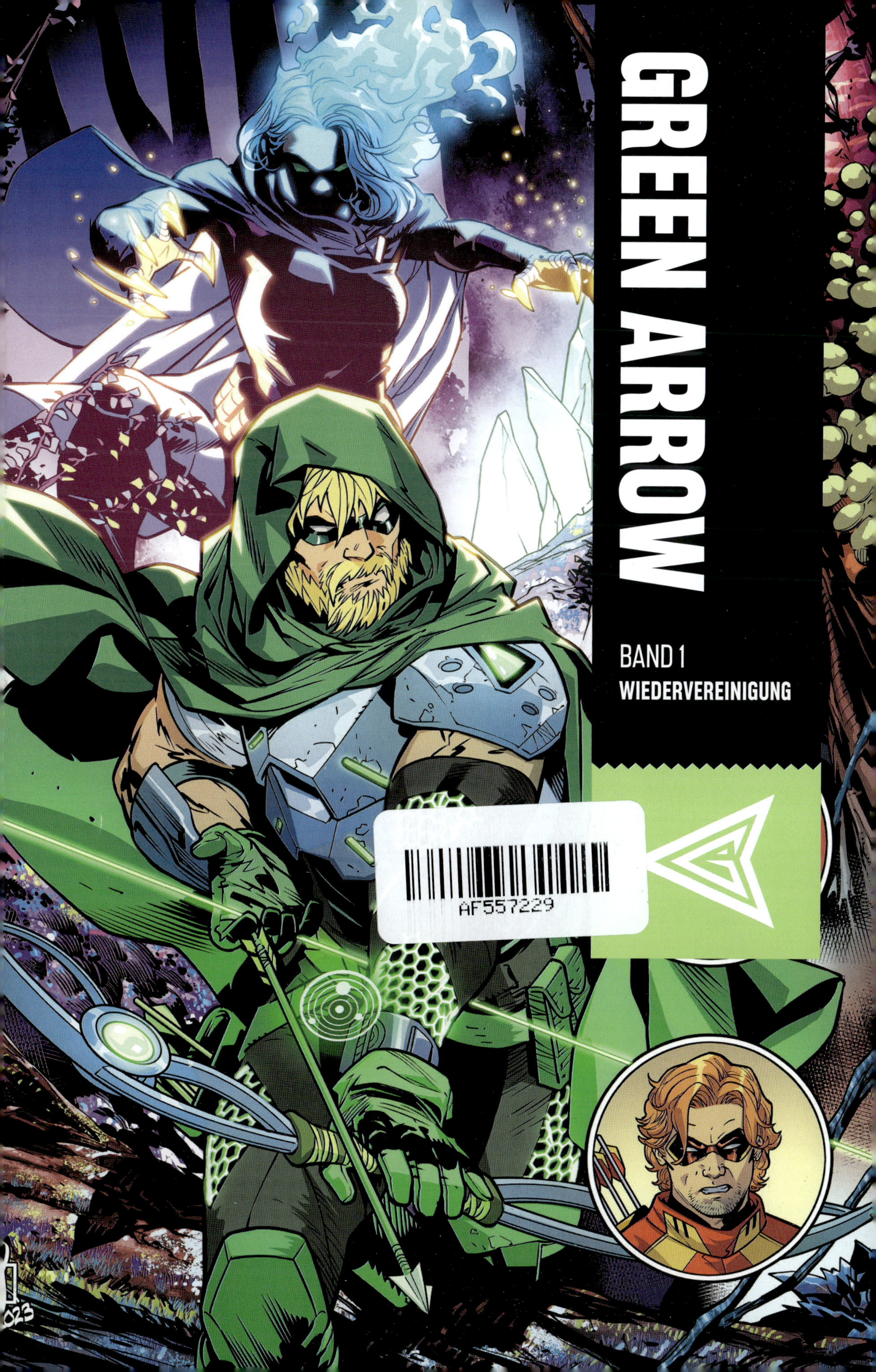
GREEN ARROW
BAND 1
WIEDERVEREINIGUNG

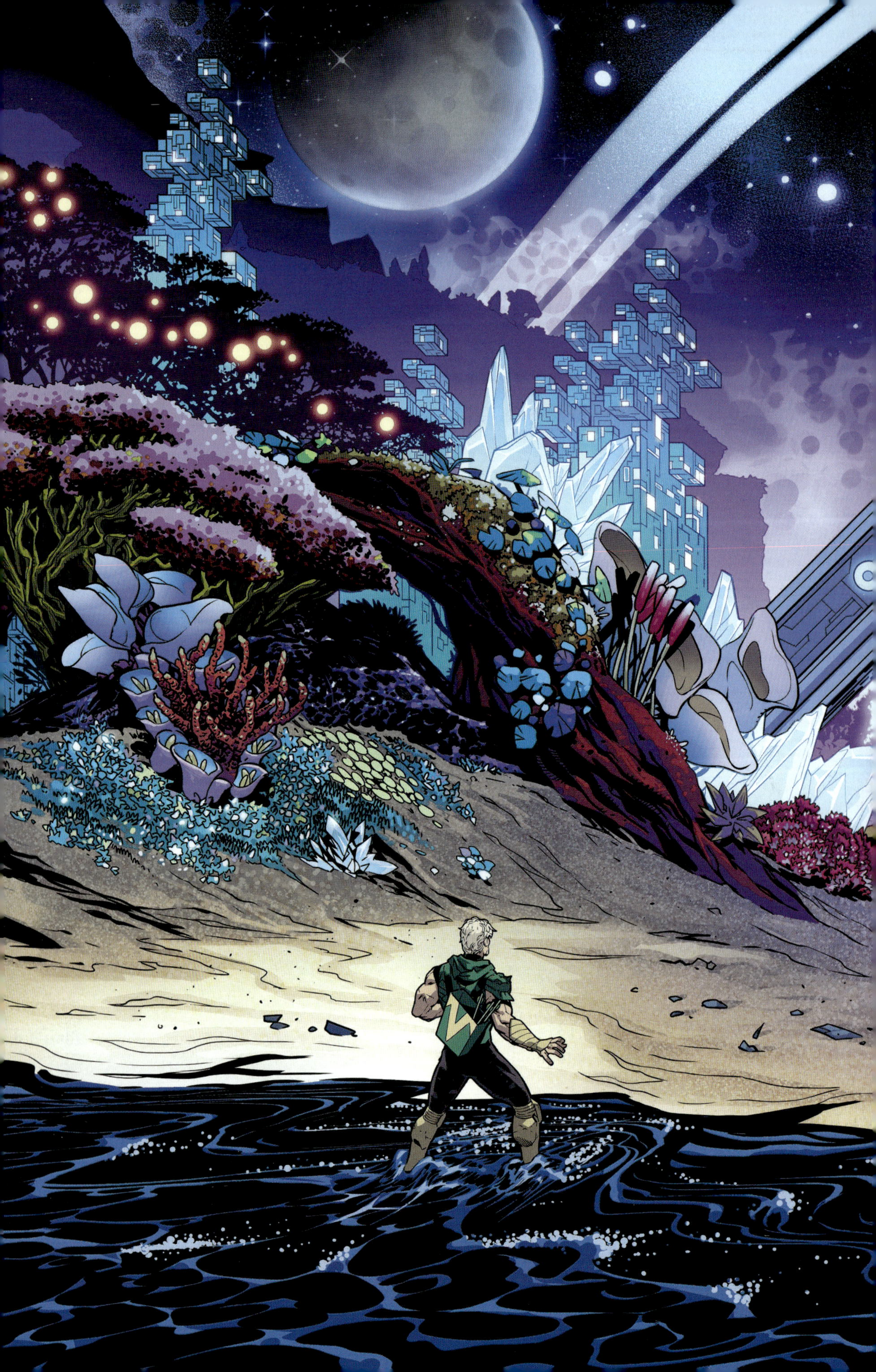

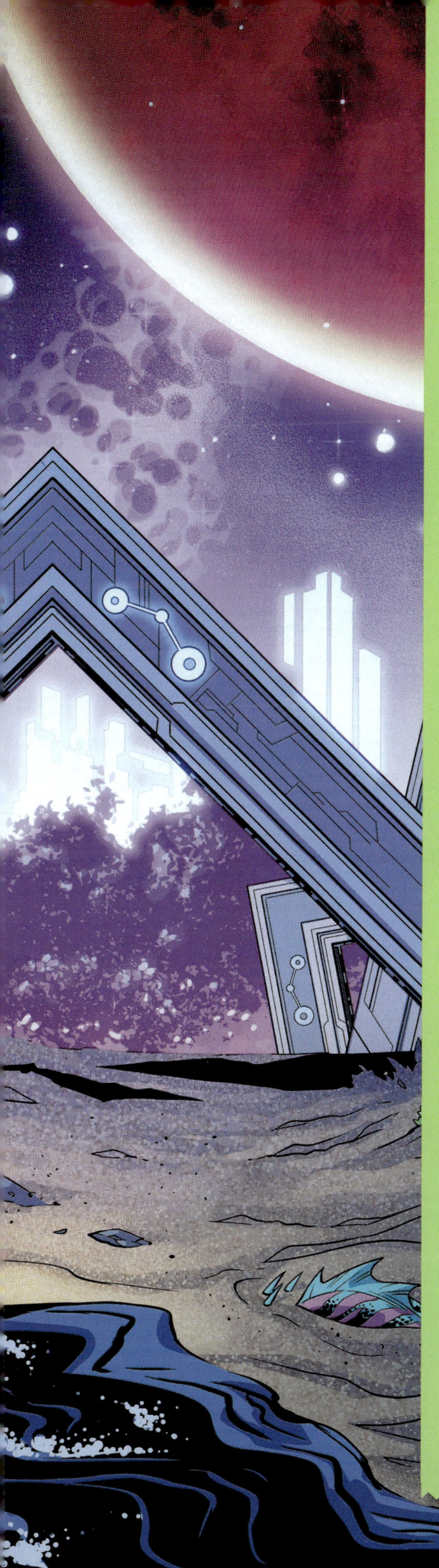

SCHUSS INS GRÜNE

Wo ist **Green Arrow**? Das ist die Frage, die sich seit dem Ende des Comic-Events **Dark Crisis** nicht nur die Fans des Bogenschützen stellen, sondern auch die Freunde und Kollegen des **Grünen Pfeils** im DC-Universum. Zunächst schien es so, als wäre Green Arrow alias **Oliver Queen** zusammen mit seinem Team der **Justice League** den Heldentod gestorben, doch nach und nach wurde klar, dass die Mitglieder der Liga nicht endgültig verloren sind. Als am Ende der Dunklen Krise die Pläne von **Pariah** und **Deathstroke** vereitelt wurden, kehrten auch **Batman**, **Superman**, **Wonder Woman** & Co. von den vermeintlich Toten zurück – nicht jedoch Green Arrow!

Nicht nur Ollies große Liebe **Dinah Lance** (alias **Black Canary**) und sein Protegé und einstiger Sidekick **Roy Harper** (früher **Speedy**, **Arsenal** und **Red Arrow** genannt) suchen verzweifelt nach dem unfehlbaren Kämpfer mit dem sozialen Gewissen, auch Green Arrows lange verschollener Sohn **Connor Hawke**, der ebenfalls schon den Titel Green Arrow getragen hat, schließt sich ihrer Suche an. Wie sich zeigen wird, ist Oliver Queen, der schon einmal von den Toten zurückgekehrt ist, nicht dort, wo man ihn vermuten würde … und um ihn zu finden, müssen die Machenschaften eines alten Gegners und diverse Schatten aus Ollies Vergangenheit überwunden werden!

Viel Spaß mit der Rückkehr des unfehlbaren Bogenschützen!

Christian Heiß

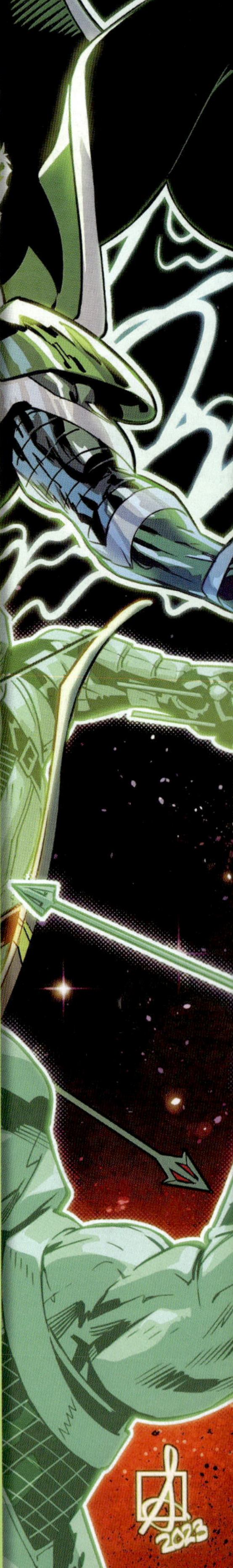

JOSHUA WILLIAMSON
Story

SEAN IZAAKSE
PHIL HESTER
TREVOR HAIRSINE
ANDE PARKS
Zeichnungen & Tusche

ROMULO FAJARDO JR.
Farben

CHRISTIAN HEISS
Übersetzung

FABIO MAGLIOCCA
Lettering

SEAN IZAAKSE
PHIL HESTER
Original-Cover

GREEN ARROW erscheint bei **PANINI COMICS**, Schloßstraße 76, D-70176 Stuttgart. Druck: Lito Terrazzi S.r.l. – Prato. Pressevertrieb: Stella Distribution GmbH, D-22297 Hamburg. Direkt-Abos auf **www.paninicomics.de**. Geschäftsführer **Hermann Paul**, Publishing Director Europe **Marco M. Lupoi**, Finanzen/Logistik **Felix Bauer**, Marketing Director **Holger Wiest**, Marketing **Thorsten Kleinheinz**, Vertrieb **Alexander Bubenheimer**, PR/Presse **Steffen Volkmer**, Publishing Manager **Lisa Pancaldi**, Redaktion **Tommaso Caretti**, **Dinah Goebel**, **Christian Grass**, **Christian Heiß**, **Nicola Soressi**, **Monika Trost**, **Daniela Uhlmann**, Übersetzung **Christian Heiß**, Proofreading **Enza Ceraudo**, Lettering **Fabio Magliocca**, grafische Gestaltung **Rudy Remitti**, **Nicola Spano**, Art Director **Alessandro Gucciardo**, Redaktion Panini Comics **Annalisa Califano**, **Beatrice Doti**, Prepress **Francesca Aiello**, **Andrea Bisi**, Repro/Packager **Alessandro Nalli** (coordinator), **Anna Boselli**, **Mario Da Rin Zanco**, **Valentina Esposito**, **Luca Ficarelli**, **Linda Leporati**.

Cover von **Sean Izaakse**, *Green Arrow* 1. Variant-Cover von **Álvaro Martínez Bueno**, *Green Arrow* 5 Variant.

Digitale Ausgaben:
ISBN 978-3-7569-0854-7 (.pdf) / ISBN 978-3-7569-0852-3 (.epub) / ISBN 978-3-7569-0853-0 (.mobi)

Bibliografische Information der Deutschen Nationalbibliothek
Die Deutsche Nationalbibliothek verzeichnet diese Publikation in der Deutschen Nationalbibliografie; detaillierte bibliografische Daten sind im Internet über dnb.d-nb.de abrufbar.

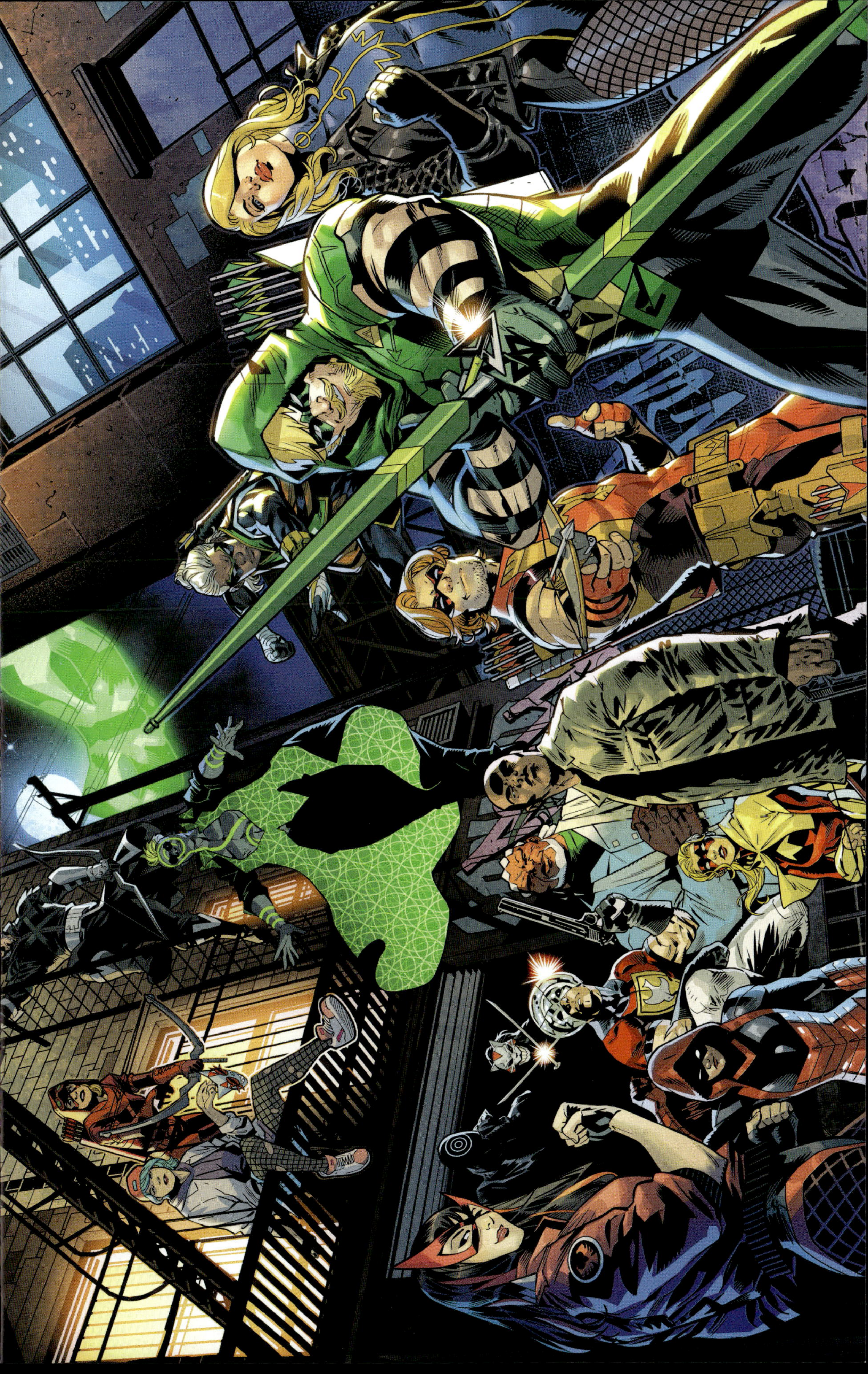

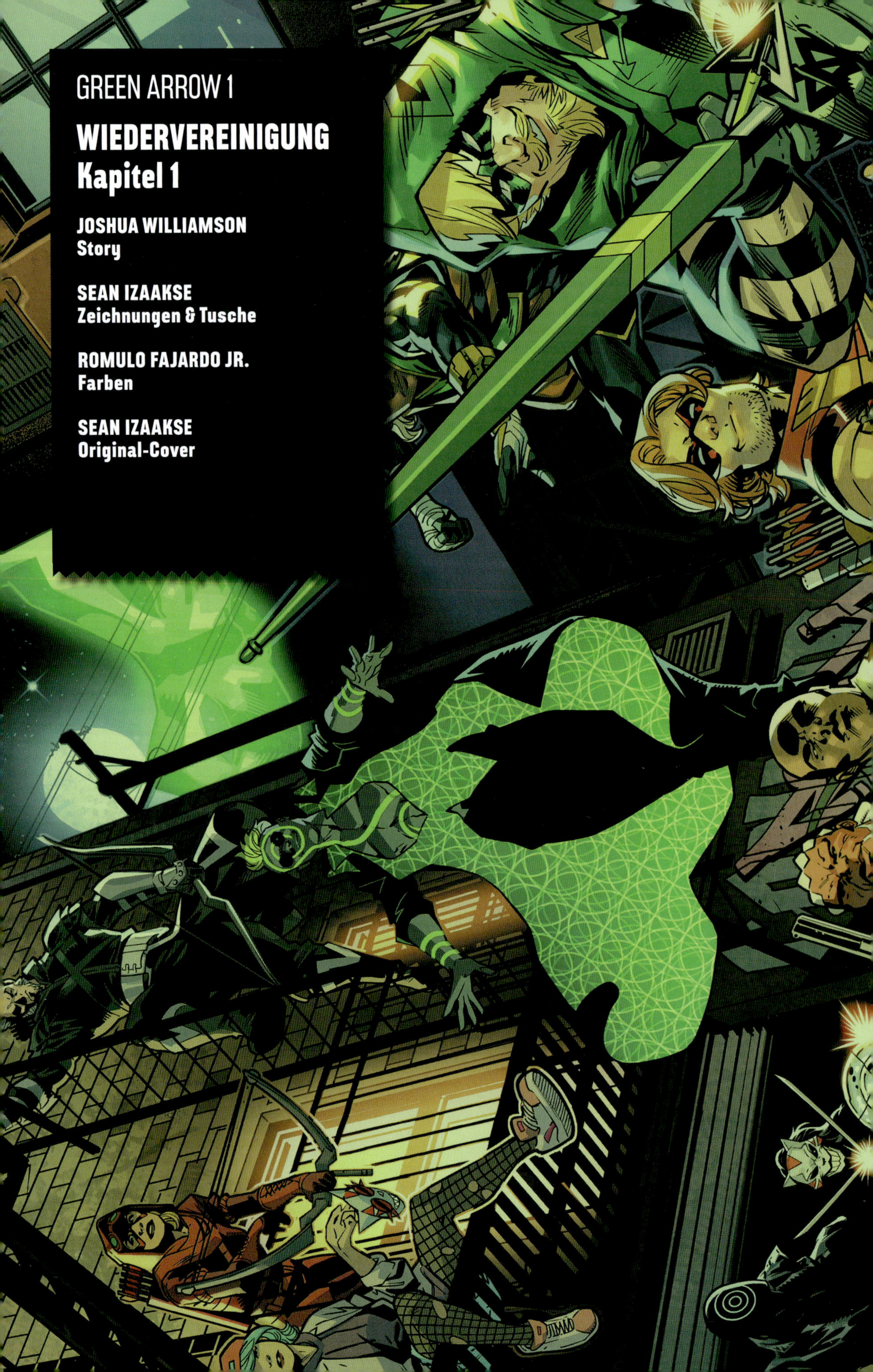

GREEN ARROW 1

WIEDERVEREINIGUNG
Kapitel 1

JOSHUA WILLIAMSON
Story

SEAN IZAAKSE
Zeichnungen & Tusche

ROMULO FAJARDO JR.
Farben

SEAN IZAAKSE
Original-Cover

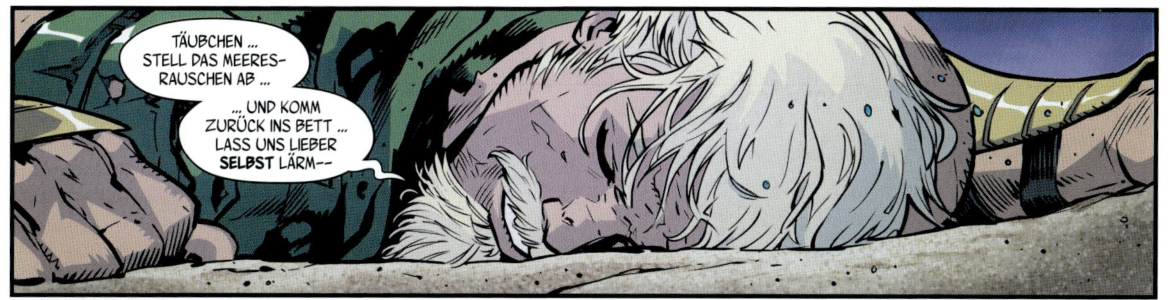
TÄUBCHEN ... STELL DAS MEERES-RAUSCHEN AB ...
... UND KOMM ZURÜCK INS BETT ... LASS UNS LIEBER **SELBST** LÄRM--

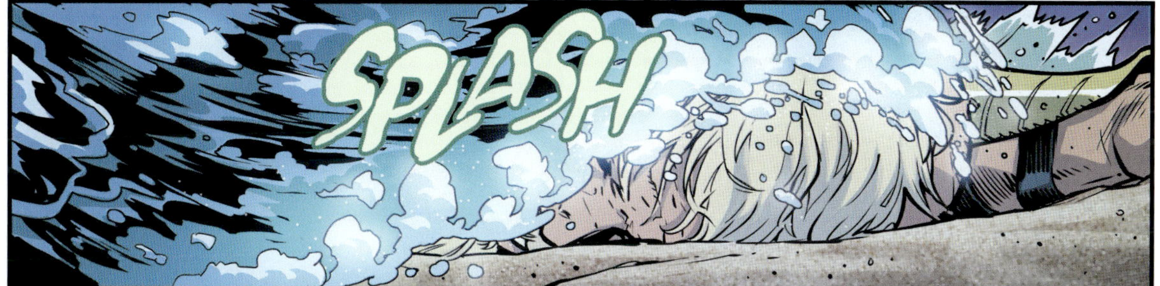
SPLASH

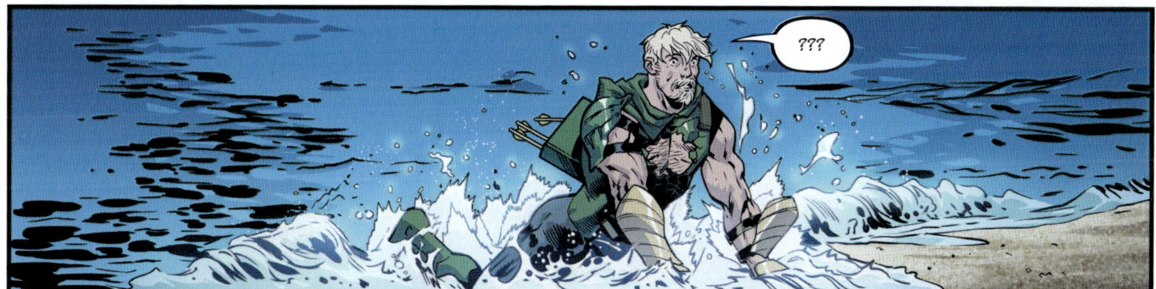
???

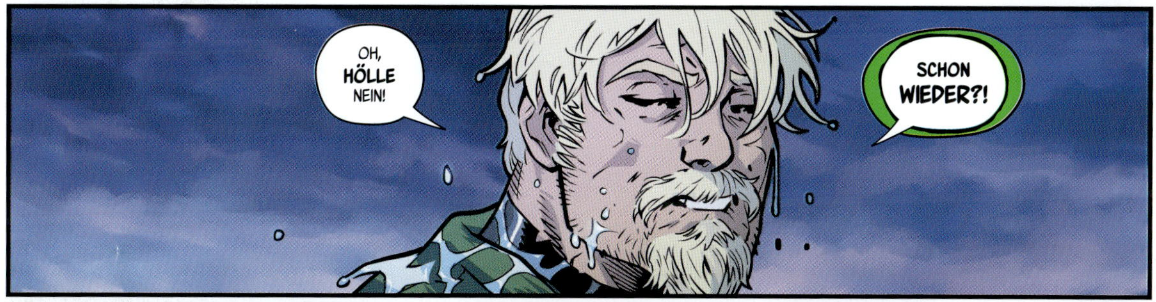
OH, **HÖLLE** NEIN!
SCHON **WIEDER?!**

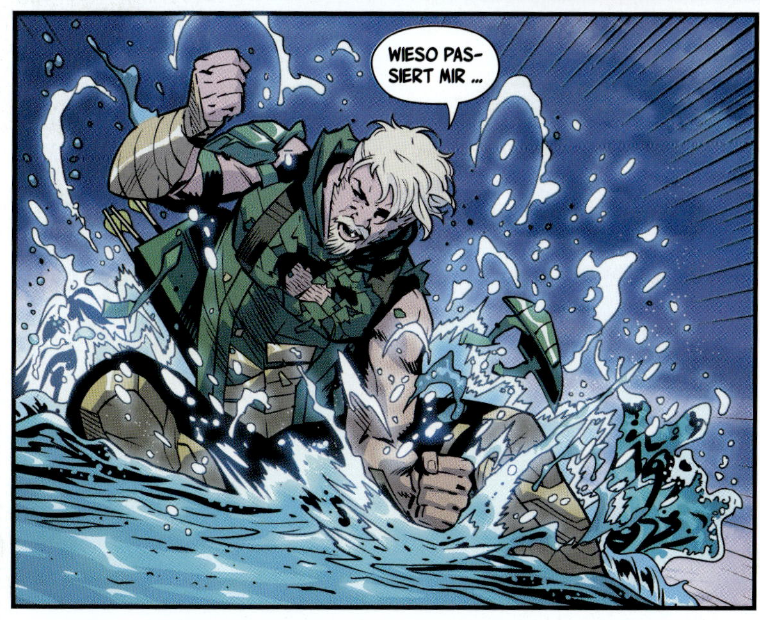
WIESO PAS-SIERT MIR ...

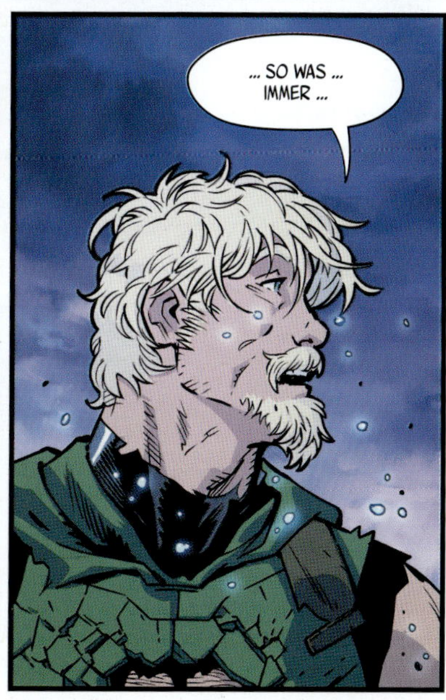
... SO WAS ... IMMER ...

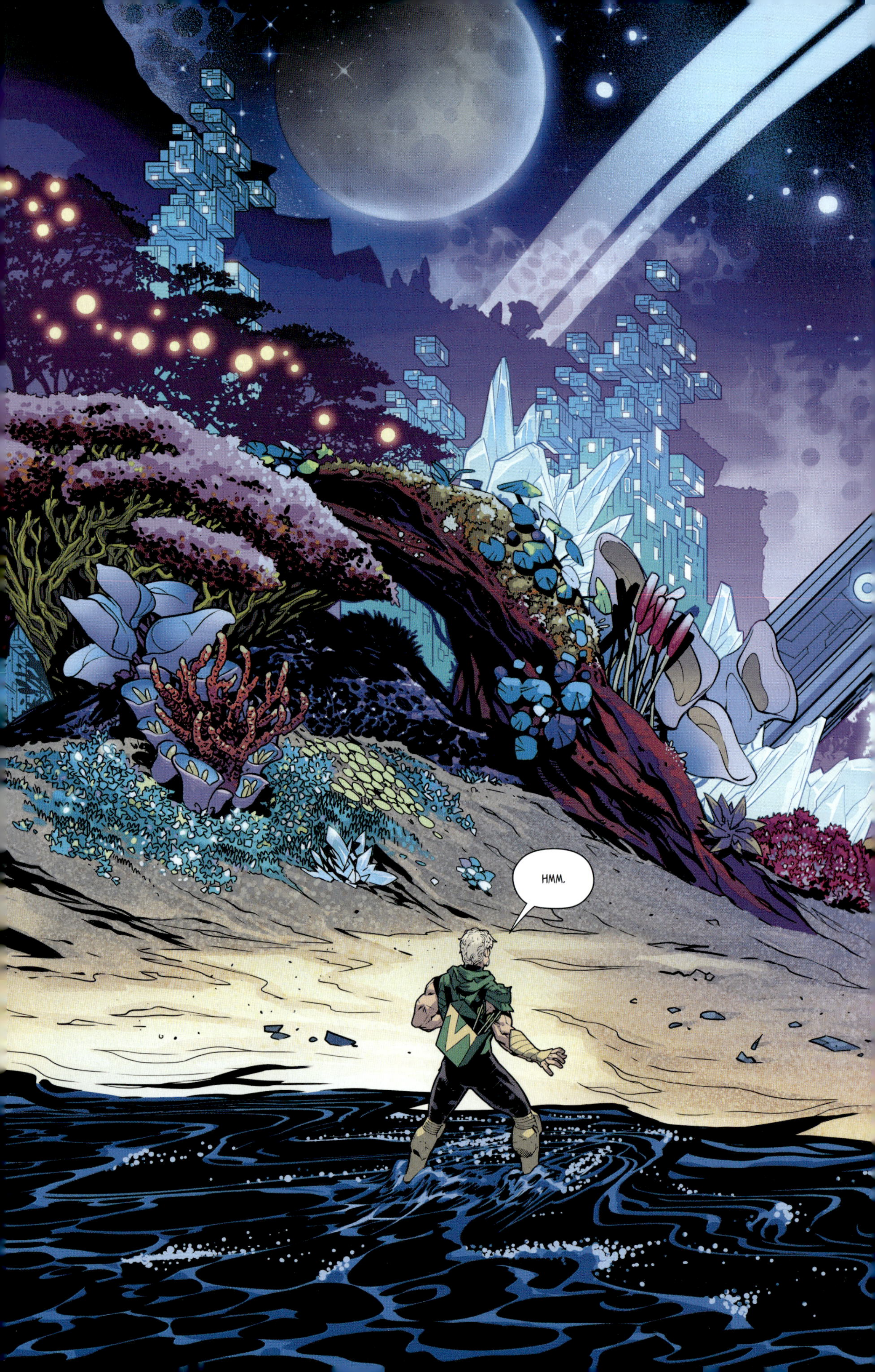
HMM.

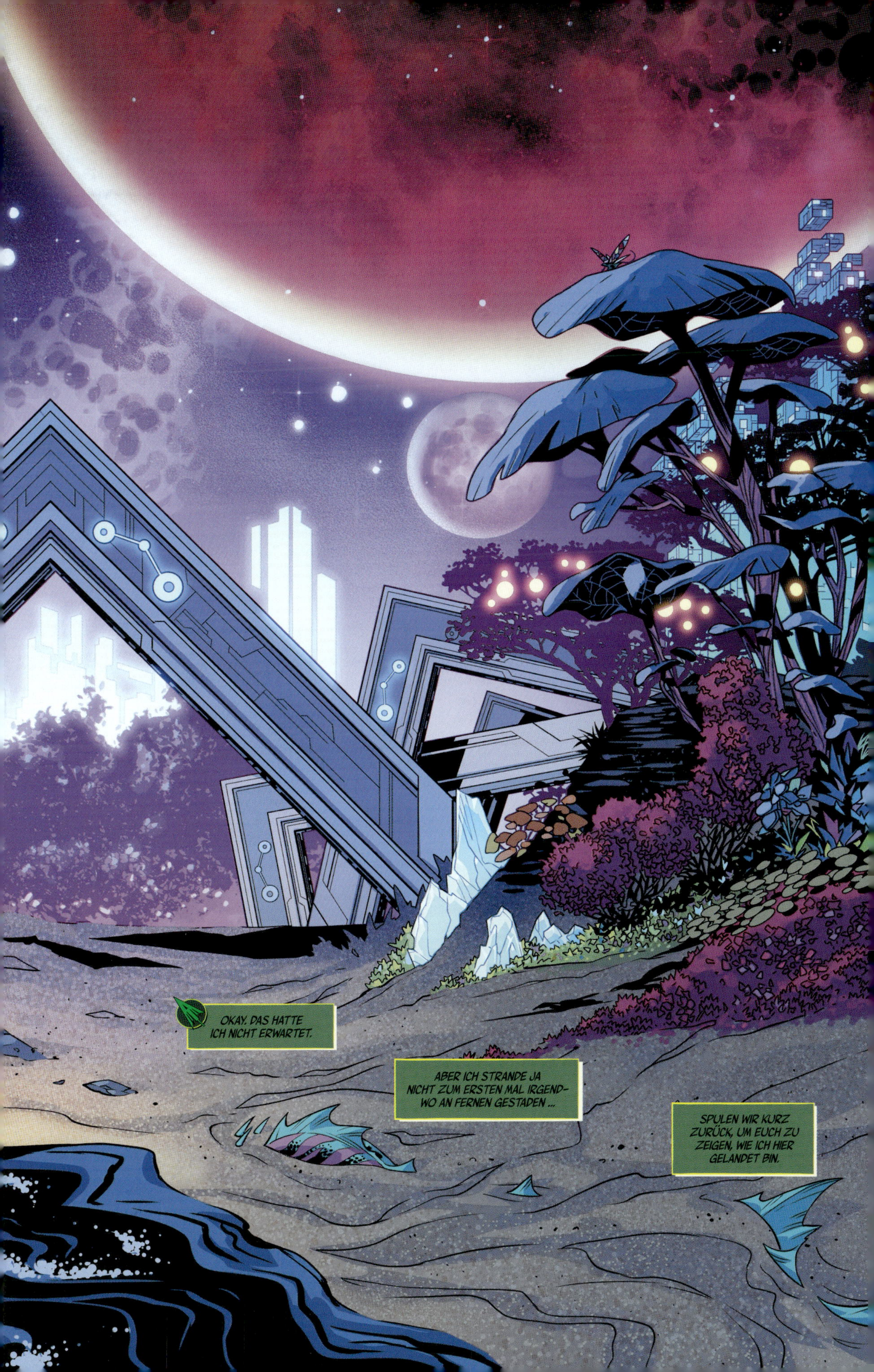
OKAY. DAS HATTE ICH NICHT ERWARTET.
ABER ICH STRANDE JA NICHT ZUM ERSTEN MAL IRGEND-WO AN FERNEN GESTADEN ...
SPULEN WIR KURZ ZURÜCK, UM EUCH ZU ZEIGEN, WIE ICH HIER GELANDET BIN.

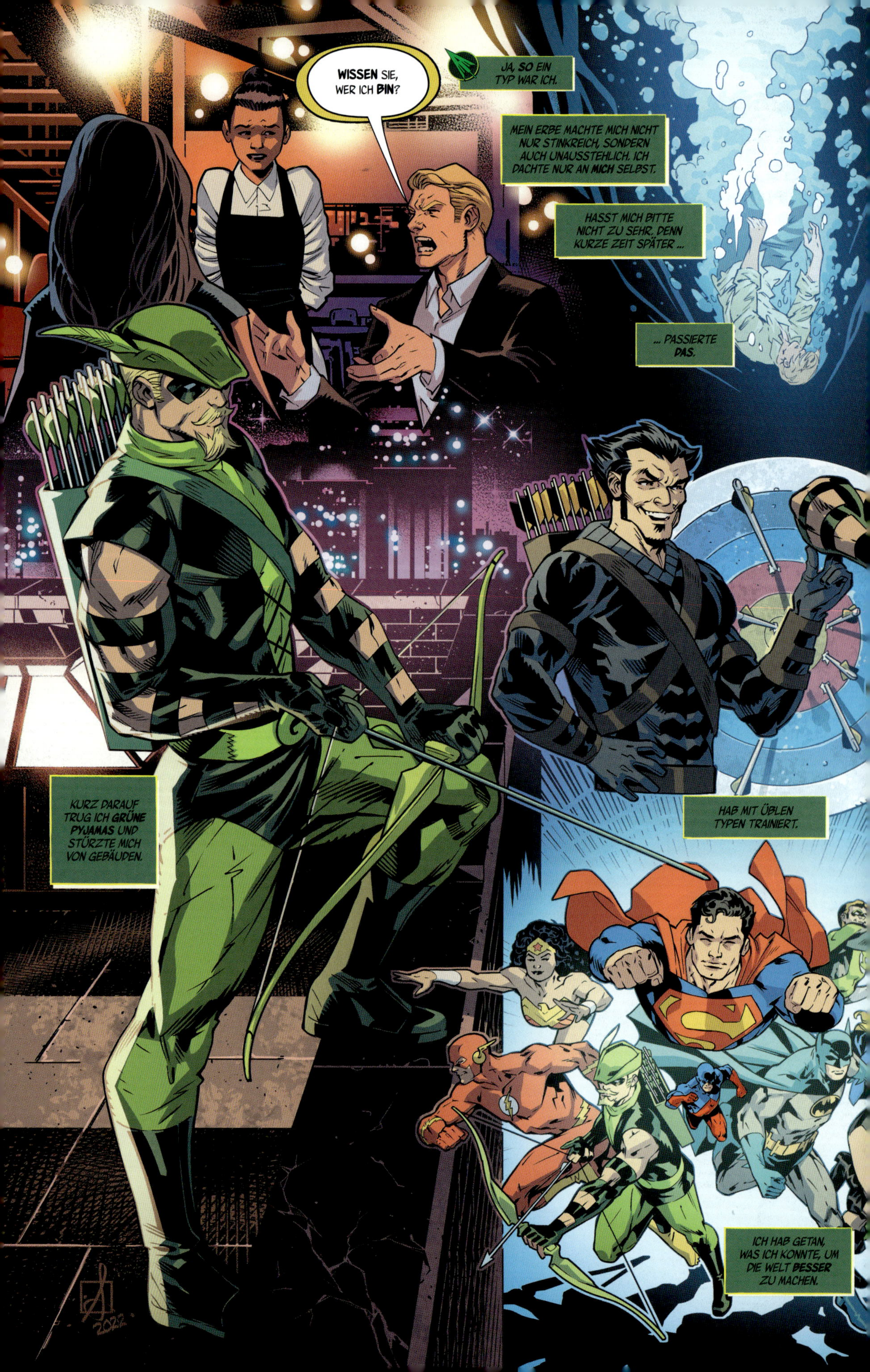
WISSEN SIE, WER ICH BIN?
JA, SO EIN TYP WAR ICH.
MEIN ERBE MACHTE MICH NICHT NUR STINKREICH, SONDERN AUCH UNAUSSTEHLICH. ICH DACHTE NUR AN MICH SELBST.
HASST MICH BITTE NICHT ZU SEHR, DENN KURZE ZEIT SPÄTER ...
... PASSIERTE DAS.
KURZ DARAUF TRUG ICH GRÜNE PYJAMAS UND STÜRZTE MICH VON GEBÄUDEN.
HAB MIT ÜBLEN TYPEN TRAINIERT.
ICH HAB GETAN, WAS ICH KONNTE, UM DIE WELT BESSER ZU MACHEN.

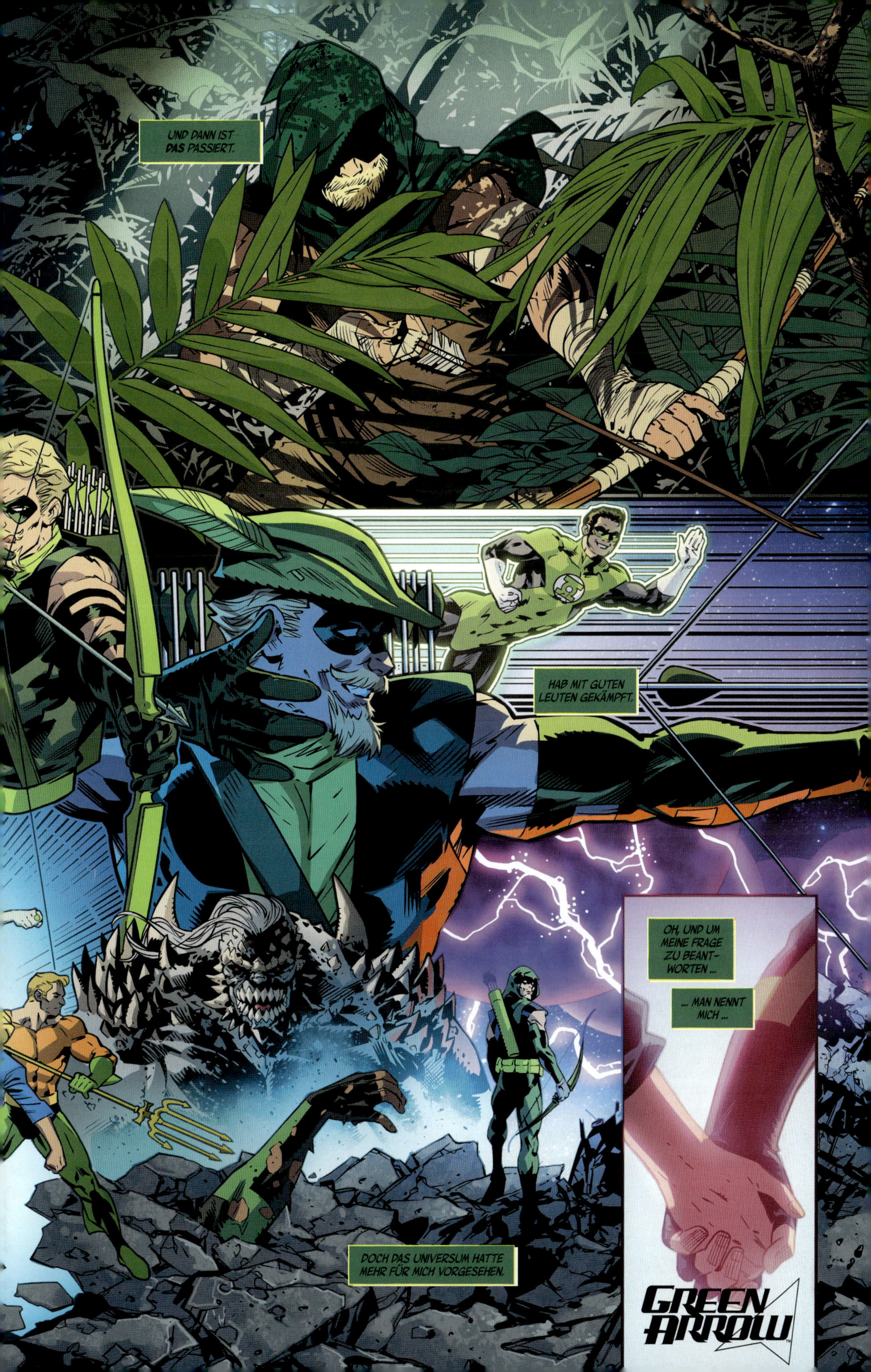
UND DANN IST DAS PASSIERT.
HAB MIT GUTEN LEUTEN GEKÄMPFT.
DOCH DAS UNIVERSUM HATTE MEHR FÜR MICH VORGESEHEN.
OH, UND UM MEINE FRAGE ZU BEANT-WORTEN ...
... MAN NENNT MICH ...
GREEN ARROW

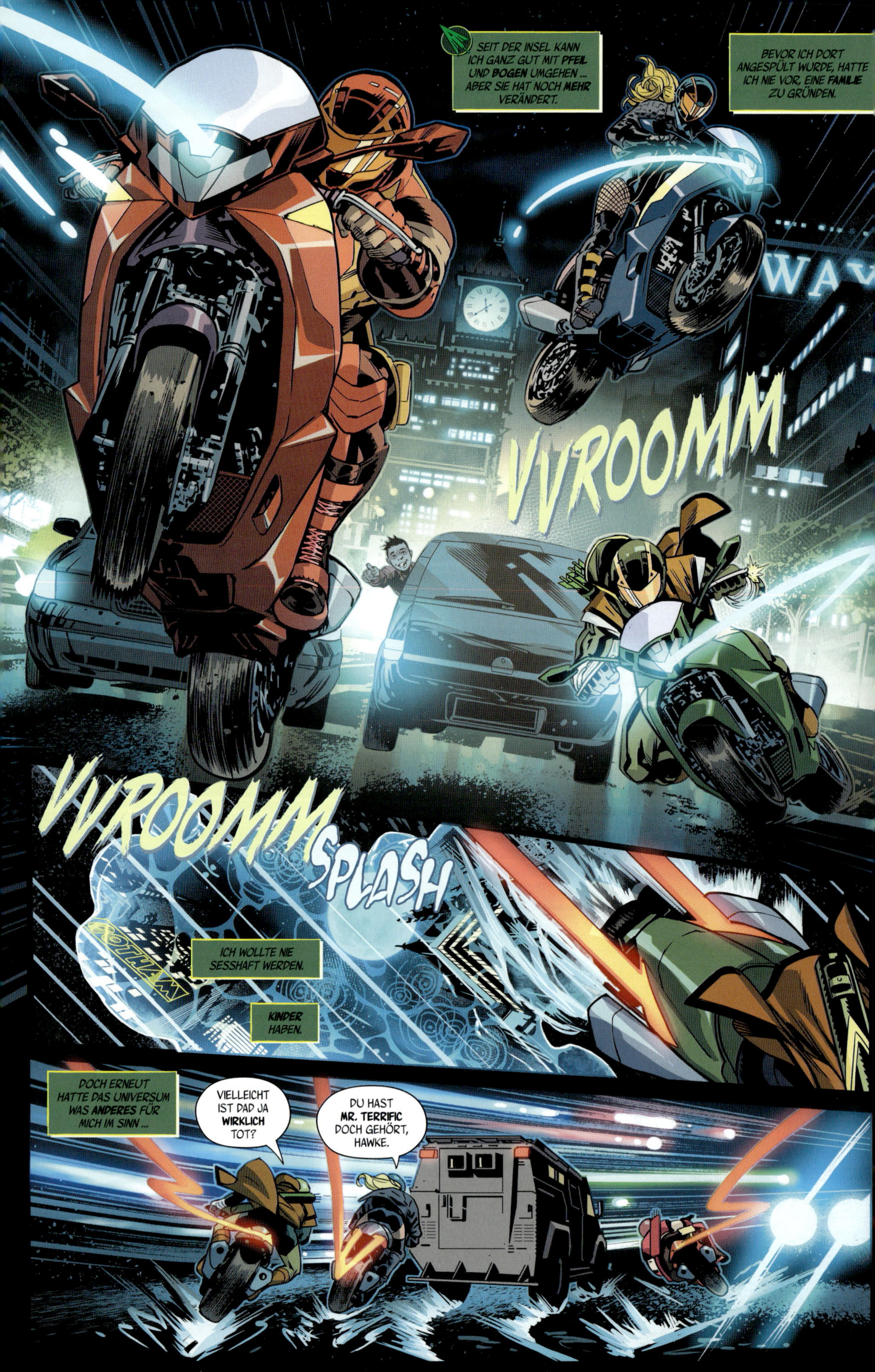
SEIT DER INSEL KANN ICH GANZ GUT MIT PFEIL UND BOGEN UMGEHEN ... ABER SIE HAT NOCH MEHR VERÄNDERT.
BEVOR ICH DORT ANGESPÜLT WURDE, HATTE ICH NIE VOR, EINE FAMILIE ZU GRÜNDEN.
VVROOMM
VVROOMM
SPLASH
ICH WOLLTE NIE SESSHAFT WERDEN.
KINDER HABEN.
DOCH ERNEUT HATTE DAS UNIVERSUM WAS ANDERES FÜR MICH IM SINN ...
VIELLEICHT IST DAD JA WIRKLICH TOT?
DU HAST MR. TERRIFIC DOCH GEHÖRT, HAWKE.

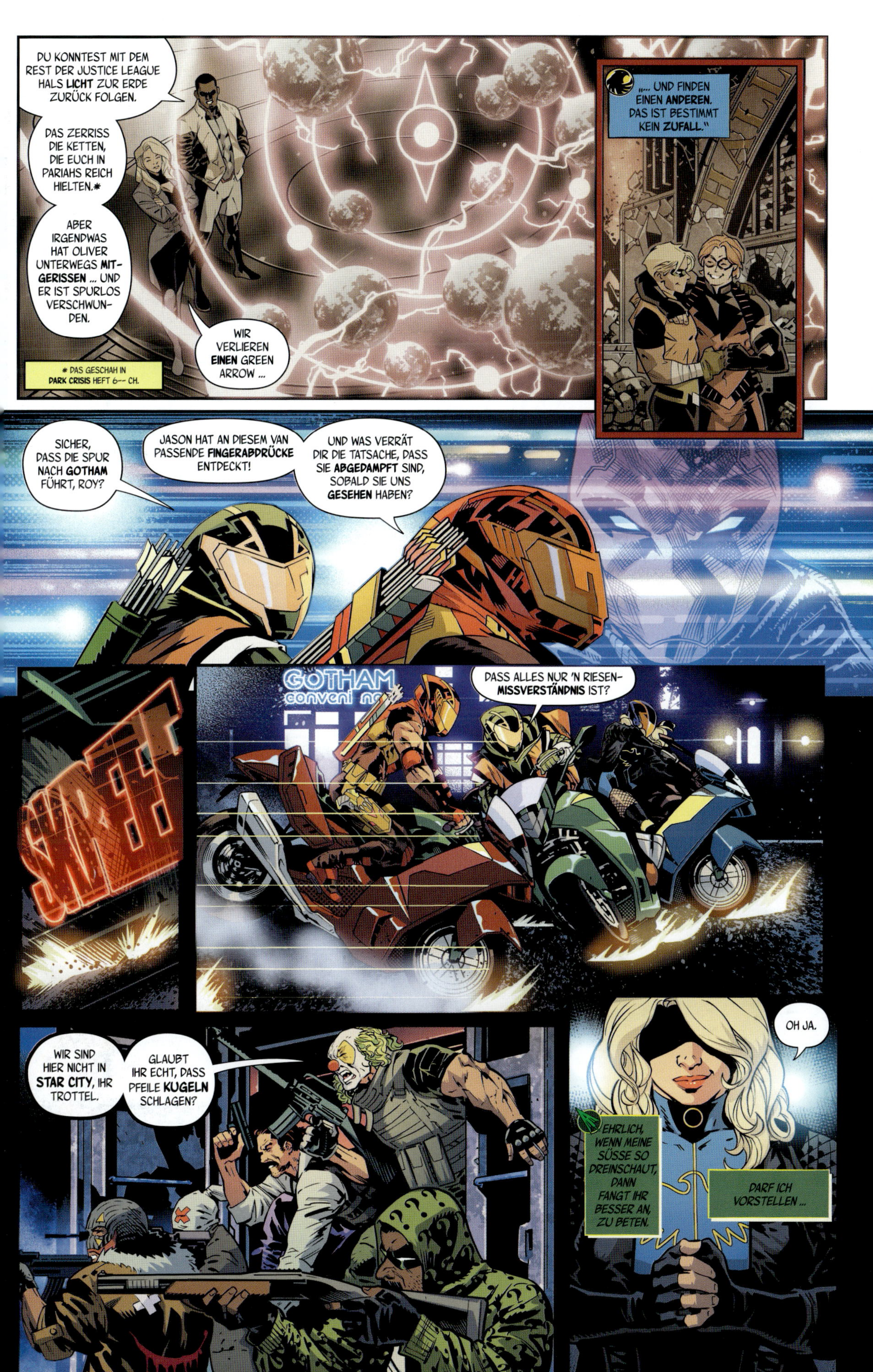

DU KONNTEST MIT DEM REST DER JUSTICE LEAGUE HALS **LICHT** ZUR ERDE ZURÜCK FOLGEN.
DAS ZERRISS DIE KETTEN, DIE EUCH IN PARIAHS REICH HIELTEN.*
ABER IRGENDWAS HAT OLIVER UNTERWEGS **MIT-GERISSEN** ... UND ER IST SPURLOS VERSCHWUNDEN.
* DAS GESCHAH IN **DARK CRISIS** HEFT 6 -- CH.
WIR VERLIEREN **EINEN** GREEN ARROW ...
„... UND FINDEN EINEN **ANDEREN**. DAS IST BESTIMMT KEIN **ZUFALL**."
SICHER, DASS DIE SPUR NACH **GOTHAM** FÜHRT, ROY?
JASON HAT AN DIESEM VAN PASSENDE **FINGERABDRÜCKE** ENTDECKT!
UND WAS VERRÄT DIR DIE TATSACHE, DASS SIE **ABGEDAMPFT** SIND, SOBALD SIE UNS **GESEHEN** HABEN?
SKREEE
GOTHAM conveni no
DASS ALLES NUR 'N RIESEN-**MISSVERSTÄNDNIS** IST?
WIR SIND HIER NICHT IN **STAR CITY**, IHR TROTTEL.
GLAUBT IHR ECHT, DASS PFEILE **KUGELN** SCHLAGEN?
OH JA.
EHRLICH, WENN MEINE SÜSSE SO DREINSCHAUT, DANN FANGT IHR BESSER AN, ZU BETEN.
DARF ICH VORSTELLEN ...

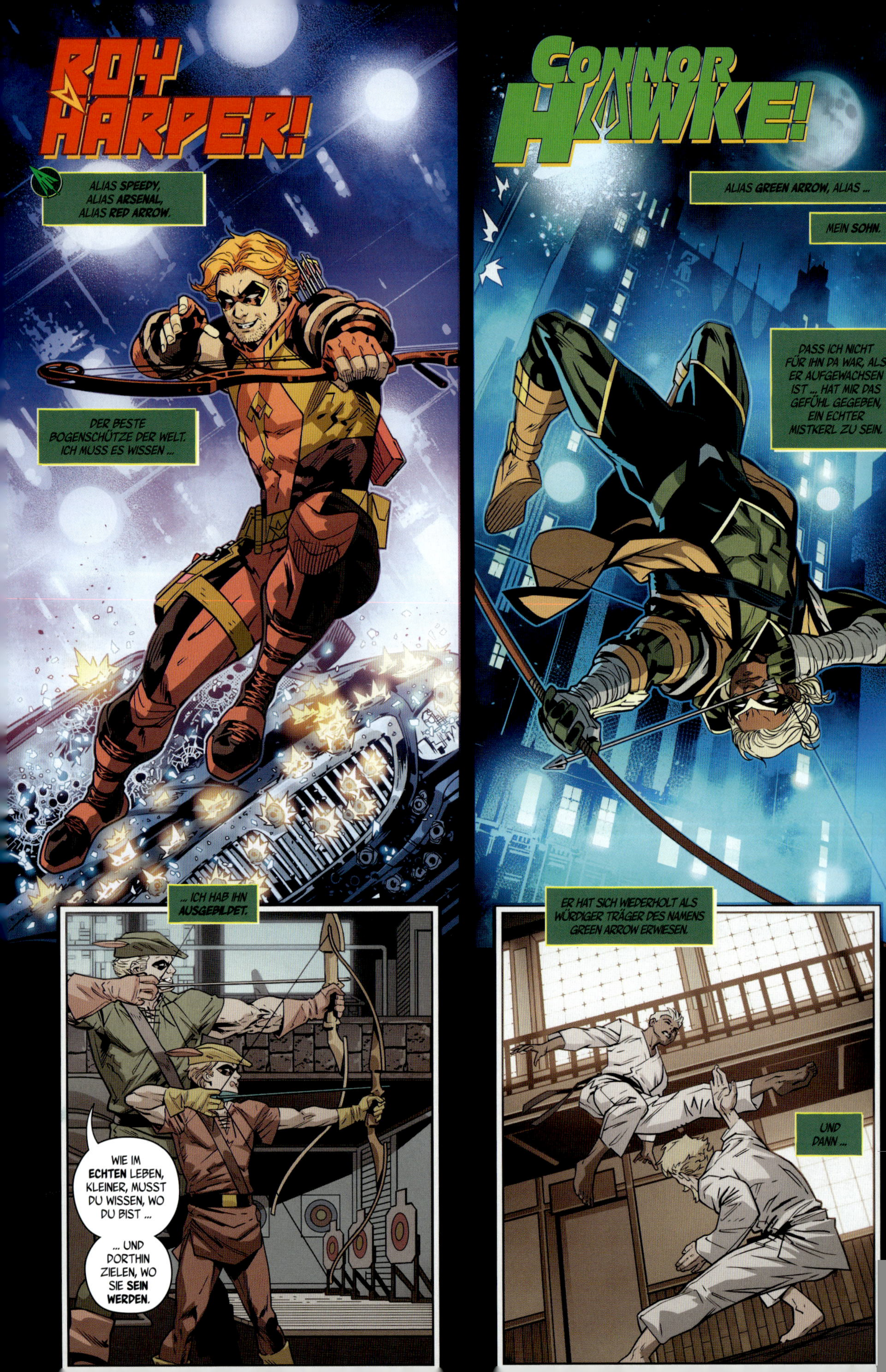
ROY HARPER!
ALIAS SPEEDY, ALIAS ARSENAL, ALIAS RED ARROW.
DER BESTE BOGENSCHÜTZE DER WELT. ICH MUSS ES WISSEN ...
... ICH HAB IHN AUSGEBILDET.
WIE IM ECHTEN LEBEN, KLEINER, MUSST DU WISSEN, WO DU BIST ...
... UND DORTHIN ZIELEN, WO SIE SEIN WERDEN.
CONNOR HAWKE!
ALIAS GREEN ARROW, ALIAS ...
MEIN SOHN.
DASS ICH NICHT FÜR IHN DA WAR, ALS ER AUFGEWACHSEN IST ... HAT MIR DAS GEFÜHL GEGEBEN, EIN ECHTER MISTKERL ZU SEIN.
ER HAT SICH WIEDERHOLT ALS WÜRDIGER TRÄGER DES NAMENS GREEN ARROW ERWIESEN.
UND DANN ...

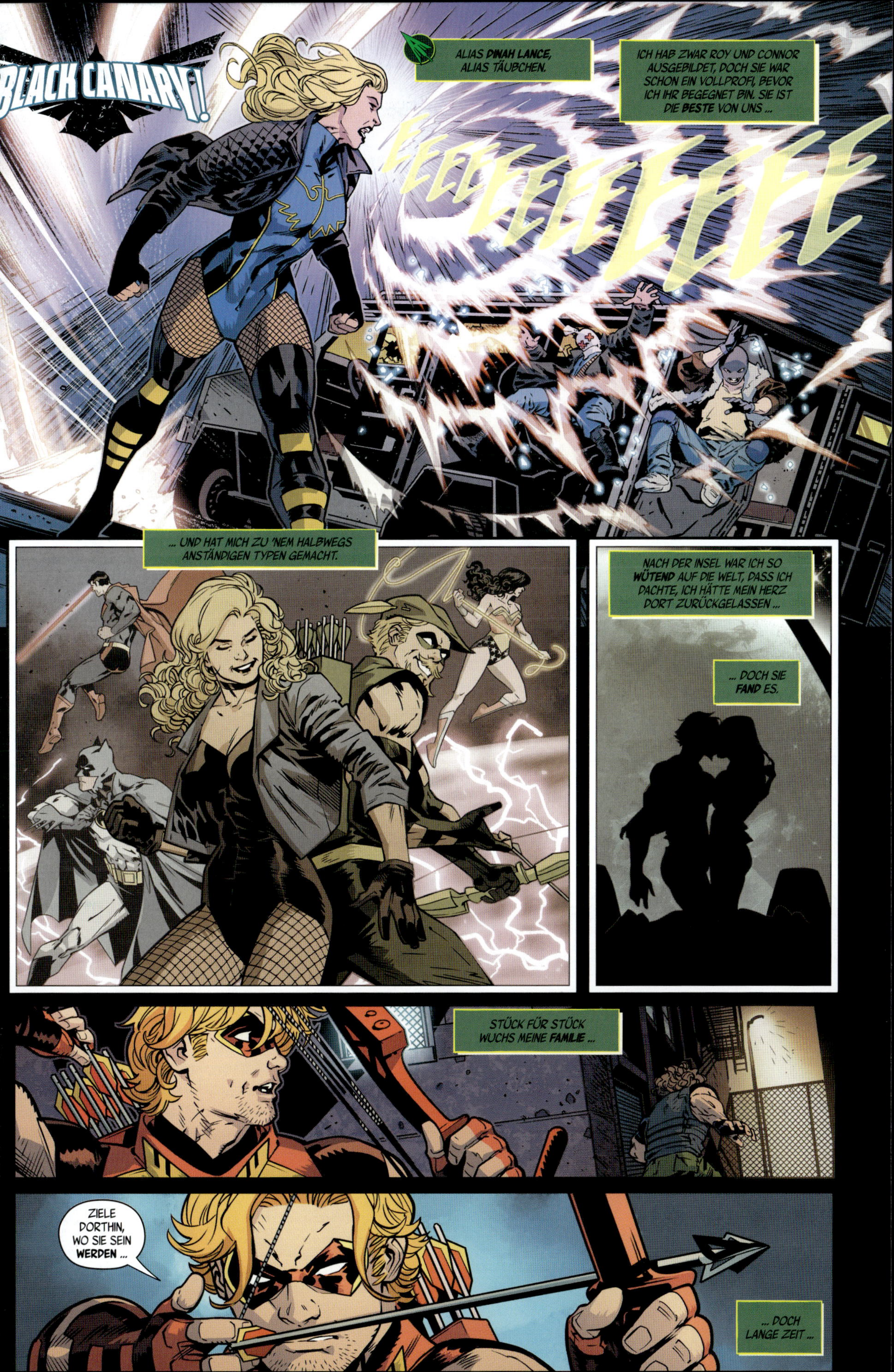

BLACK CANARY!

ALIAS **DINAH LANCE**, ALIAS TÄUBCHEN.

ICH HAB ZWAR ROY UND CONNOR AUSGEBILDET, DOCH SIE WAR SCHON EIN VOLLPROFI, BEVOR ICH IHR BEGEGNET BIN. SIE IST DIE **BESTE** VON UNS ...

... UND HAT MICH ZU 'NEM HALBWEGS ANSTÄNDIGEN TYPEN GEMACHT.

NACH DER INSEL WAR ICH SO **WÜTEND** AUF DIE WELT, DASS ICH DACHTE, ICH HÄTTE MEIN HERZ DORT ZURÜCKGELASSEN ...

... DOCH SIE **FAND** ES.

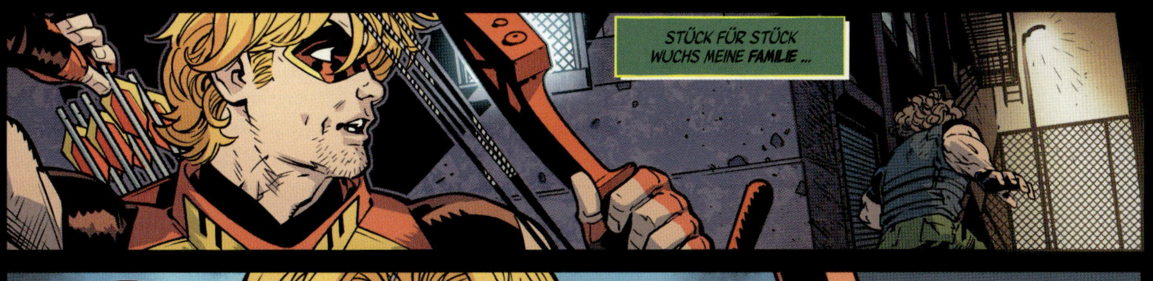

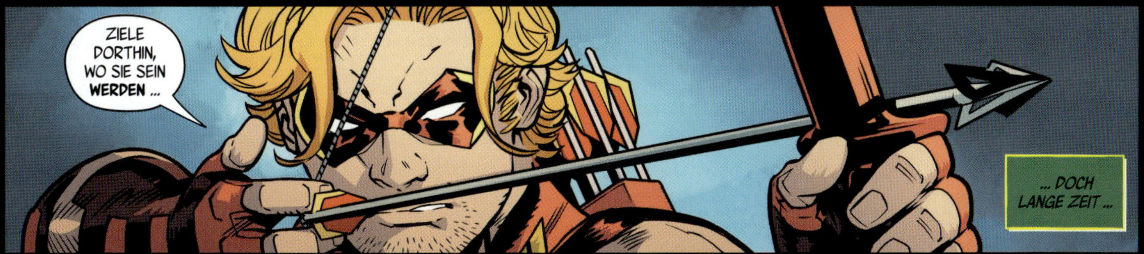

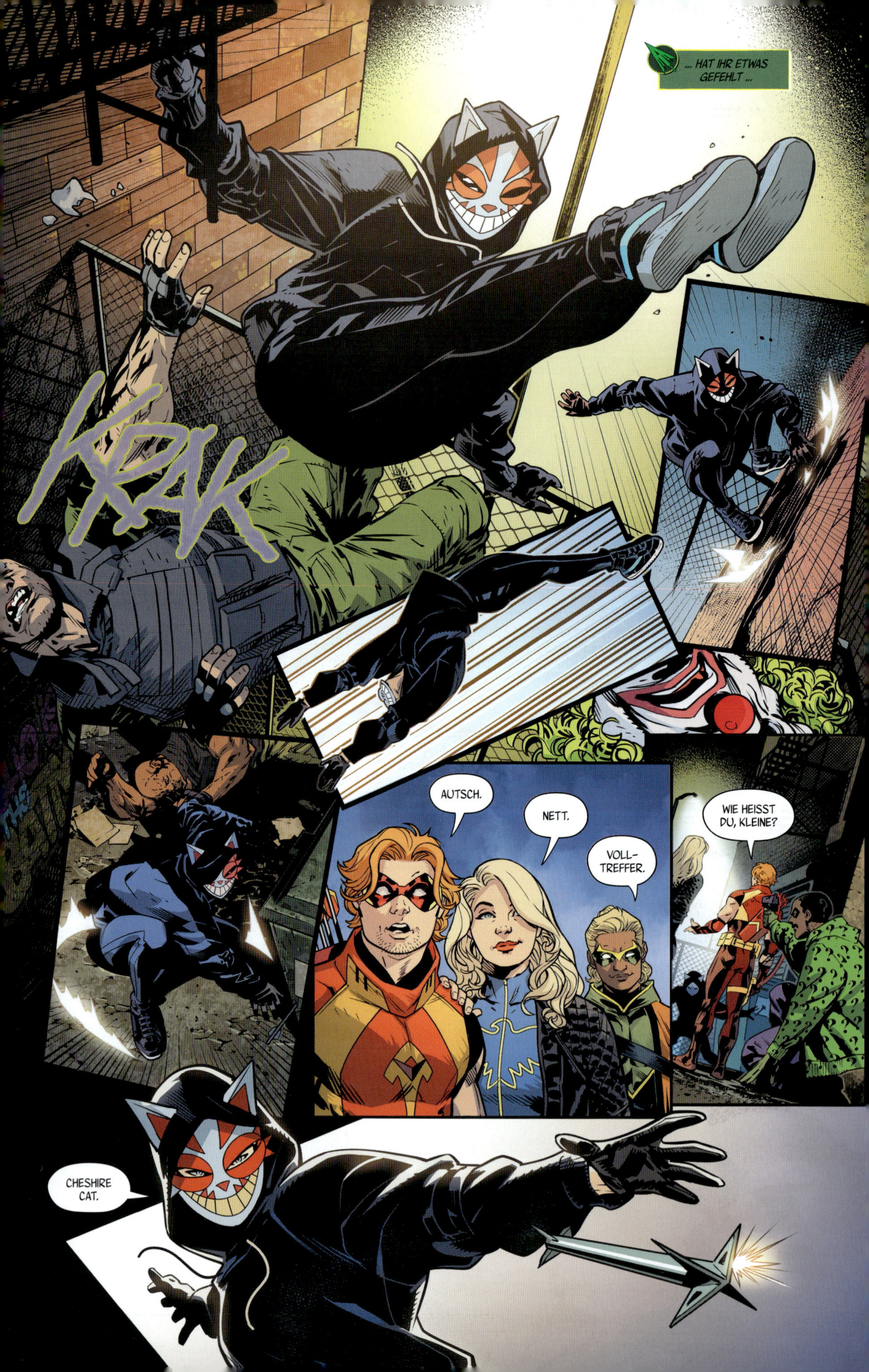
... HAT IHR ETWAS GEFEHLT ...
KRAK
AUTSCH.
NETT.
VOLL-TREFFER.
WIE HEISST DU, KLEINE?
CHESHIRE CAT.

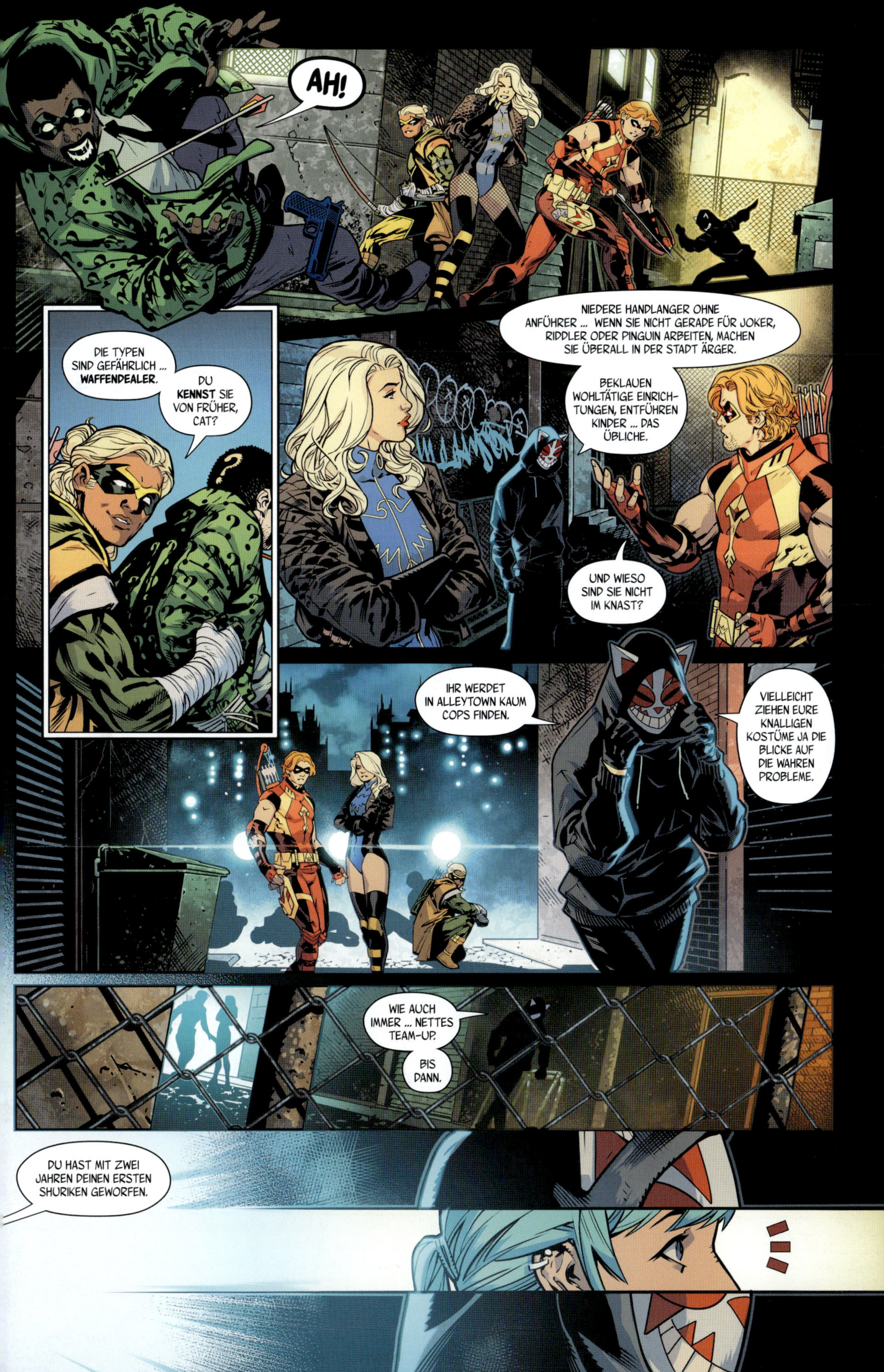

AH!
DIE TYPEN SIND GEFÄHRLICH ... **WAFFENDEALER**.
DU **KENNST** SIE VON FRÜHER, CAT?
NIEDERE HANDLANGER OHNE ANFÜHRER ... WENN SIE NICHT GERADE FÜR JOKER, RIDDLER ODER PINGUIN ARBEITEN, MACHEN SIE ÜBERALL IN DER STADT ÄRGER.
BEKLAUEN WOHLTÄTIGE EINRICH-TUNGEN, ENTFÜHREN KINDER ... DAS ÜBLICHE.
UND WIESO SIND SIE NICHT IM KNAST?
IHR WERDET IN ALLEYTOWN KAUM COPS FINDEN.
VIELLEICHT ZIEHEN EURE KNALLIGEN KOSTÜME JA DIE BLICKE AUF DIE WAHREN PROBLEME.
WIE AUCH IMMER ... NETTES TEAM-UP.
BIS DANN.
DU HAST MIT ZWEI JAHREN DEINEN ERSTEN SHURIKEN GEWORFEN.

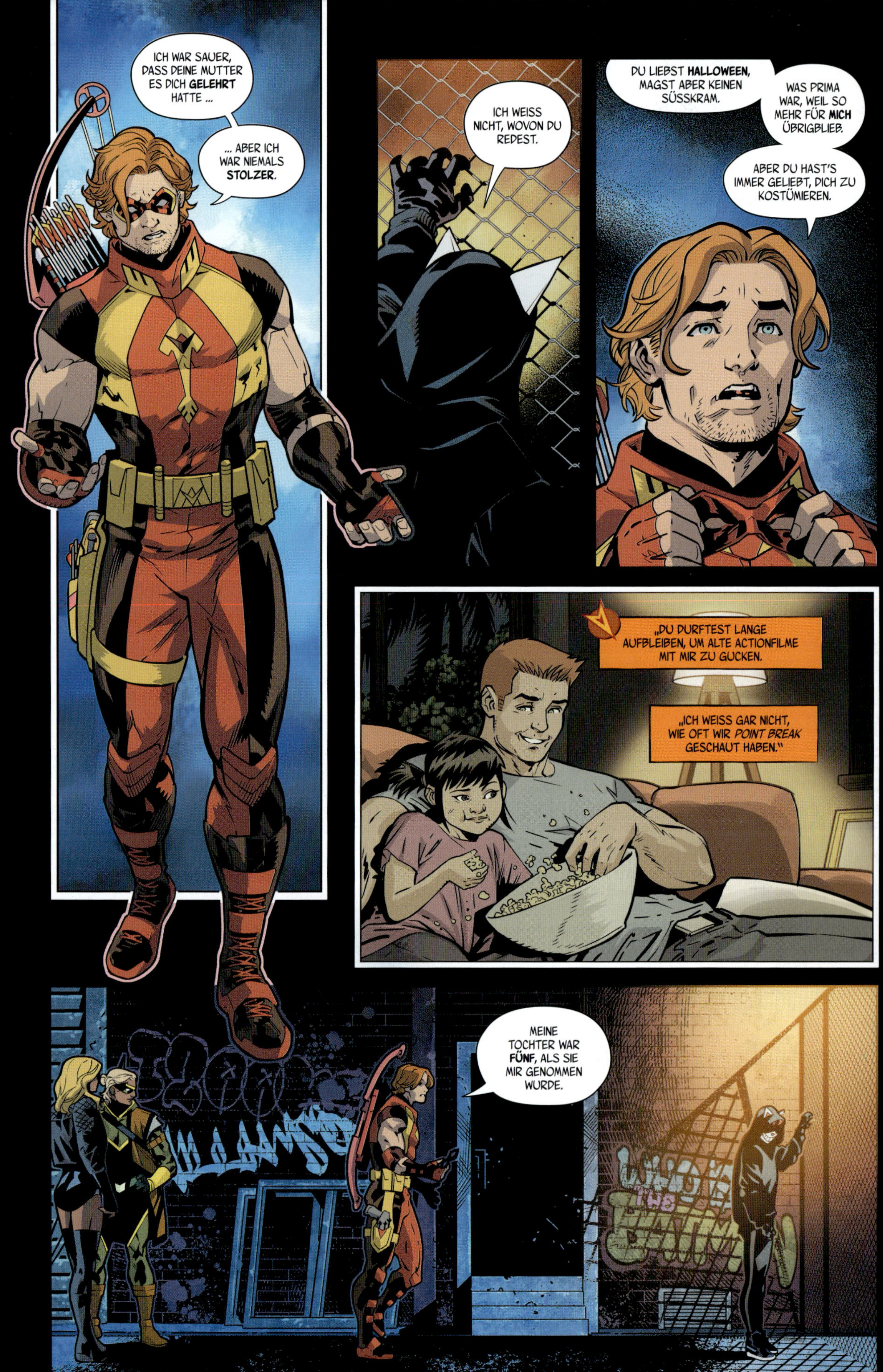
ICH WAR SAUER, DASS DEINE MUTTER ES DICH GELEHRT HATTE ...
... ABER ICH WAR NIEMALS STOLZER.
ICH WEISS NICHT, WOVON DU REDEST.
DU LIEBST HALLOWEEN, MAGST ABER KEINEN SÜSSKRAM.
WAS PRIMA WAR, WEIL SO MEHR FÜR MICH ÜBRIGBLIEB.
ABER DU HAST'S IMMER GELIEBT, DICH ZU KOSTÜMIEREN.
„DU DURFTEST LANGE AUFBLEIBEN, UM ALTE ACTIONFILME MIT MIR ZU GUCKEN.
„ICH WEISS GAR NICHT, WIE OFT WIR POINT BREAK GESCHAUT HABEN."
MEINE TOCHTER WAR FÜNF, ALS SIE MIR GENOMMEN WURDE.

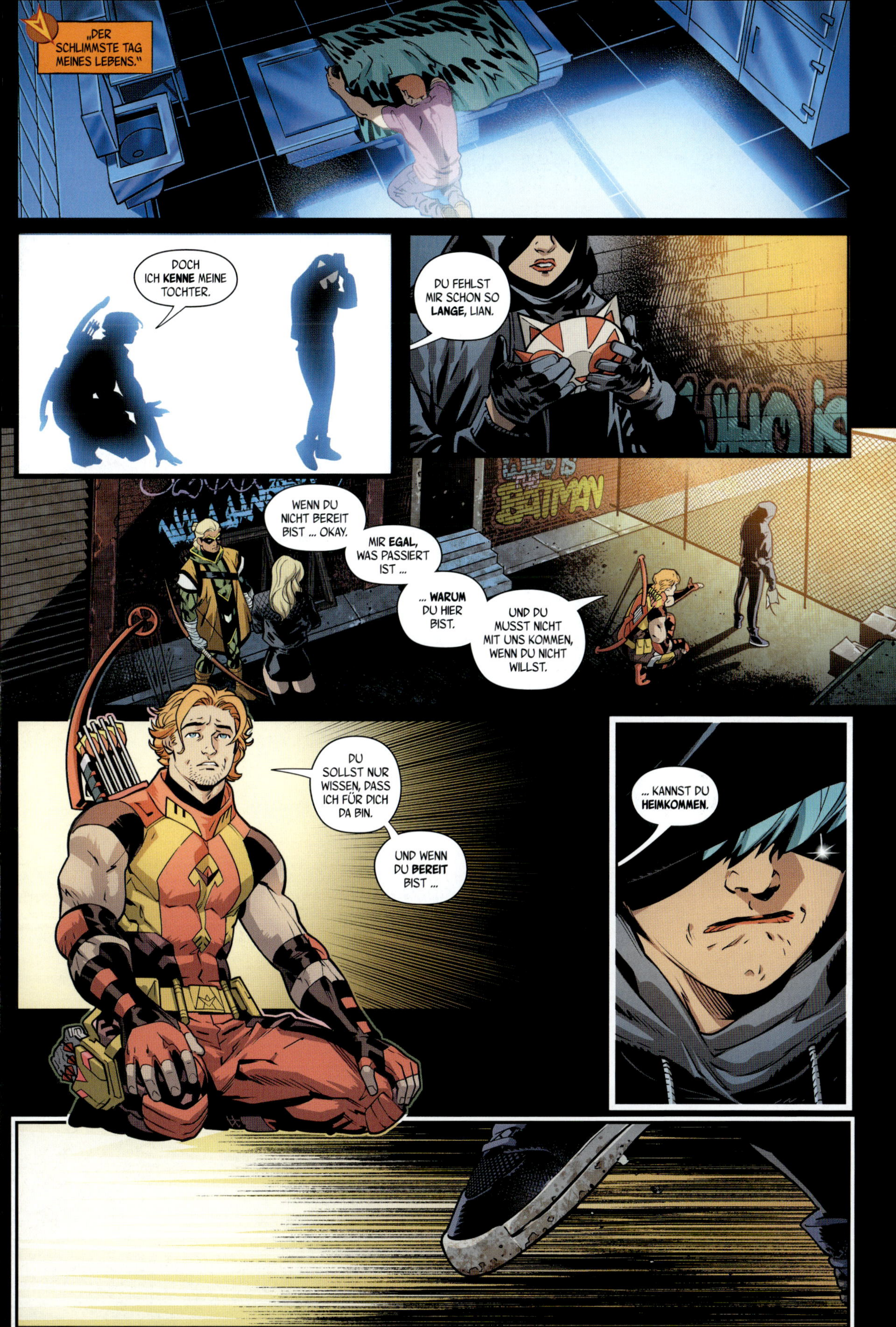
„DER SCHLIMMSTE TAG MEINES LEBENS."
DOCH ICH KENNE MEINE TOCHTER.
DU FEHLST MIR SCHON SO LANGE, LIAN.
WHO IS BATMAN
WENN DU NICHT BEREIT BIST ... OKAY.
MIR EGAL, WAS PASSIERT IST ...
... WARUM DU HIER BIST.
UND DU MUSST NICHT MIT UNS KOMMEN, WENN DU NICHT WILLST.
DU SOLLST NUR WISSEN, DASS ICH FÜR DICH DA BIN.
UND WENN DU BEREIT BIST ...
... KANNST DU HEIMKOMMEN.

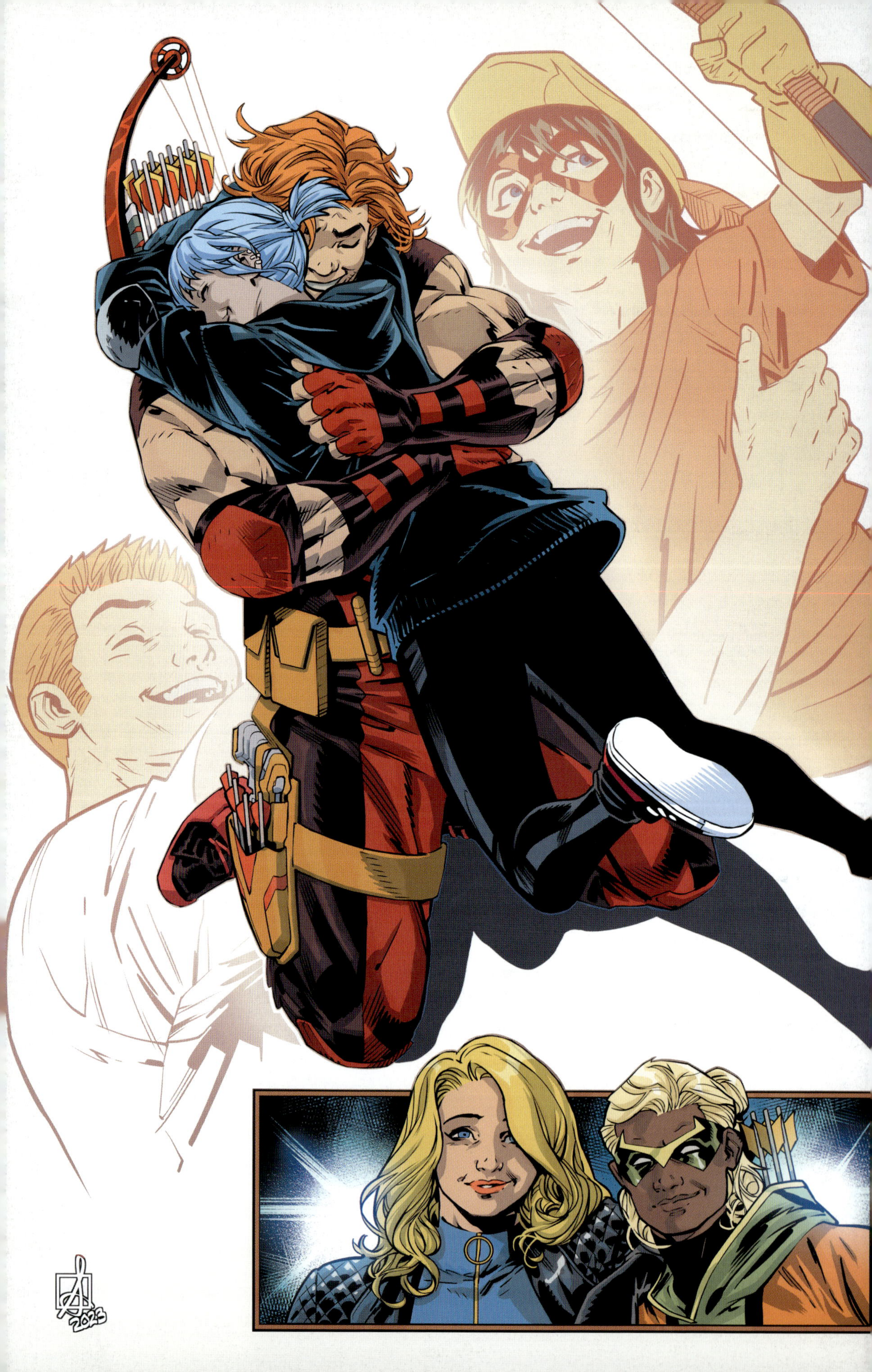

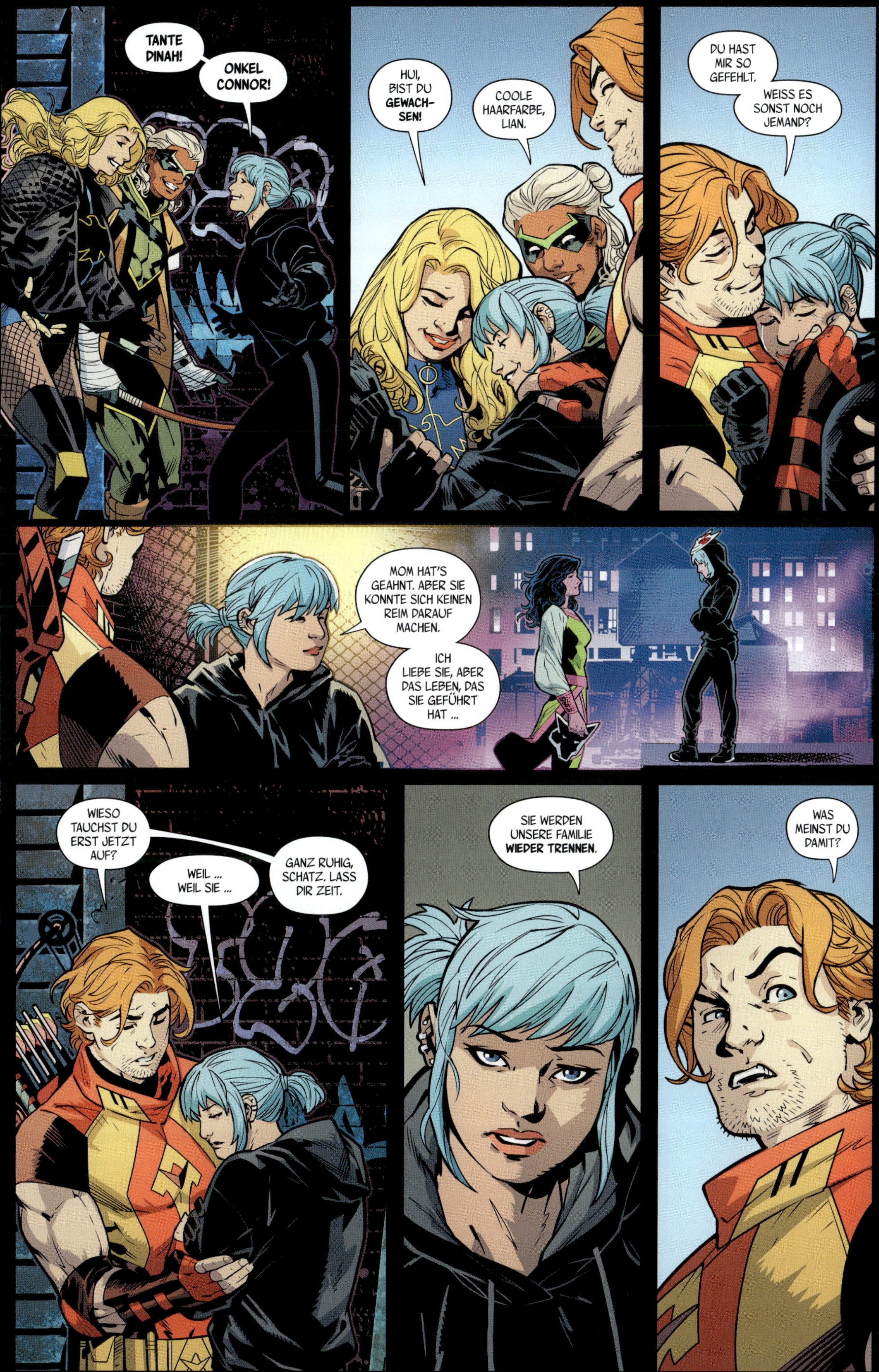

TANTE DINAH!
ONKEL CONNOR!

HUI, BIST DU **GEWACHSEN!**
COOLE HAARFARBE, LIAN.

DU HAST MIR SO GEFEHLT.
WEISS ES SONST NOCH JEMAND?

MOM HAT'S GEAHNT. ABER SIE KONNTE SICH KEINEN REIM DARAUF MACHEN.
ICH LIEBE SIE, ABER DAS LEBEN, DAS SIE GEFÜHRT HAT ...

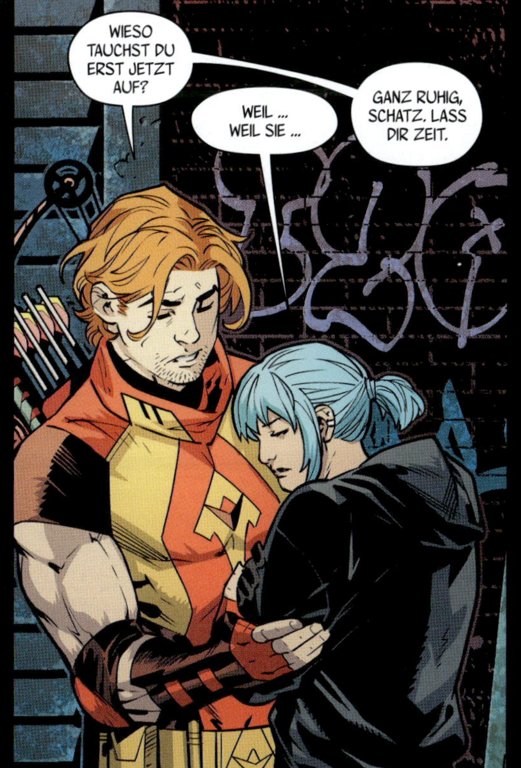

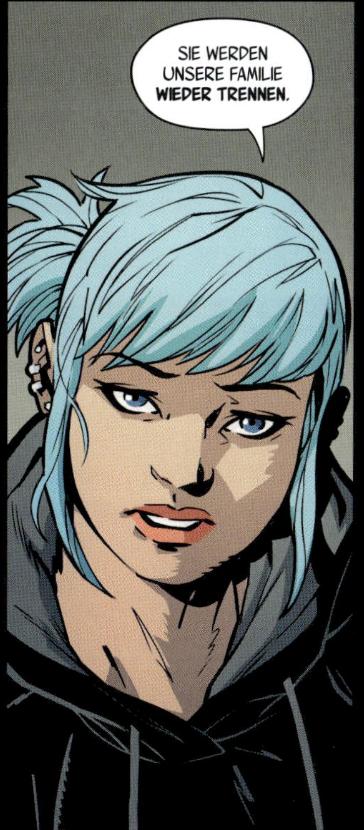

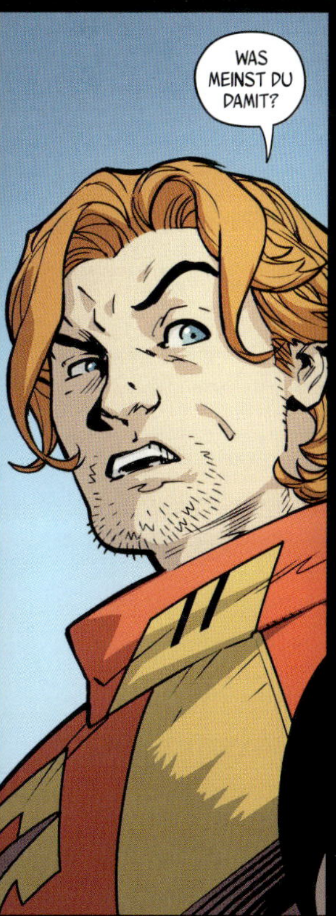

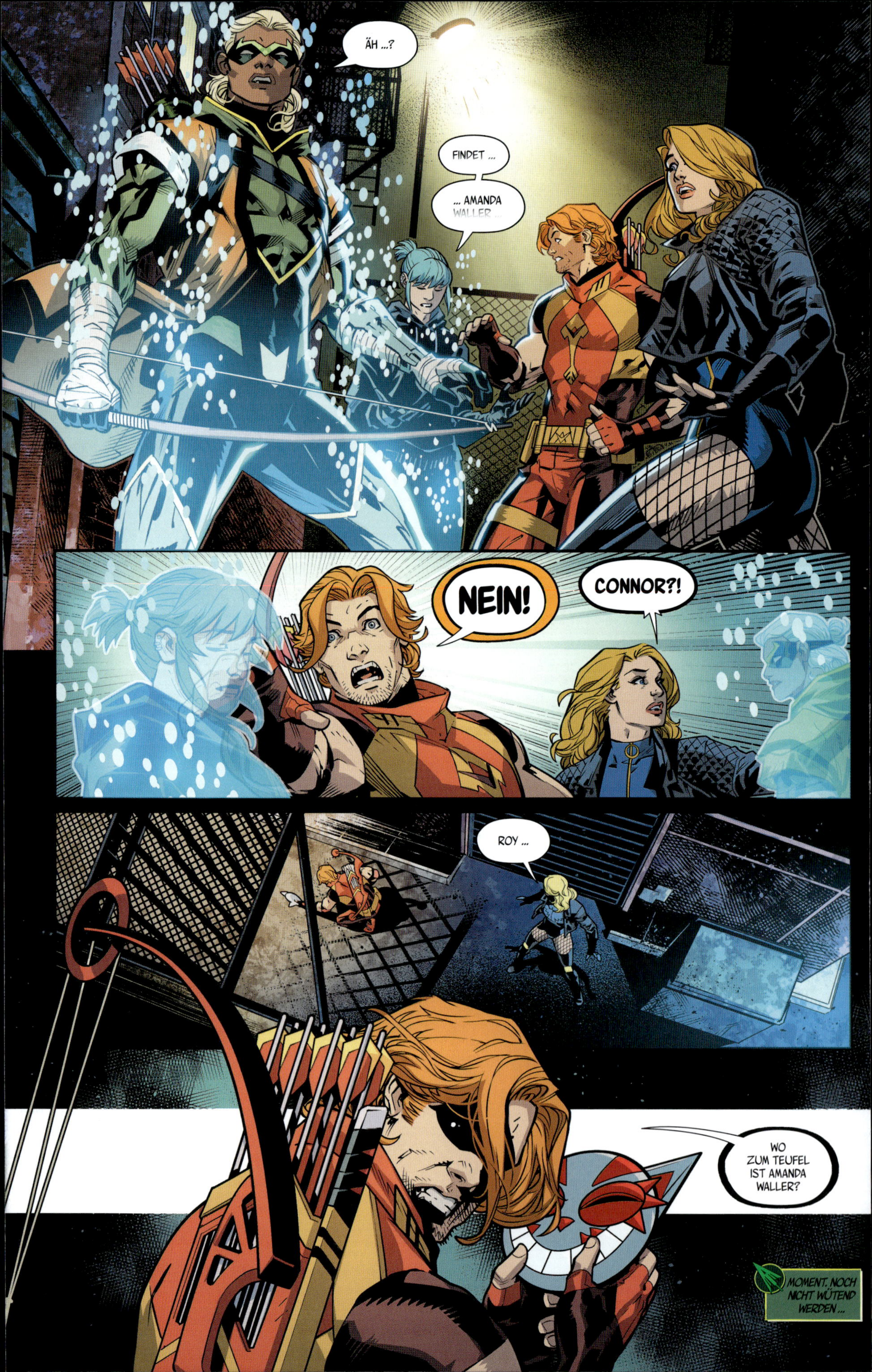
ÄH ...?
FINDET ...
... AMANDA WALLER ...
NEIN!
CONNOR?!
ROY ...
WO ZUM TEUFEL IST AMANDA WALLER?
MOMENT. NOCH NICHT WÜTEND WERDEN ...

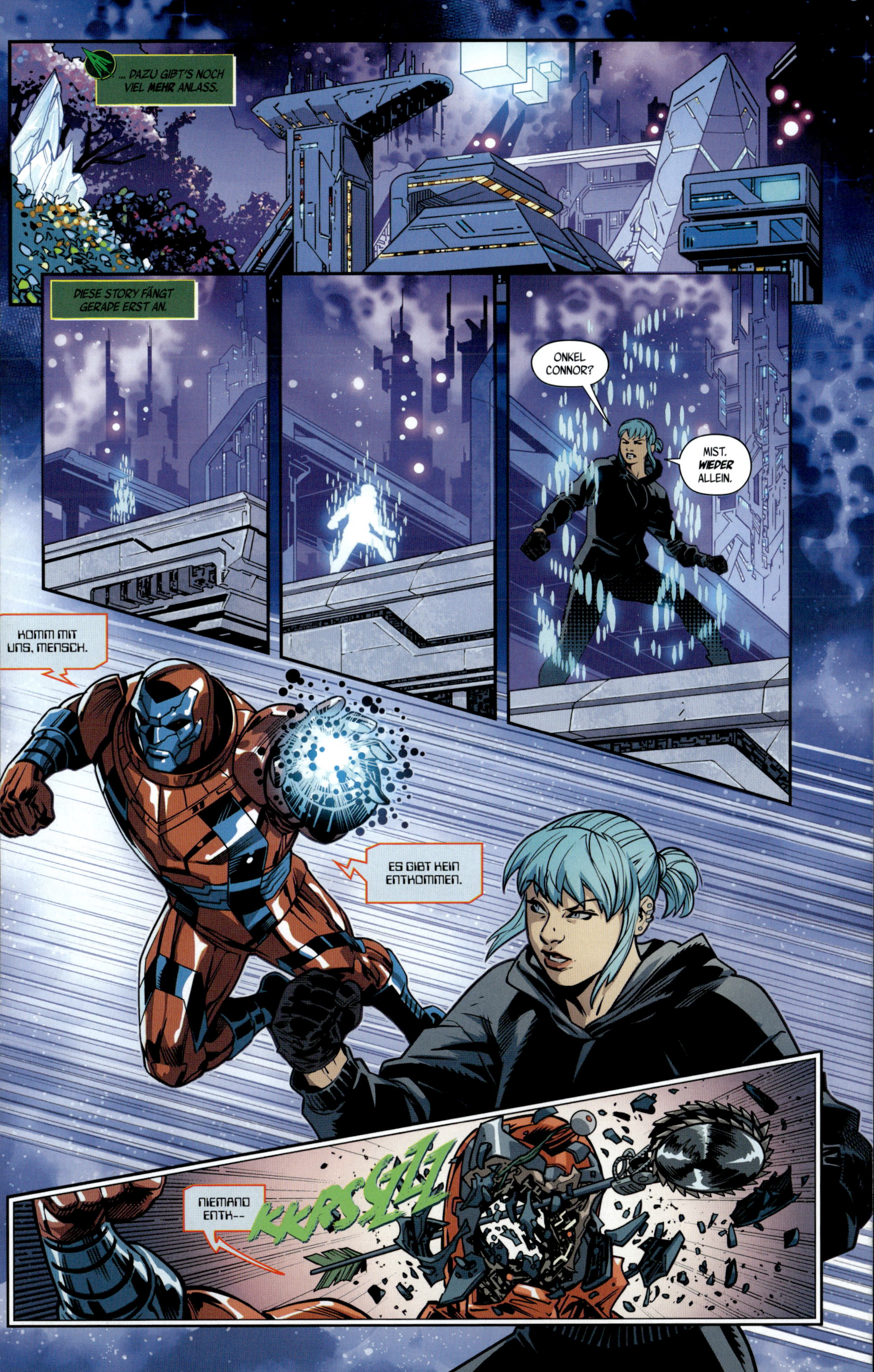
... DAZU GIBT'S NOCH VIEL MEHR ANLASS.
DIESE STORY FÄNGT GERADE ERST AN.
ONKEL CONNOR?
MIST. WIEDER ALLEIN.
KOMM MIT UNS, MENSCH.
ES GIBT KEIN ENTKOMMEN.
NIEMAND ENTK--
KKRSSZZ

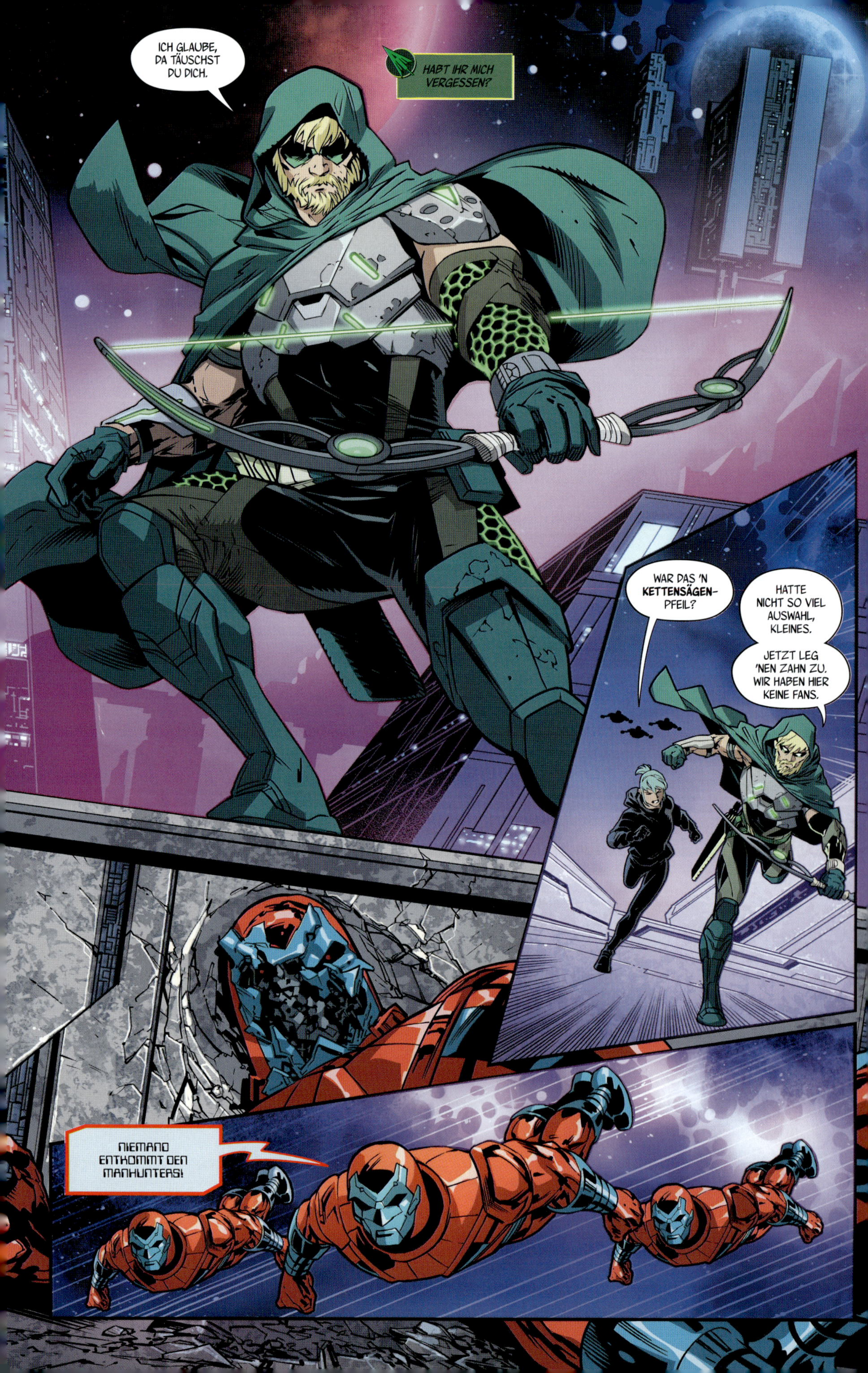
HABT IHR MICH VERGESSEN?
ICH GLAUBE, DA TÄUSCHST DU DICH.
WAR DAS 'N KETTENSÄGEN-PFEIL?
HATTE NICHT SO VIEL AUSWAHL, KLEINES.
JETZT LEG 'NEN ZAHN ZU. WIR HABEN HIER KEINE FANS.
NIEMAND ENTKOMMT DEN MANHUNTERS!

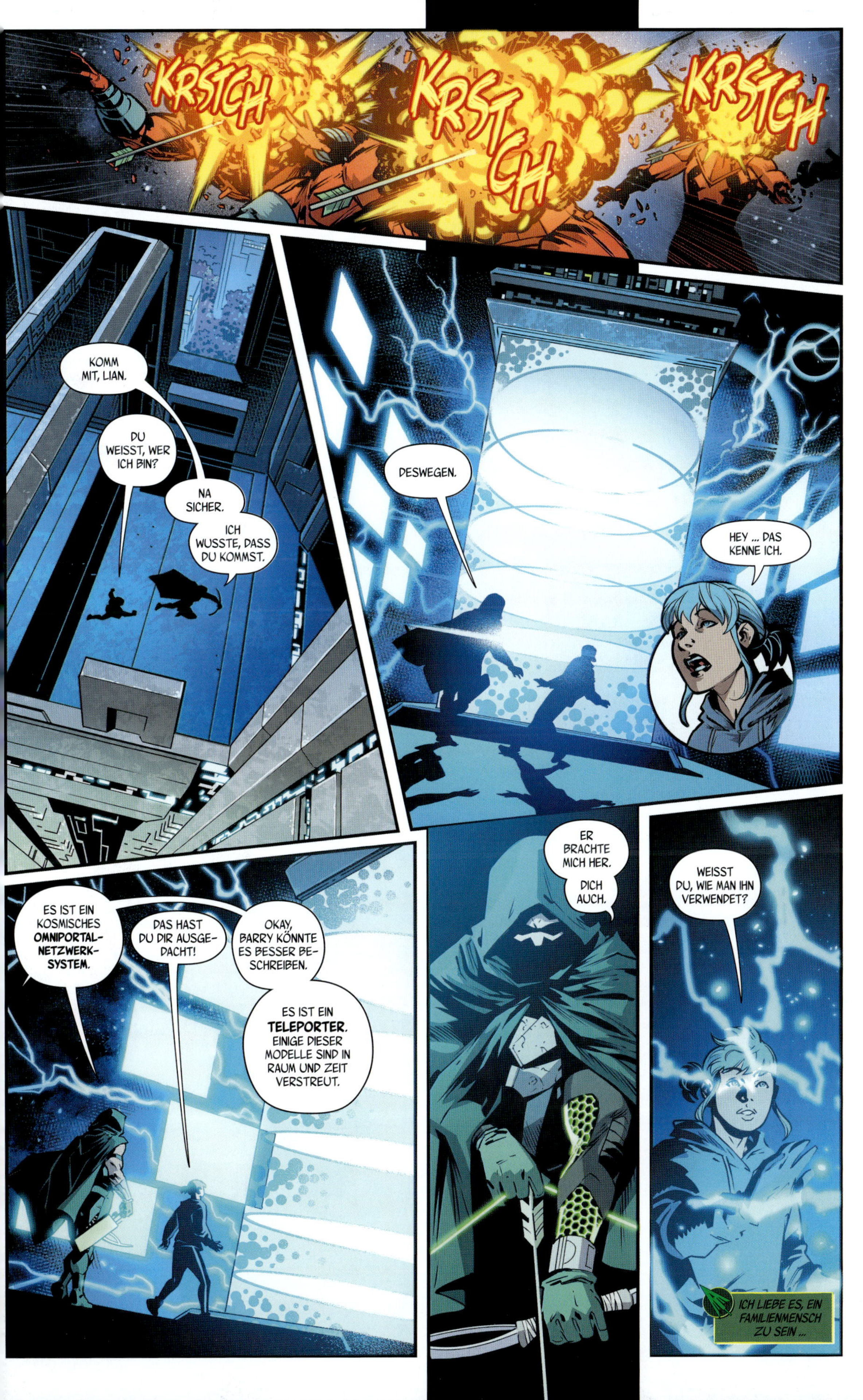
KRSTCH
KRSTCH
KRSTCH
KOMM MIT, LIAN.
DU WEISST, WER ICH BIN?
NA SICHER.
ICH WUSSTE, DASS DU KOMMST.
DESWEGEN.
HEY ... DAS KENNE ICH.
ES IST EIN KOSMISCHES OMNIPORTAL-NETZWERK-SYSTEM.
DAS HAST DU DIR AUSGEDACHT!
OKAY, BARRY KÖNNTE ES BESSER BESCHREIBEN.
ES IST EIN TELEPORTER. EINIGE DIESER MODELLE SIND IN RAUM UND ZEIT VERSTREUT.
ER BRACHTE MICH HER.
DICH AUCH.
WEISST DU, WIE MAN IHN VERWENDET?
ICH LIEBE ES, EIN FAMILIENMENSCH ZU SEIN ...

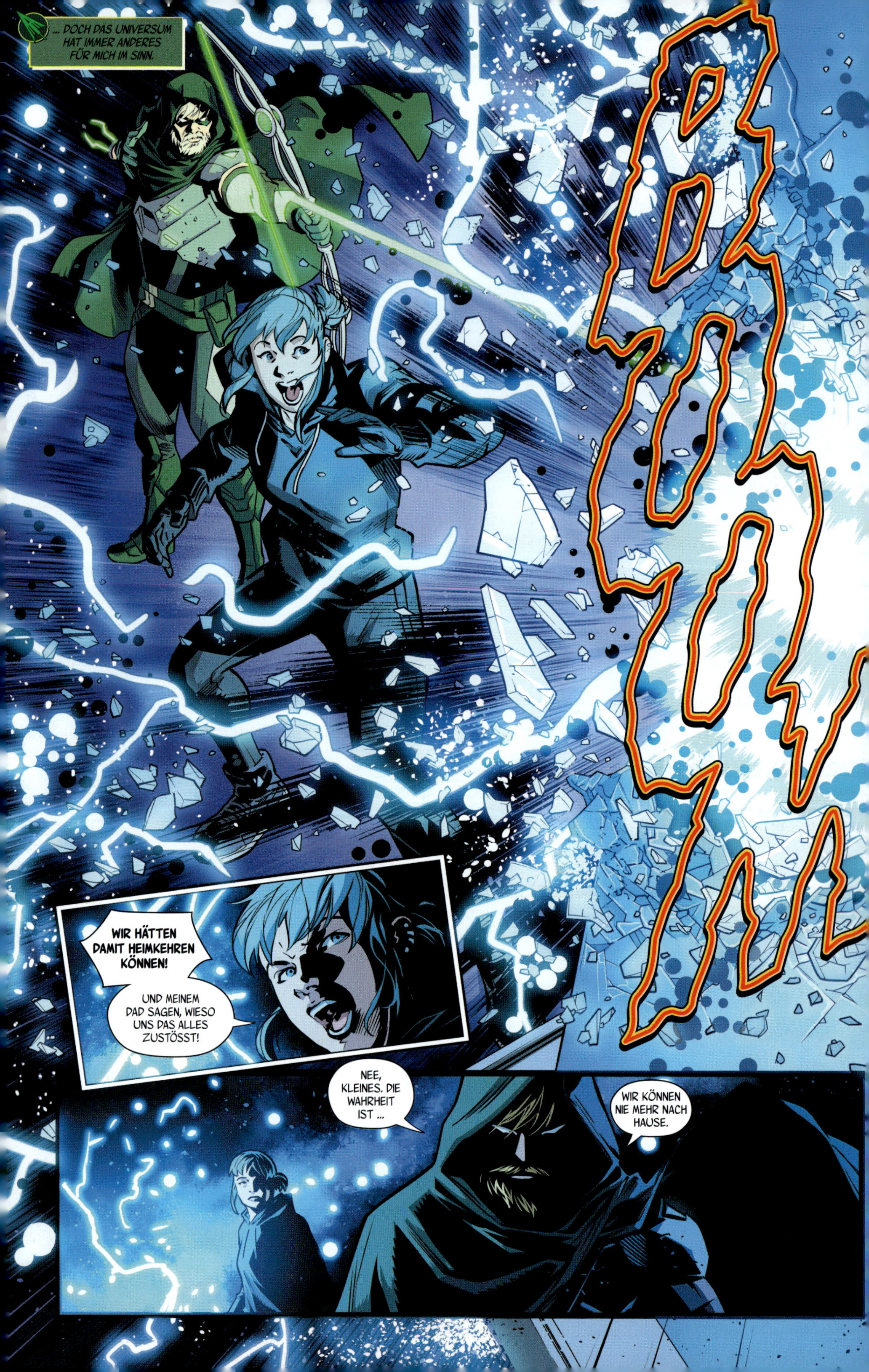
... DOCH DAS UNIVERSUM HAT IMMER ANDERES FÜR MICH IM SINN.
WIR HÄTTEN DAMIT HEIMKEHREN KÖNNEN!
UND MEINEM DAD SAGEN, WIESO UNS DAS ALLES ZUSTÖSST!
NEE, KLEINES. DIE WAHRHEIT IST ...
WIR KÖNNEN NIE MEHR NACH HAUSE.

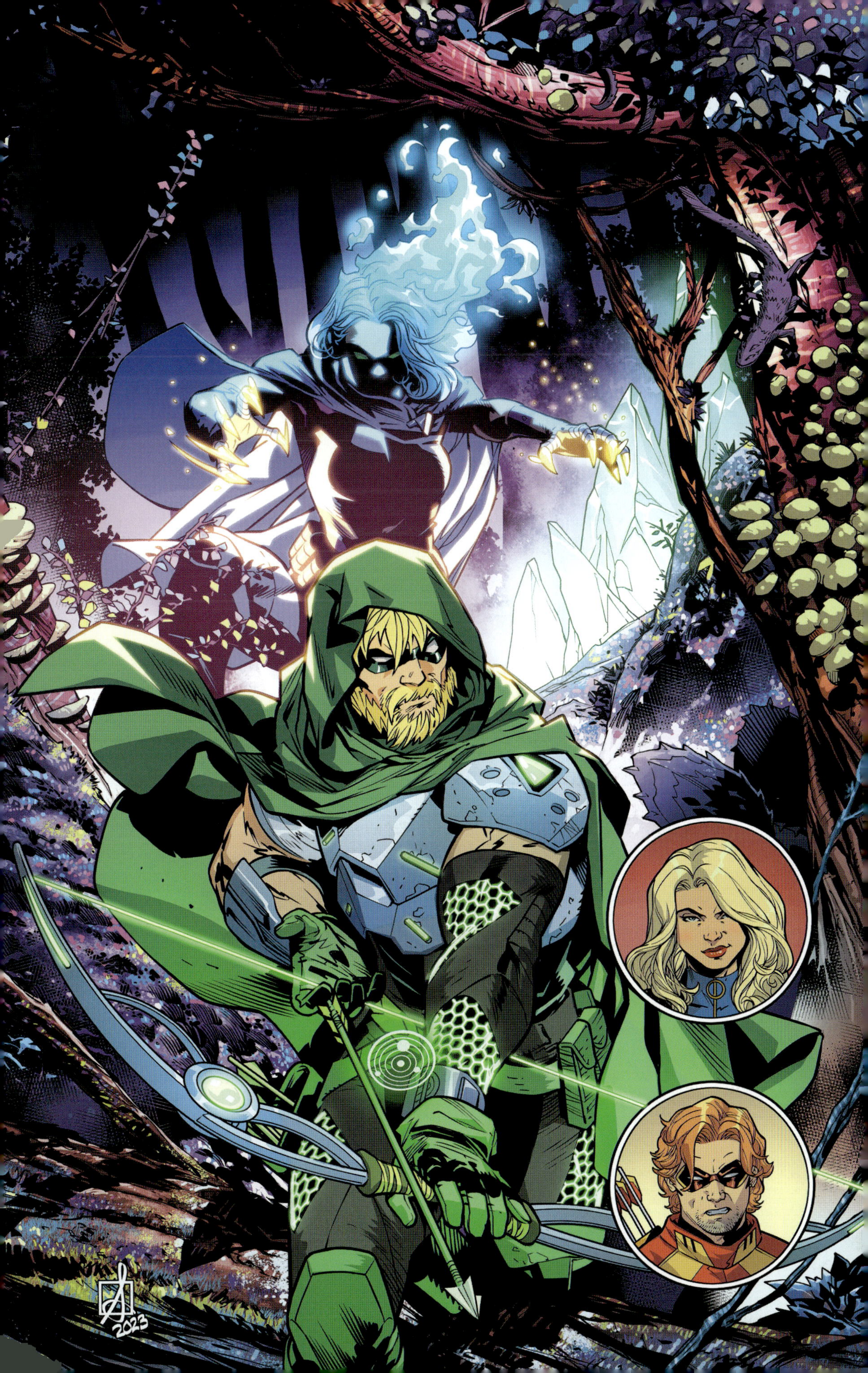

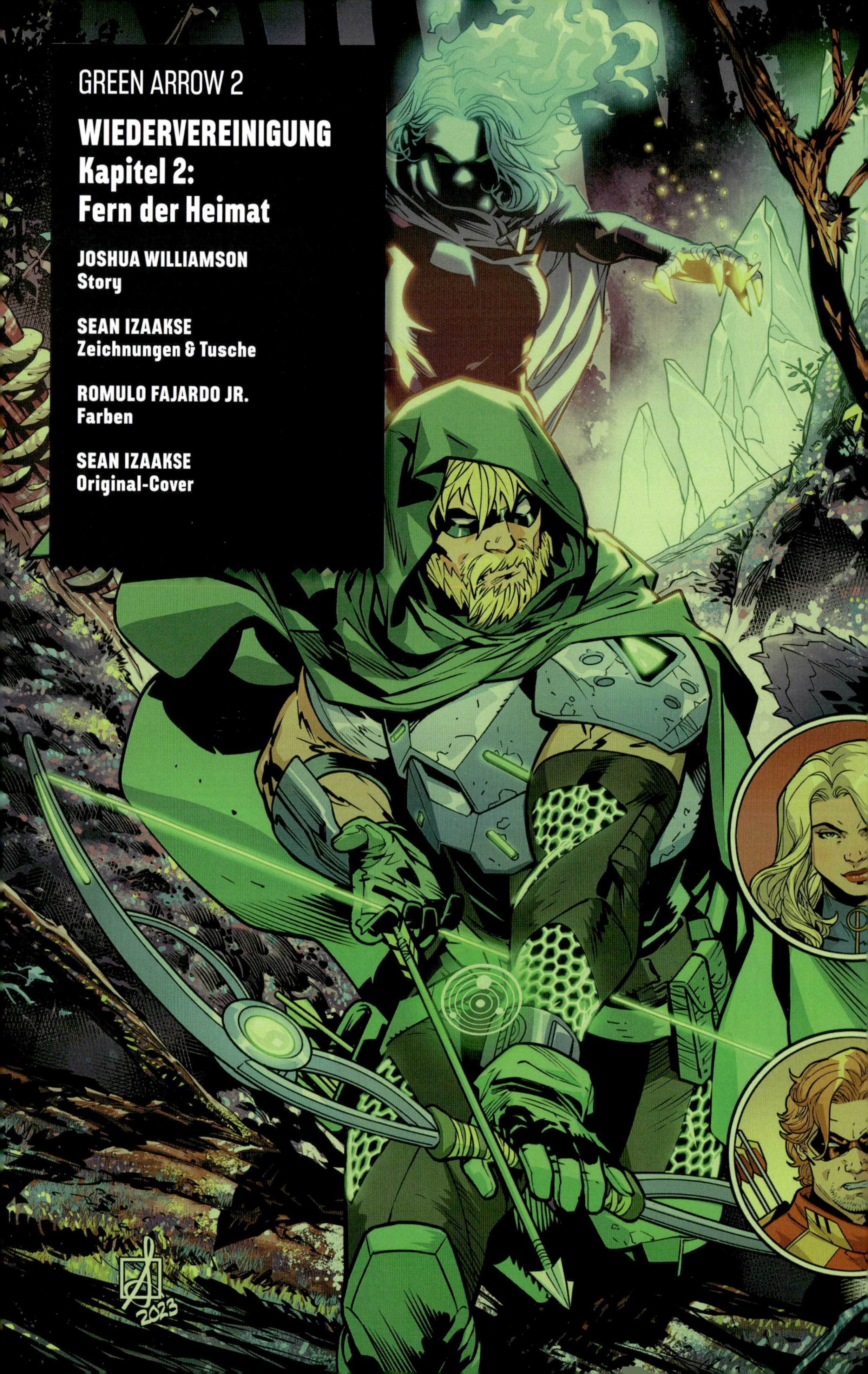
GREEN ARROW 2
WIEDERVEREINIGUNG
Kapitel 2:
Fern der Heimat
JOSHUA WILLIAMSON
Story
SEAN IZAAKSE
Zeichnungen & Tusche
ROMULO FAJARDO JR.
Farben
SEAN IZAAKSE
Original-Cover
2023

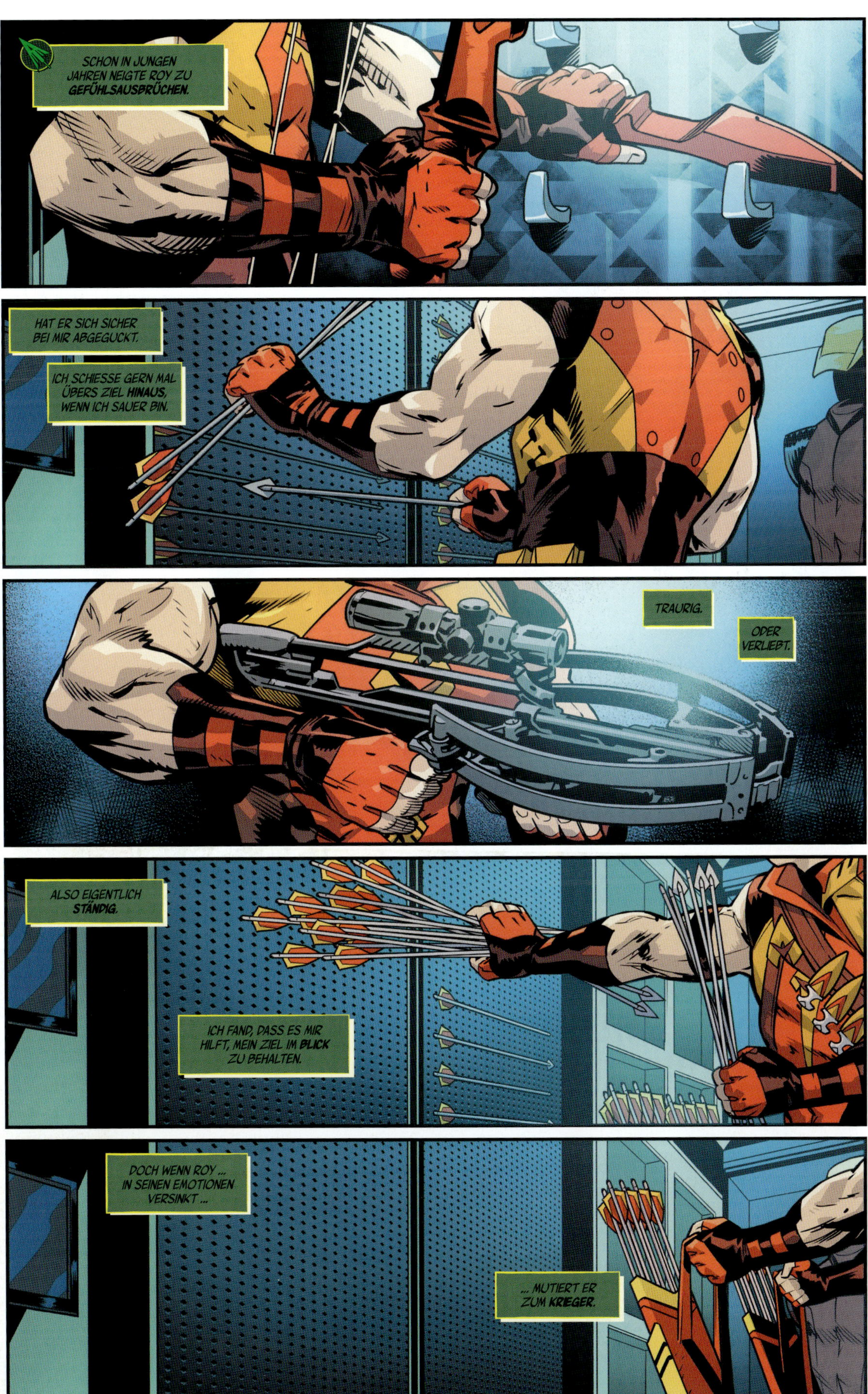
SCHON IN JUNGEN JAHREN NEIGTE ROY ZU GEFÜHLSAUSBRÜCHEN.
HAT ER SICH SICHER BEI MIR ABGEGUCKT.
ICH SCHIESSE GERN MAL ÜBERS ZIEL HINAUS, WENN ICH SAUER BIN.
TRAURIG.
ODER VERLIEBT.
ALSO EIGENTLICH STÄNDIG.
ICH FAND, DASS ES MIR HILFT, MEIN ZIEL IM BLICK ZU BEHALTEN.
DOCH WENN ROY ... IN SEINEN EMOTIONEN VERSINKT ...
... MUTIERT ER ZUM KRIEGER.

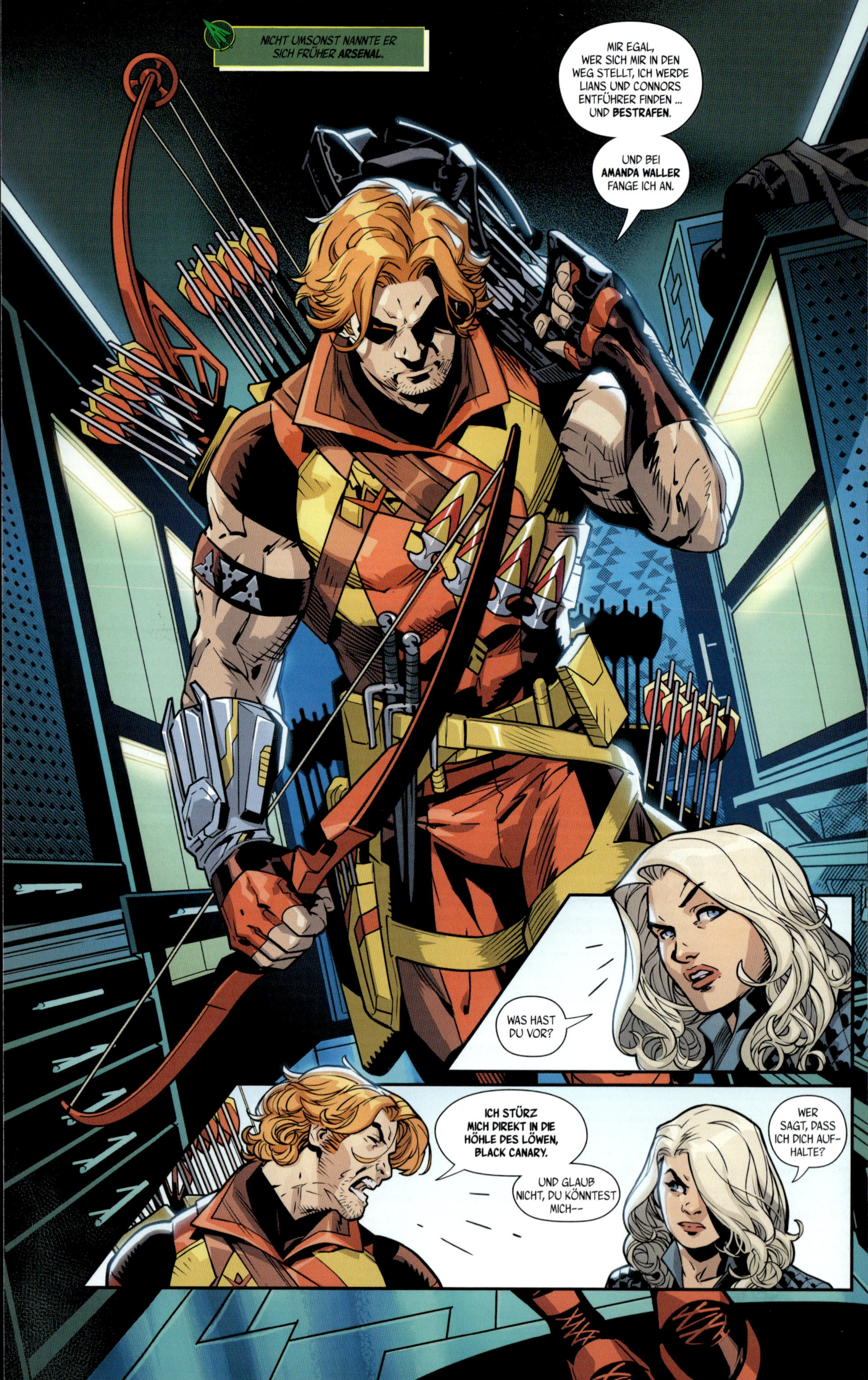
NICHT UMSONST NANNTE ER SICH FRÜHER **ARSENAL.**
MIR EGAL, WER SICH MIR IN DEN WEG STELLT, ICH WERDE LIANS UND CONNORS ENTFÜHRER FINDEN ... UND **BESTRAFEN.**
UND BEI **AMANDA WALLER** FANGE ICH AN.
WAS HAST DU VOR?
ICH STÜRZ MICH DIREKT IN DIE HÖHLE DES LÖWEN, BLACK CANARY.
UND GLAUB NICHT, DU KÖNNTEST MICH--
WER SAGT, DASS ICH DICH AUF-HALTE?

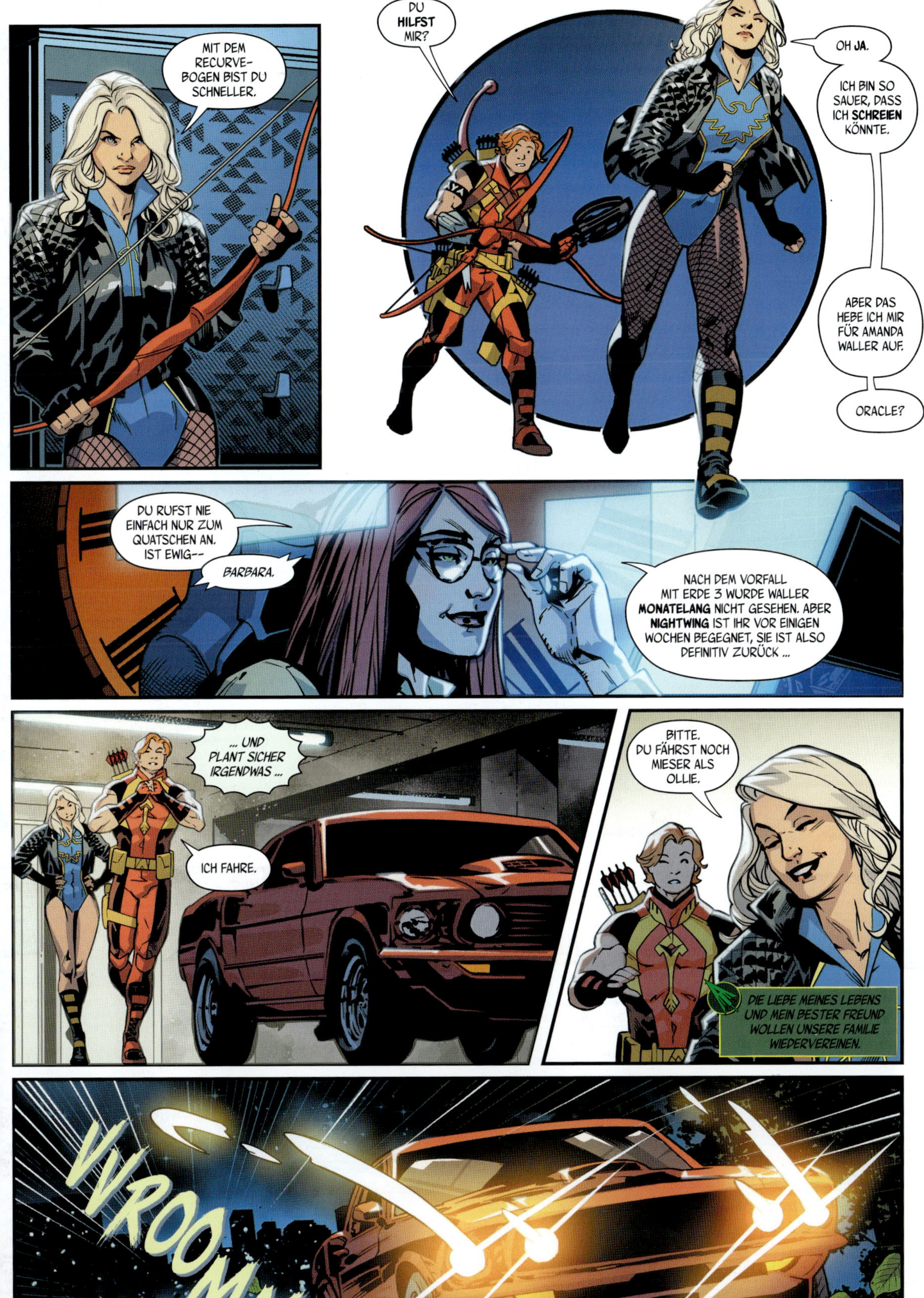
MIT DEM RECURVE-BOGEN BIST DU SCHNELLER.
DU HILFST MIR?
OH JA.
ICH BIN SO SAUER, DASS ICH SCHREIEN KÖNNTE.
ABER DAS HEBE ICH MIR FÜR AMANDA WALLER AUF.
ORACLE?
DU RUFST NIE EINFACH NUR ZUM QUATSCHEN AN. IST EWIG--
BARBARA.
NACH DEM VORFALL MIT ERDE 3 WURDE WALLER MONATELANG NICHT GESEHEN. ABER NIGHTWING IST IHR VOR EINIGEN WOCHEN BEGEGNET, SIE IST ALSO DEFINITIV ZURÜCK ...
... UND PLANT SICHER IRGENDWAS ...
ICH FAHRE.
BITTE. DU FÄHRST NOCH MIESER ALS OLLIE.
DIE LIEBE MEINES LEBENS UND MEIN BESTER FREUND WOLLEN UNSERE FAMILIE WIEDERVEREINEN.
VVROOMM
UND MICH FINDEN.

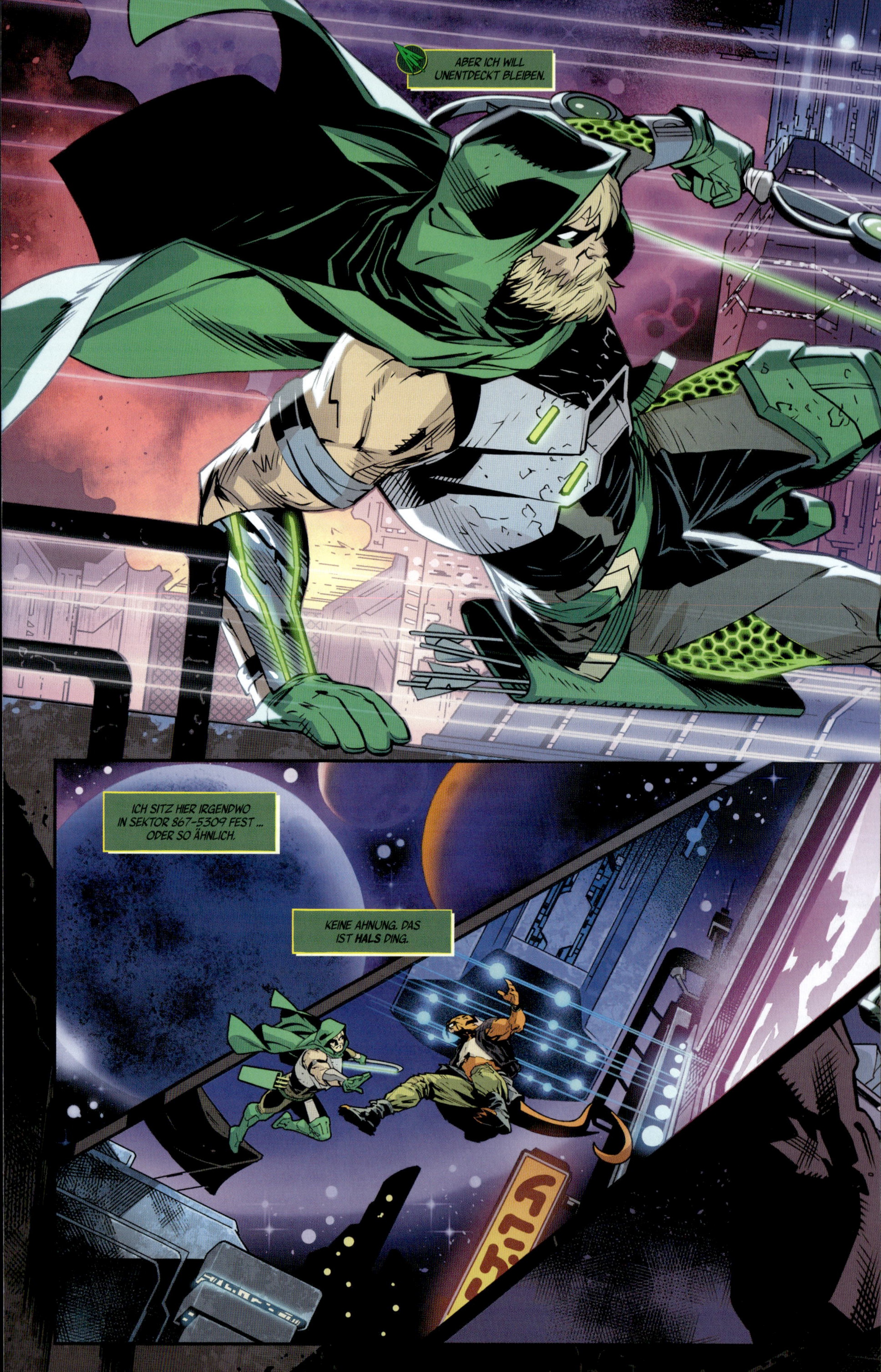
ABER ICH WILL UNENTDECKT BLEIBEN.
ICH SITZ HIER IRGENDWO IN SEKTOR 867-5309 FEST ... ODER SO ÄHNLICH.
KEINE AHNUNG. DAS IST HALS DING.

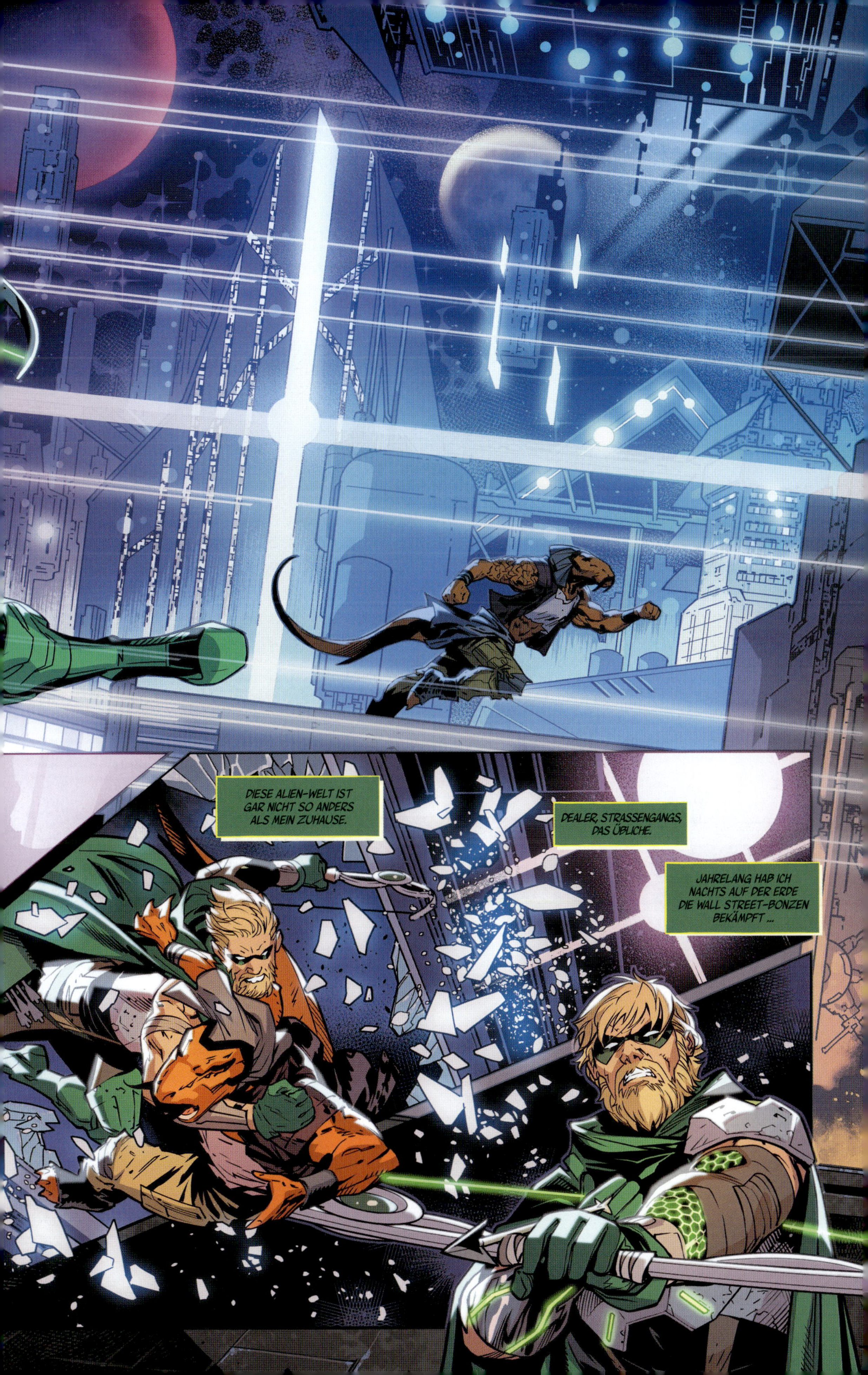
DIESE ALIEN-WELT IST GAR NICHT SO ANDERS ALS MEIN ZUHAUSE.
DEALER, STRASSENGANGS, DAS ÜBLICHE.
JAHRELANG HAB ICH NACHTS AUF DER ERDE DIE WALL STREET-BONZEN BEKÄMPFT ...

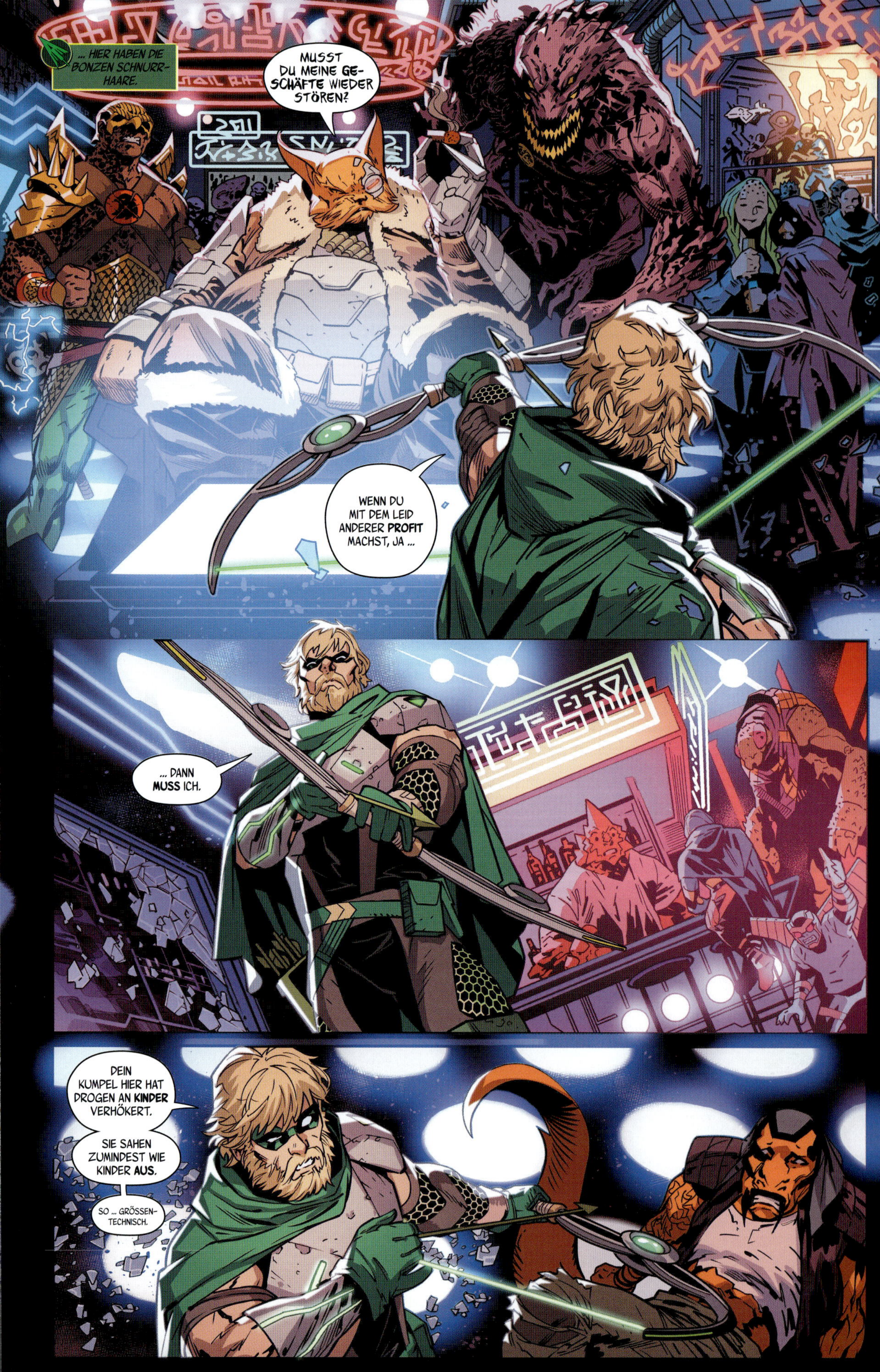
... HIER HABEN DIE BONZEN SCHNURR-HAARE.
MUSST DU MEINE GESCHÄFTE WIEDER STÖREN?
WENN DU MIT DEM LEID ANDERER PROFIT MACHST, JA ...
... DANN MUSS ICH.
DEIN KUMPEL HIER HAT DROGEN AN KINDER VERHÖKERT.
SIE SAHEN ZUMINDEST WIE KINDER AUS.
SO ... GRÖSSEN-TECHNISCH.

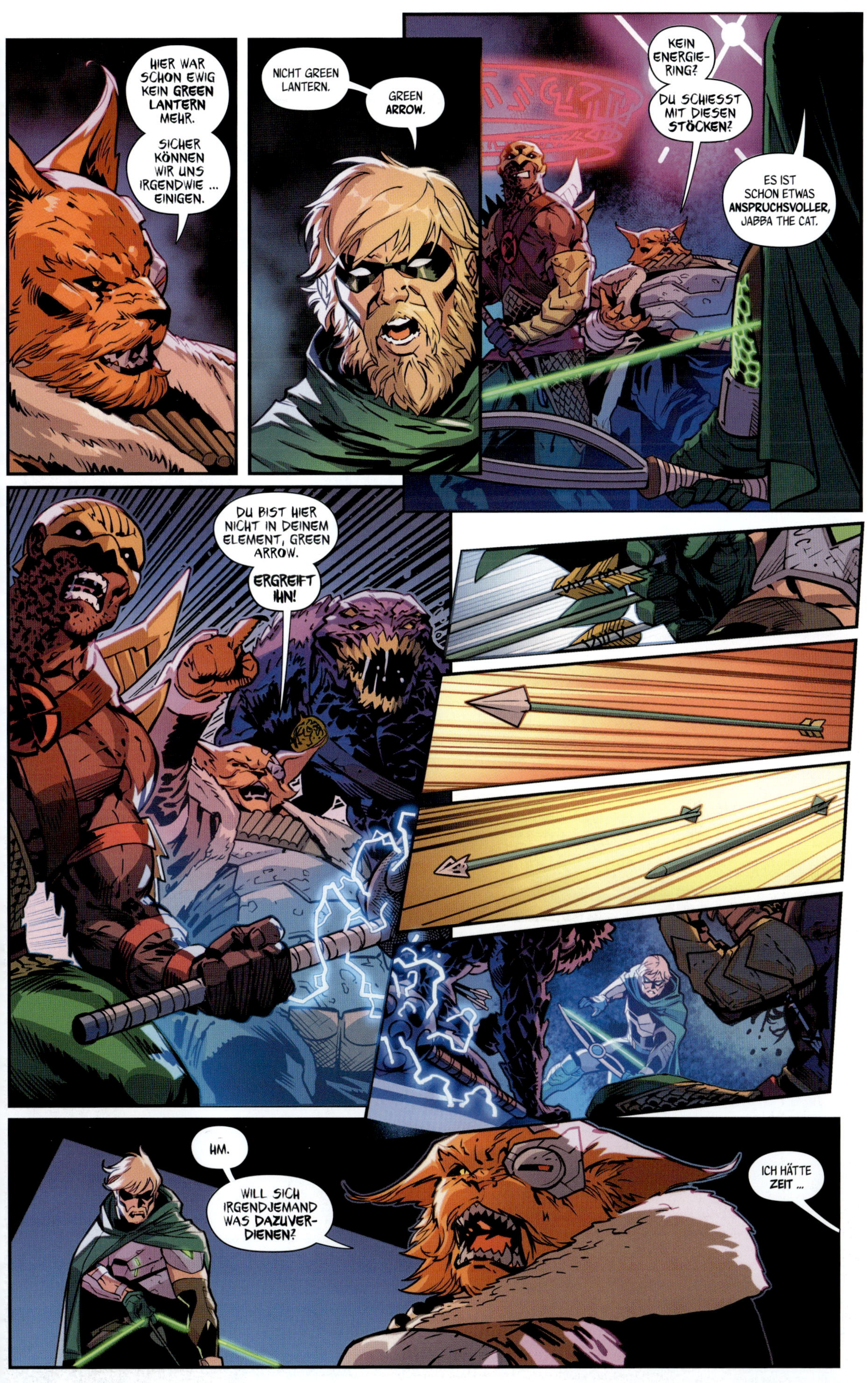
HIER WAR SCHON EWIG KEIN GREEN LANTERN MEHR.
SICHER KÖNNEN WIR UNS IRGENDWIE ... EINIGEN.
NICHT GREEN LANTERN.
GREEN ARROW.
KEIN ENERGIE-RING?
DU SCHIESST MIT DIESEN STÖCKEN?
ES IST SCHON ETWAS ANSPRUCHSVOLLER, JABBA THE CAT.
DU BIST HIER NICHT IN DEINEM ELEMENT, GREEN ARROW.
ERGREIFT IHN!
HM.
WILL SICH IRGENDJEMAND WAS DAZUVER-DIENEN?
ICH HÄTTE ZEIT ...

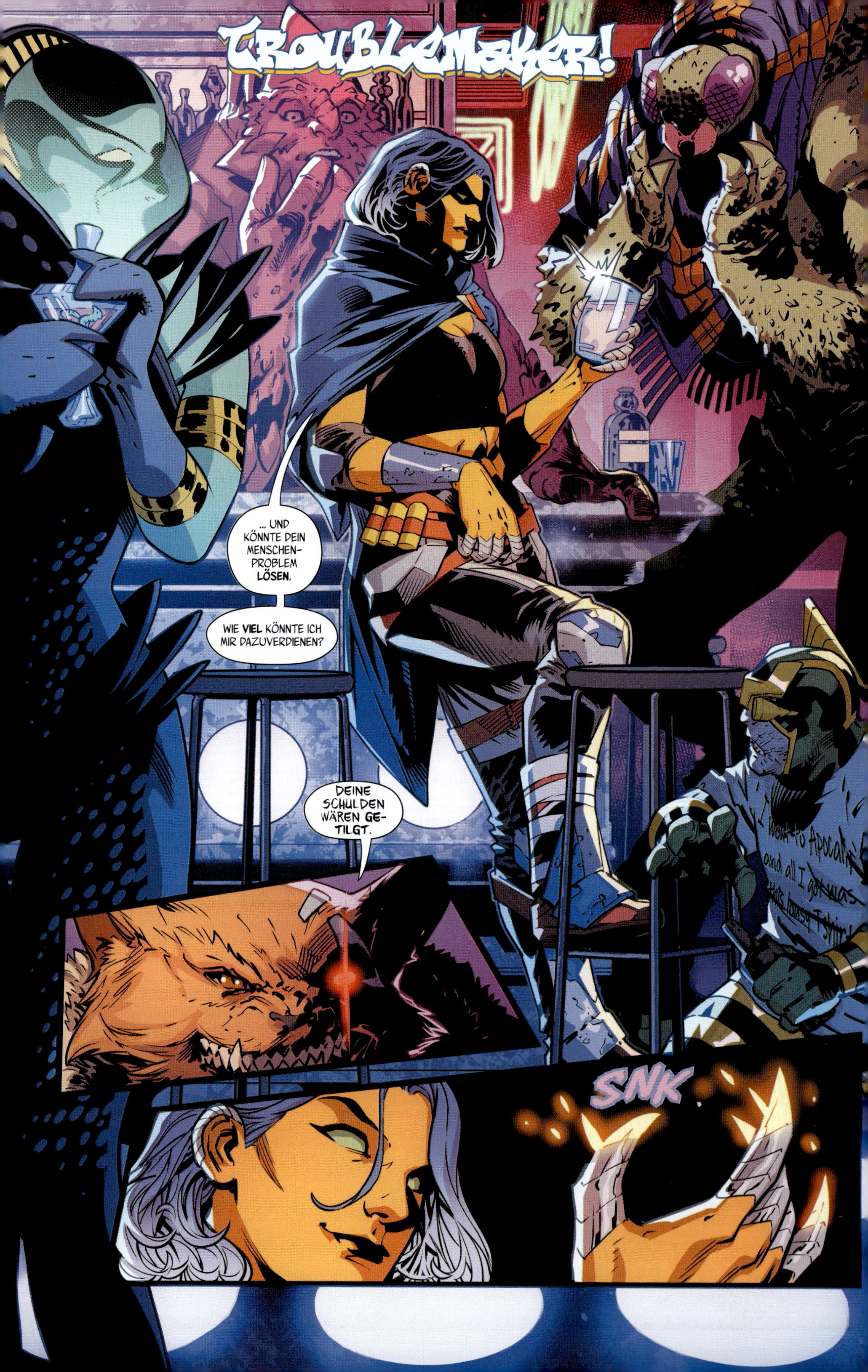
TROUBLEMAKER!
... UND KÖNNTE DEIN MENSCHEN-PROBLEM **LÖSEN**.
WIE **VIEL** KÖNNTE ICH MIR DAZUVERDIENEN?
DEINE SCHULDEN WÄREN **GETILGT**.
SNK

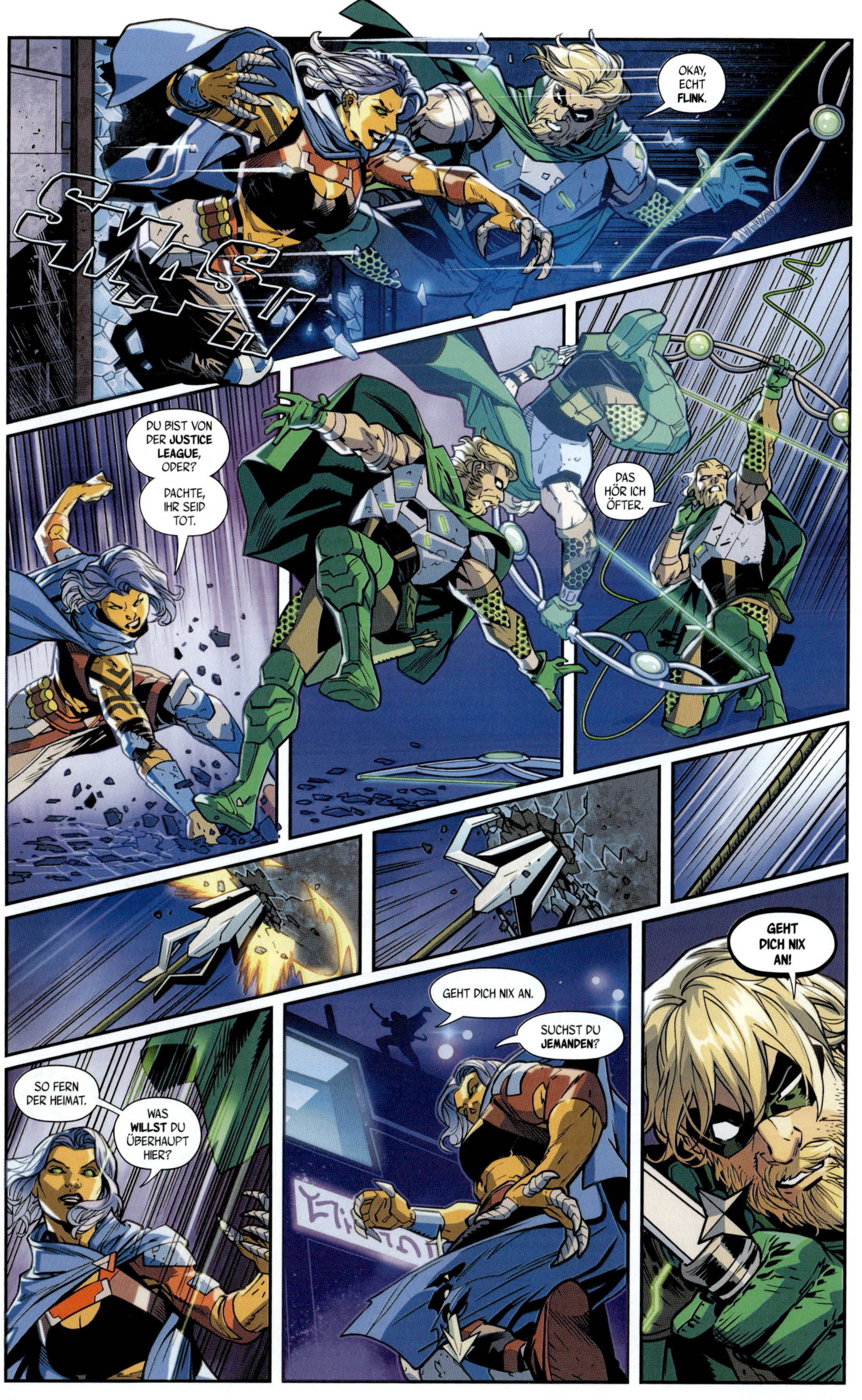
OKAY, ECHT **FLINK**.
DU BIST VON DER **JUSTICE LEAGUE**, ODER?
DACHTE, IHR SEID TOT.
DAS HÖR ICH ÖFTER.
SO FERN DER HEIMAT.
WAS **WILLST** DU ÜBERHAUPT HIER?
GEHT DICH NIX AN.
SUCHST DU **JEMANDEN**?
GEHT DICH NIX AN!

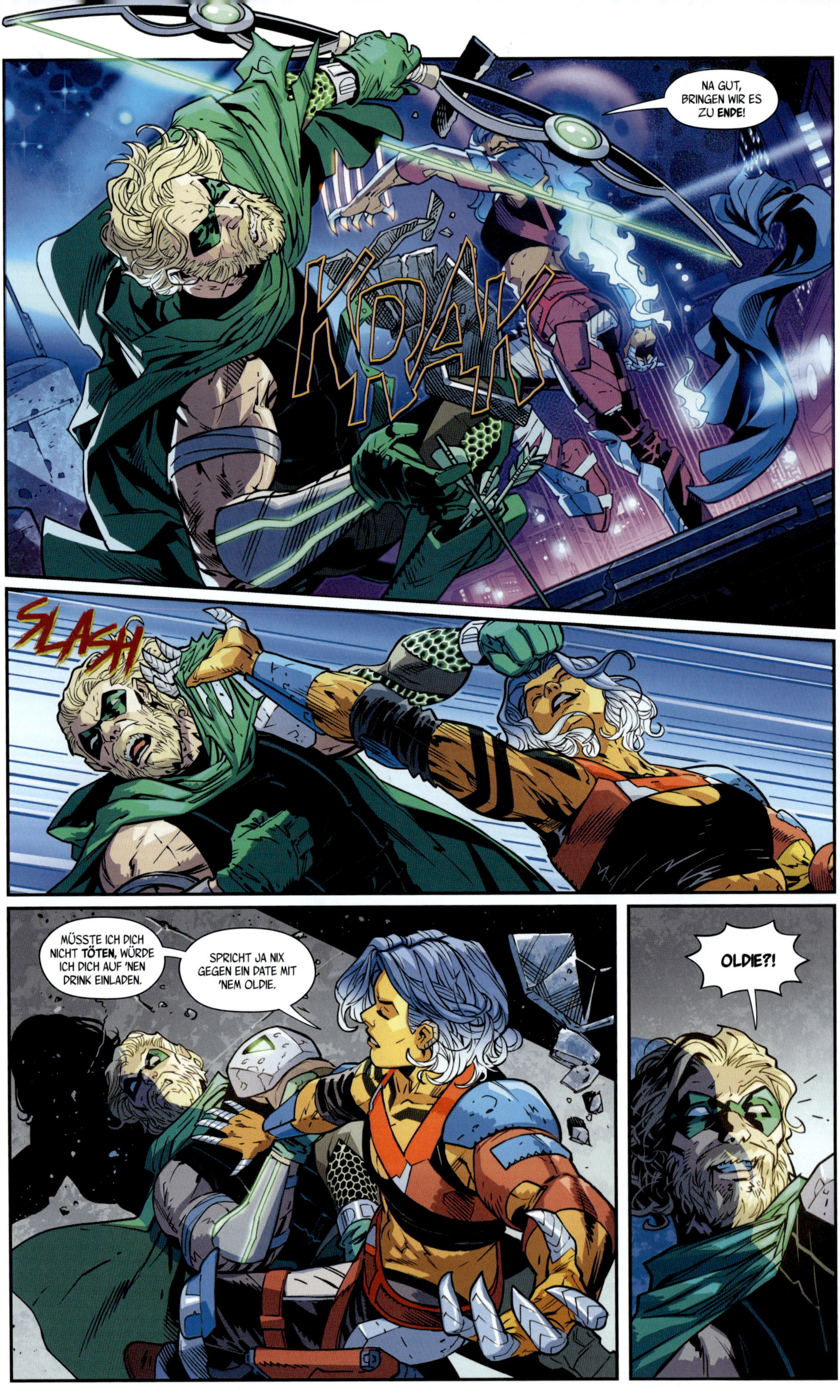

NA GUT, BRINGEN WIR ES ZU **ENDE**!

KRAK

SLASH

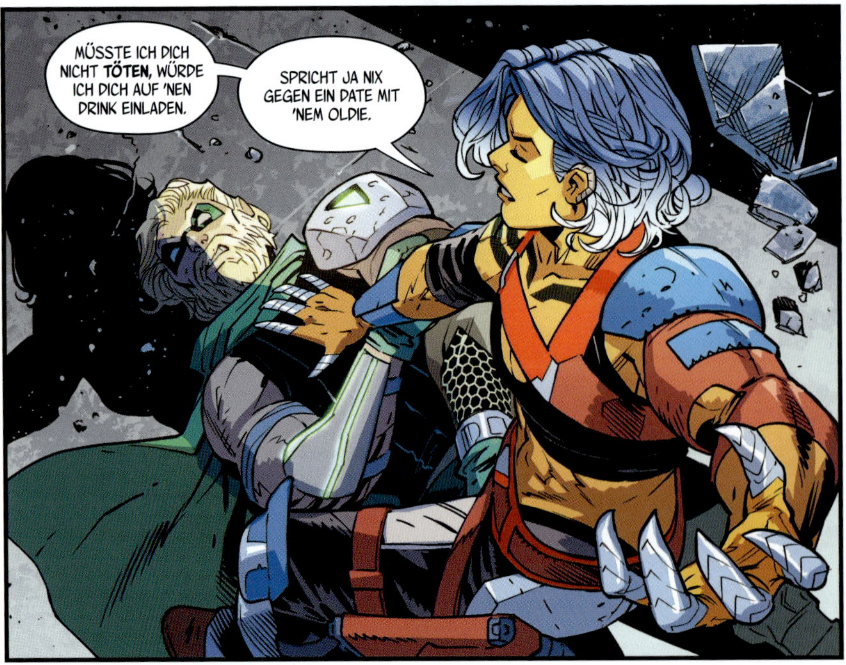

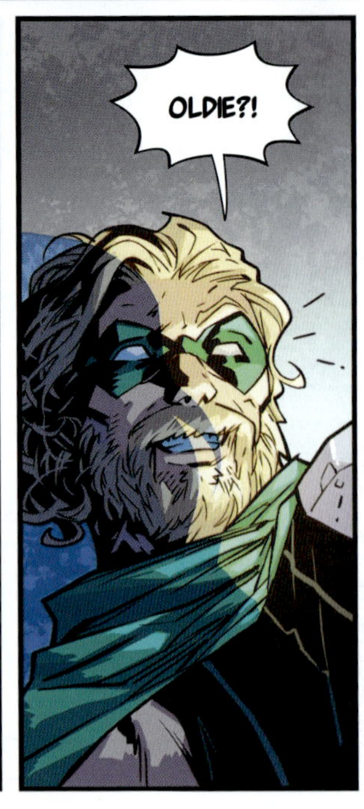

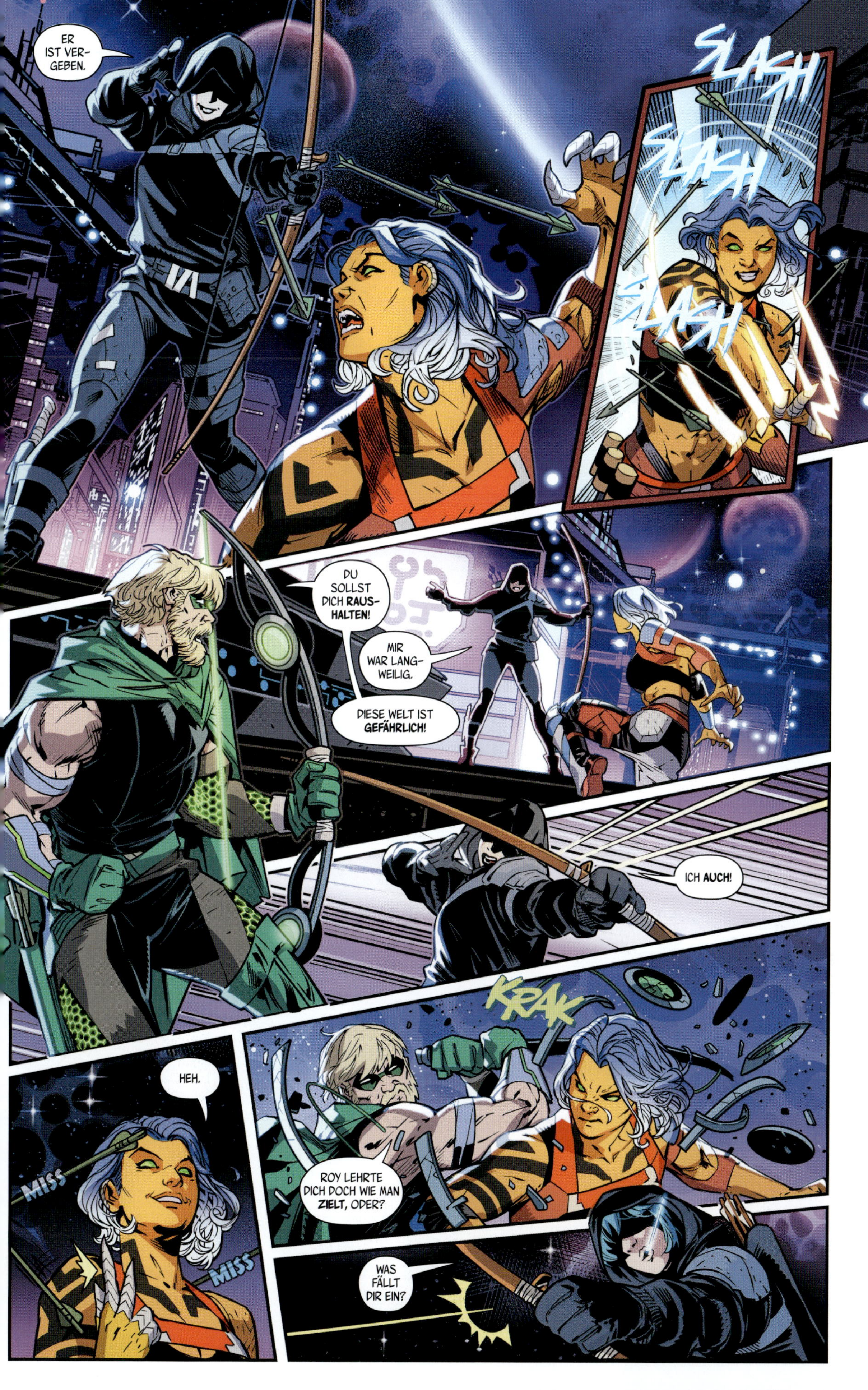
ER IST VERGEBEN.
SLASH
SLASH
SLASH
DU SOLLST DICH RAUSHALTEN!
MIR WAR LANGWEILIG.
DIESE WELT IST GEFÄHRLICH!
ICH AUCH!
KRAK
HEH.
MISS
MISS
ROY LEHRTE DICH DOCH WIE MAN ZIELT, ODER?
WAS FÄLLT DIR EIN?

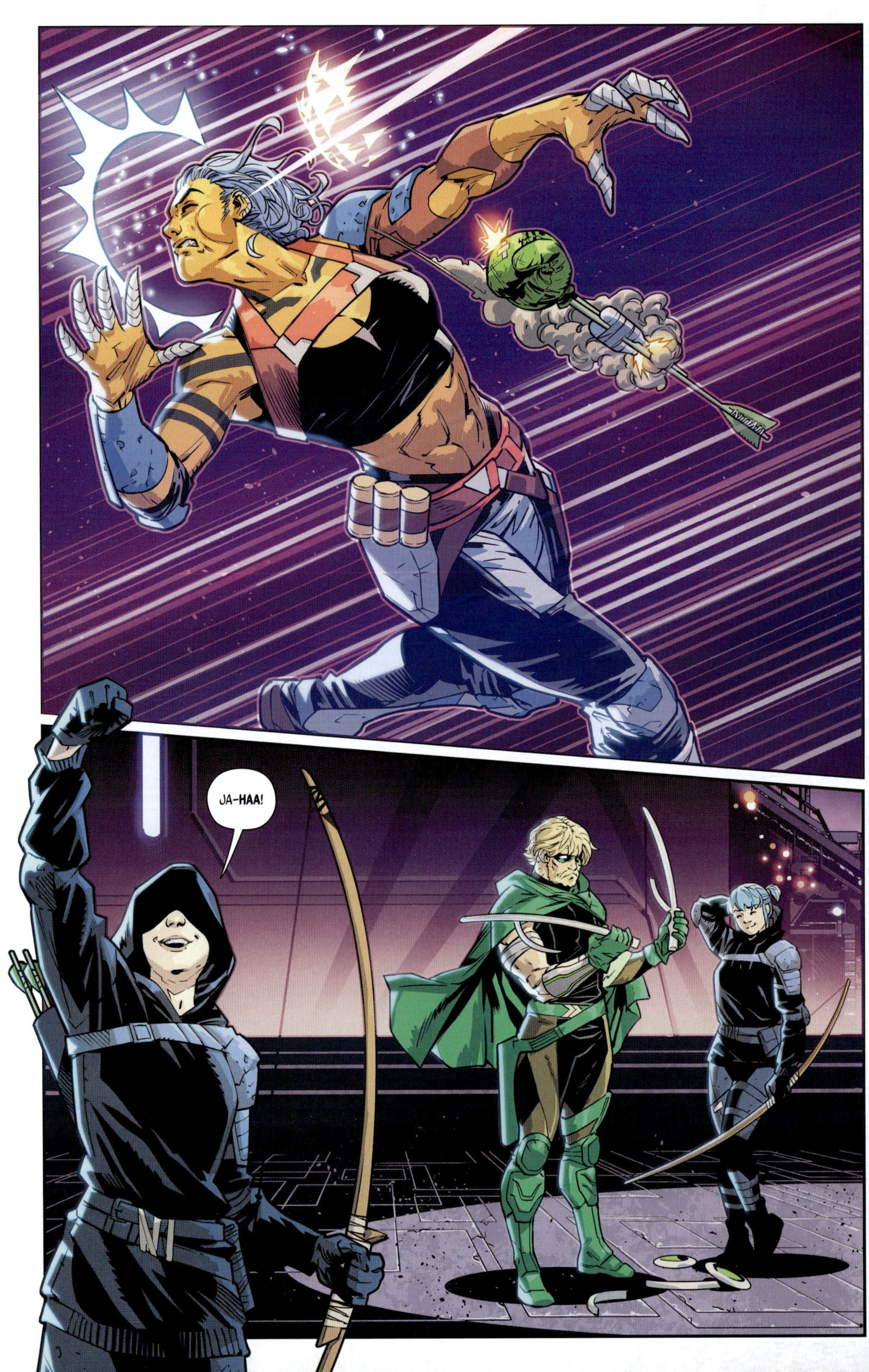
JA-HAA!

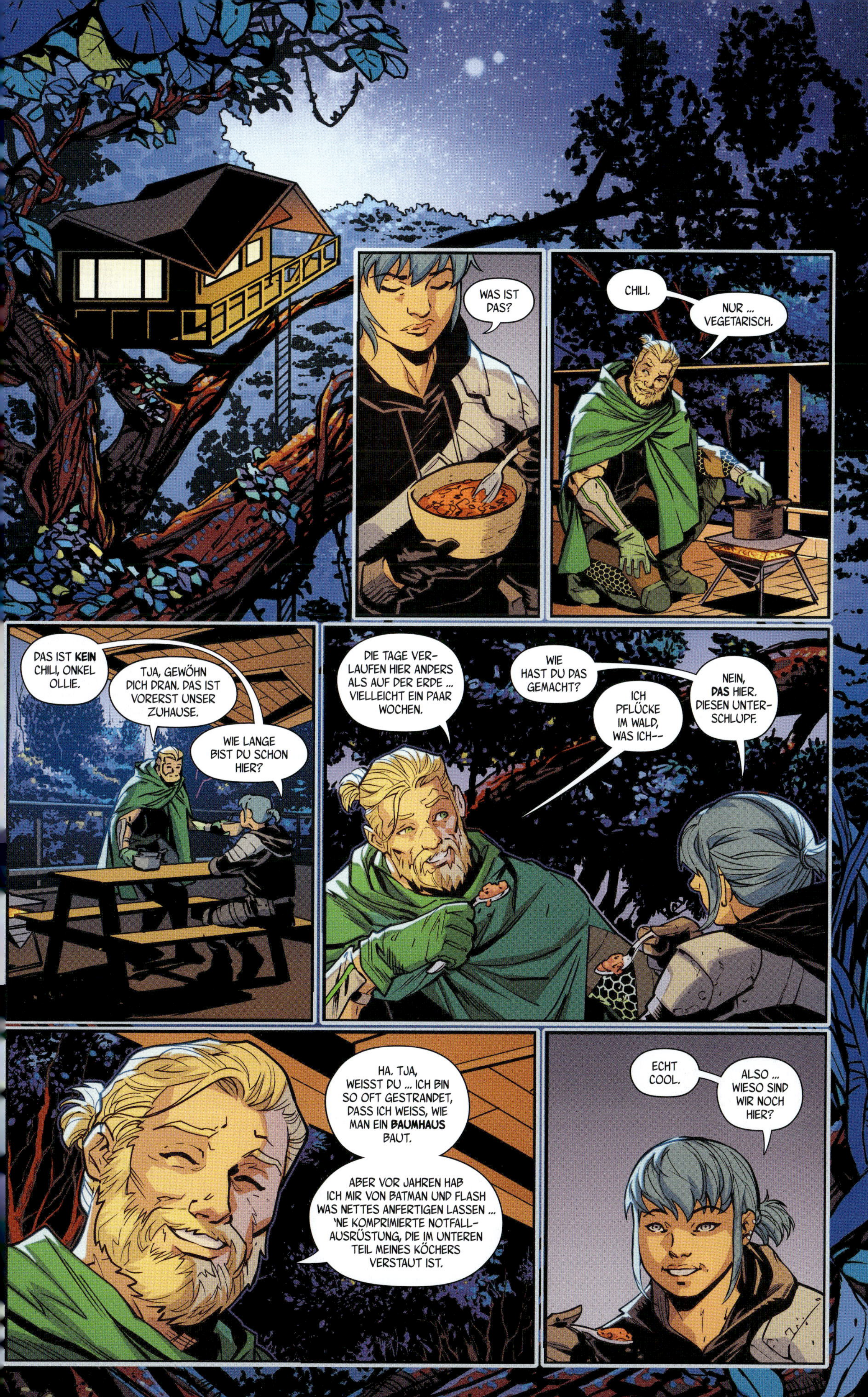
WAS IST DAS?
CHILI.
NUR ... VEGETARISCH.
DAS IST KEIN CHILI, ONKEL OLLIE.
TJA, GEWÖHN DICH DRAN. DAS IST VORERST UNSER ZUHAUSE.
WIE LANGE BIST DU SCHON HIER?
DIE TAGE VERLAUFEN HIER ANDERS ALS AUF DER ERDE ... VIELLEICHT EIN PAAR WOCHEN.
WIE HAST DU DAS GEMACHT?
ICH PFLÜCKE IM WALD, WAS ICH--
NEIN, DAS HIER. DIESEN UNTERSCHLUPF.
HA. TJA, WEISST DU ... ICH BIN SO OFT GESTRANDET, DASS ICH WEISS, WIE MAN EIN BAUMHAUS BAUT.
ABER VOR JAHREN HAB ICH MIR VON BATMAN UND FLASH WAS NETTES ANFERTIGEN LASSEN ... 'NE KOMPRIMIERTE NOTFALLAUSRÜSTUNG, DIE IM UNTEREN TEIL MEINES KÖCHERS VERSTAUT IST.
ECHT COOL.
ALSO ... WIESO SIND WIR NOCH HIER?

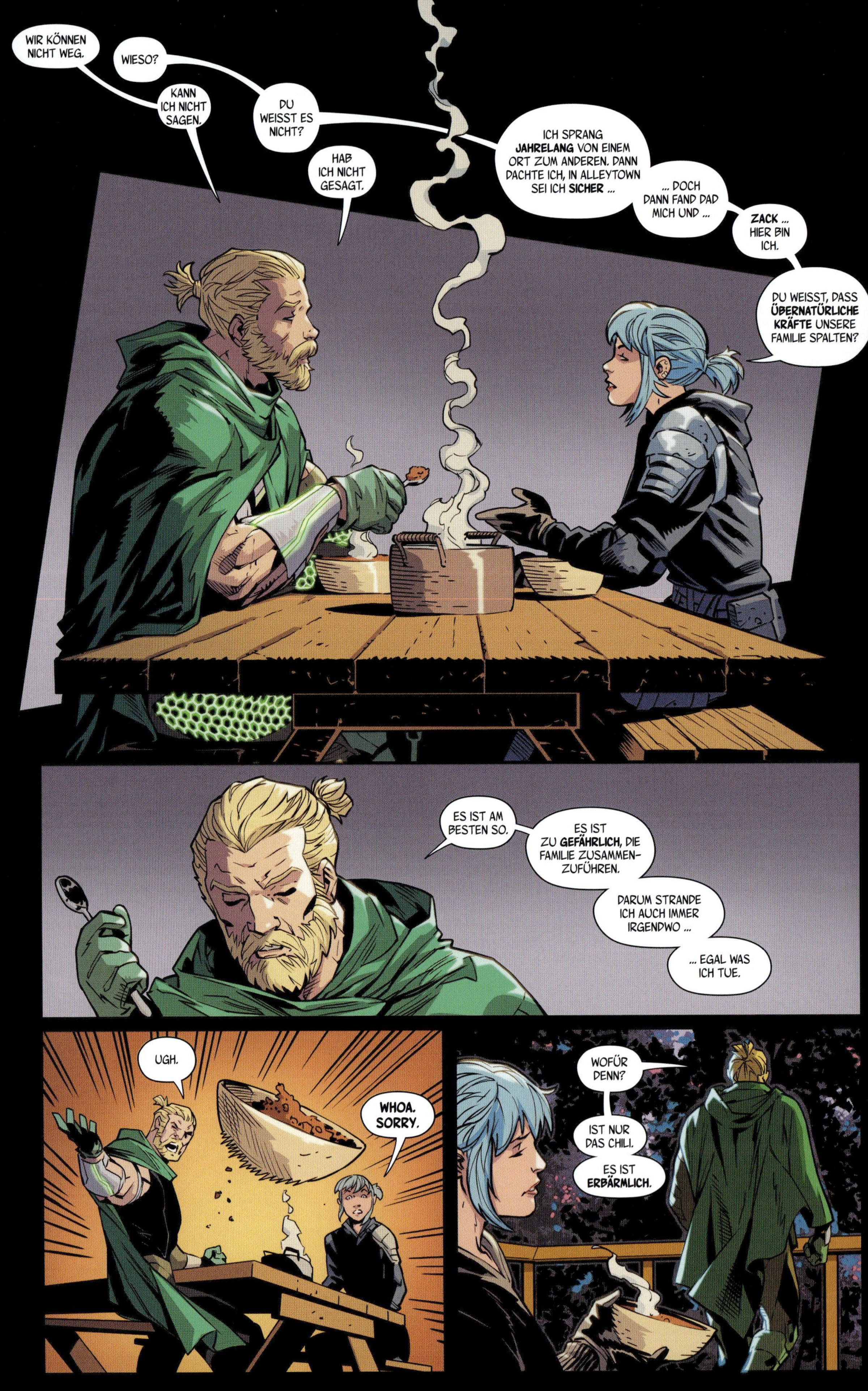
WIR KÖNNEN NICHT WEG.
WIESO?
KANN ICH NICHT SAGEN.
DU WEISST ES NICHT?
HAB ICH NICHT GESAGT.
ICH SPRANG **JAHRELANG** VON EINEM ORT ZUM ANDEREN. DANN DACHTE ICH, IN ALLEYTOWN SEI ICH **SICHER** ...
... DOCH DANN FAND DAD MICH UND ...
ZACK ... HIER BIN ICH.
DU WEISST, DASS **ÜBERNATÜRLICHE KRÄFTE** UNSERE FAMILIE SPALTEN?
ES IST AM BESTEN SO.
ES IST ZU **GEFÄHRLICH**, DIE FAMILIE ZUSAMMENZUFÜHREN.
DARUM STRANDE ICH AUCH IMMER IRGENDWO ...
... EGAL WAS ICH TUE.
UGH.
WHOA. SORRY.
WOFÜR DENN?
IST NUR DAS CHILI.
ES IST **ERBÄRMLICH.**

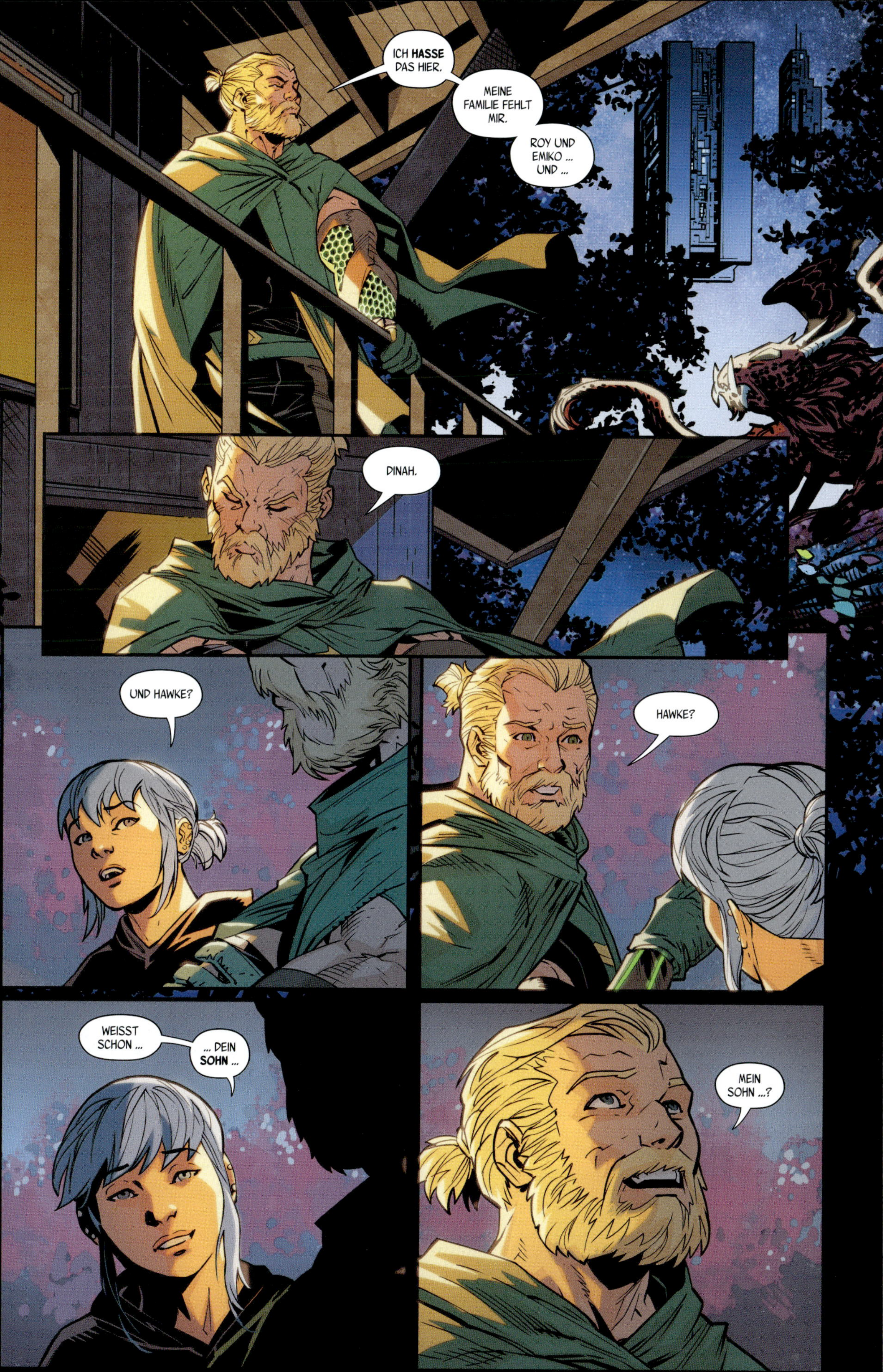
ICH **HASSE** DAS HIER.
MEINE FAMILIE FEHLT MIR.
ROY UND EMIKO ... UND ...
DINAH.
UND HAWKE?
HAWKE?
WEISST SCHON ...
... DEIN **SOHN** ...
MEIN SOHN ...?

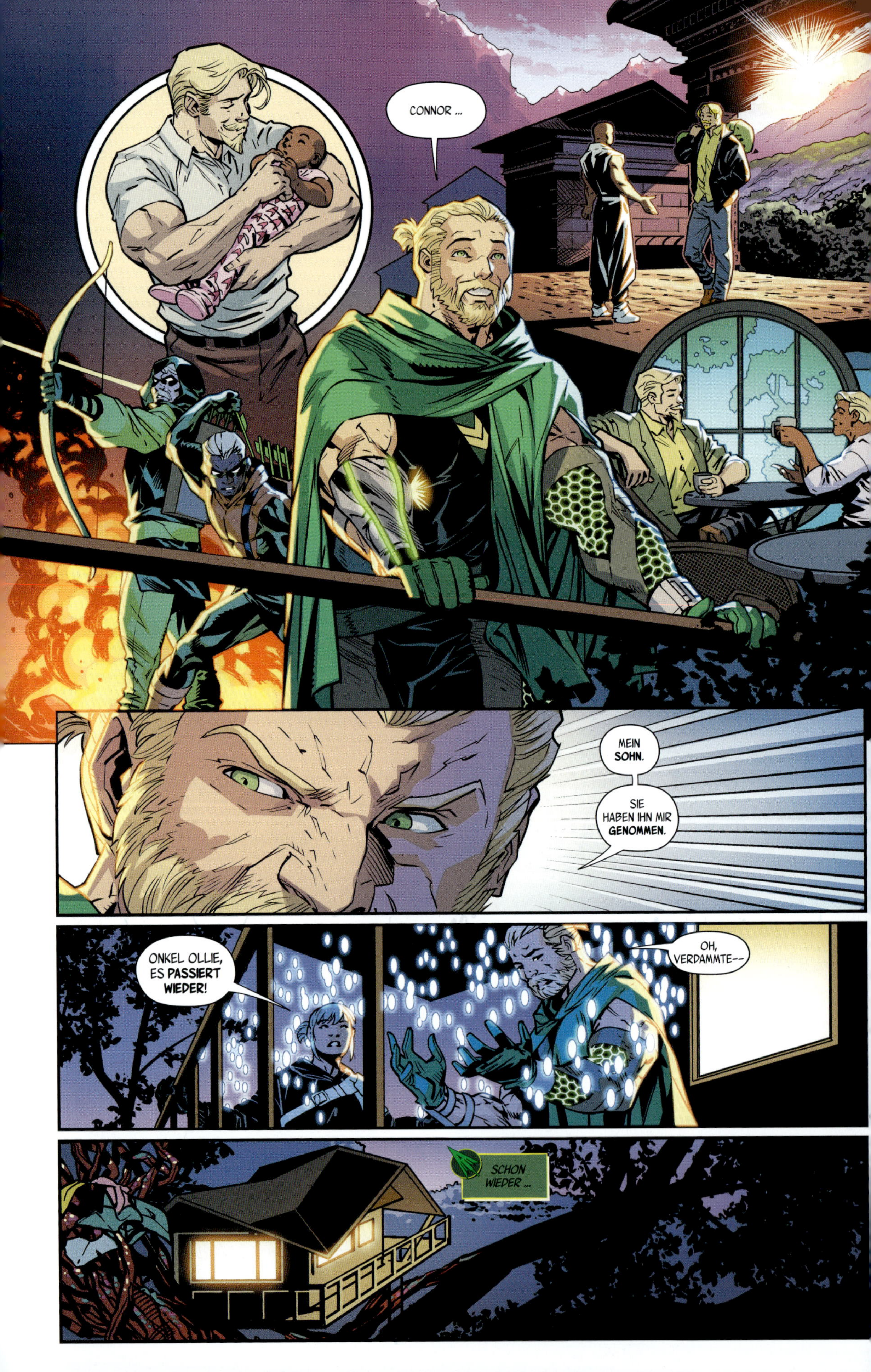
CONNOR ...
MEIN SOHN.
SIE HABEN IHN MIR GENOMMEN.
ONKEL OLLIE, ES PASSIERT WIEDER!
OH, VERDAMMTE--
SCHON WIEDER ...

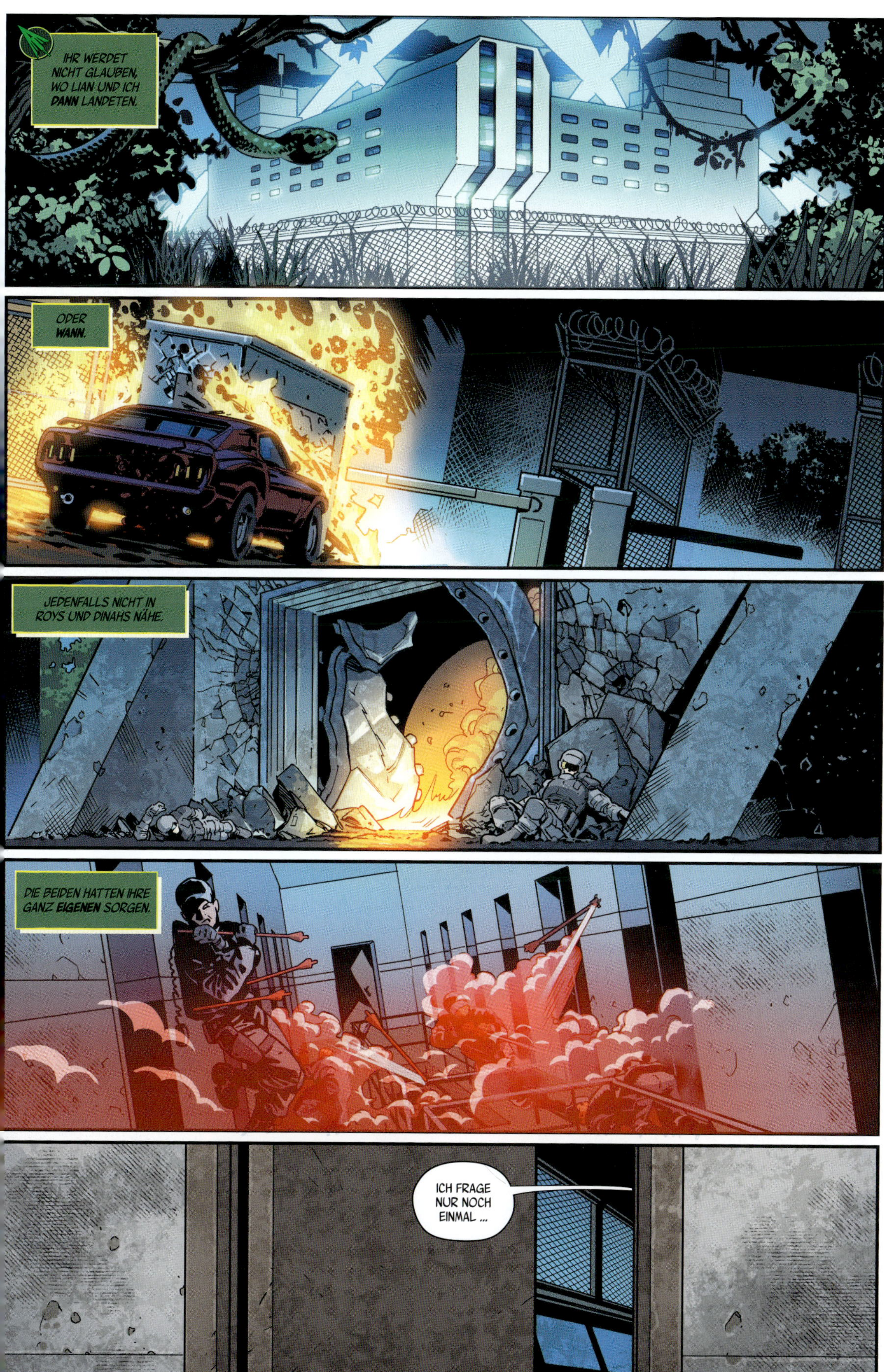
IHR WERDET NICHT GLAUBEN, WO LIAN UND ICH DANN LANDETEN.
ODER WANN.
JEDENFALLS NICHT IN ROYS UND DINAHS NÄHE.
DIE BEIDEN HATTEN IHRE GANZ EIGENEN SORGEN.
ICH FRAGE NUR NOCH EINMAL ...

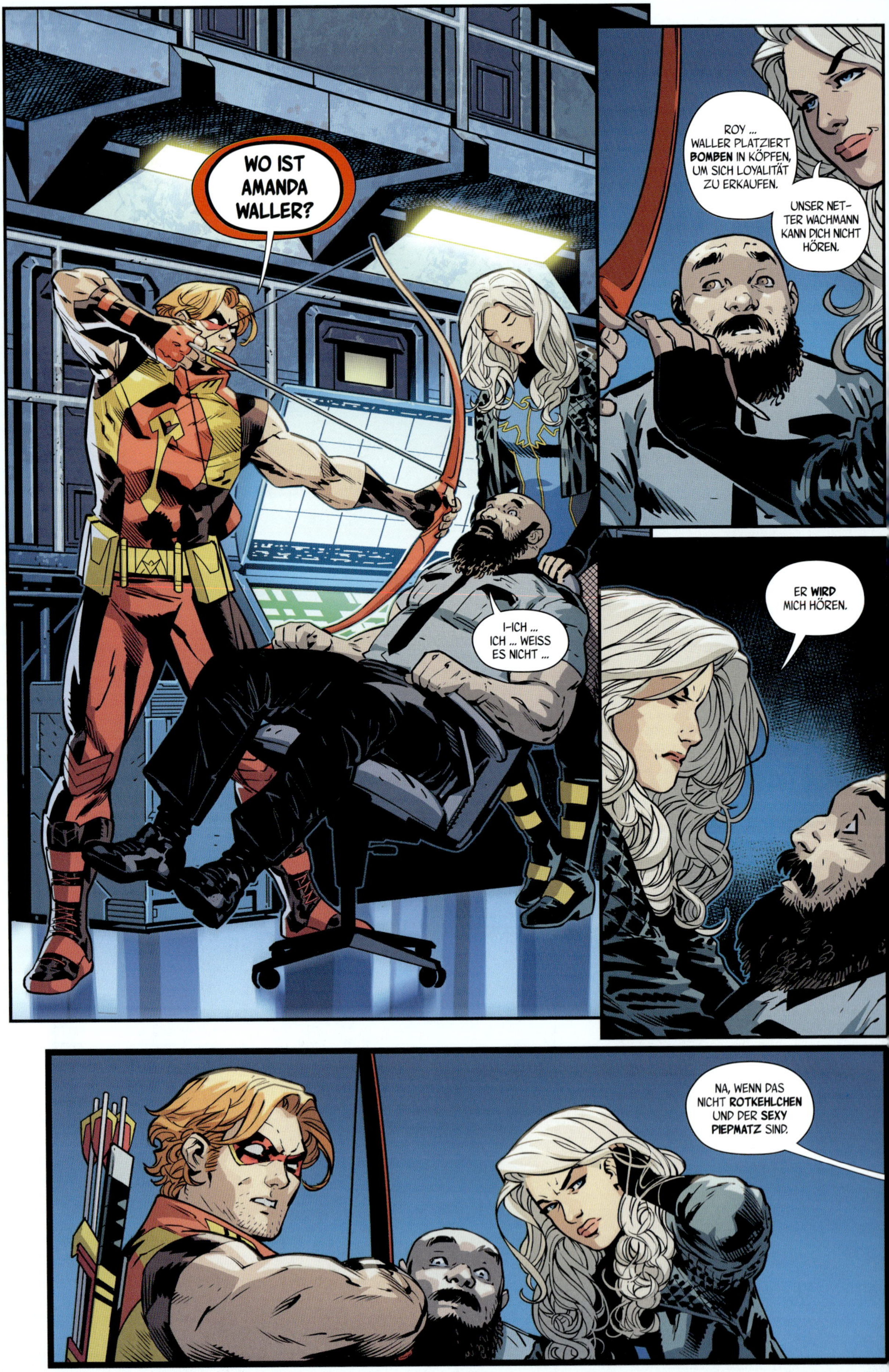

WO IST AMANDA WALLER?
ROY ... WALLER PLATZIERT **BOMBEN** IN KÖPFEN, UM SICH LOYALITÄT ZU ERKAUFEN.
UNSER NETTER WACHMANN KANN DICH NICHT HÖREN.
I-ICH ... ICH ... WEISS ES NICHT ...
ER **WIRD** MICH HÖREN.

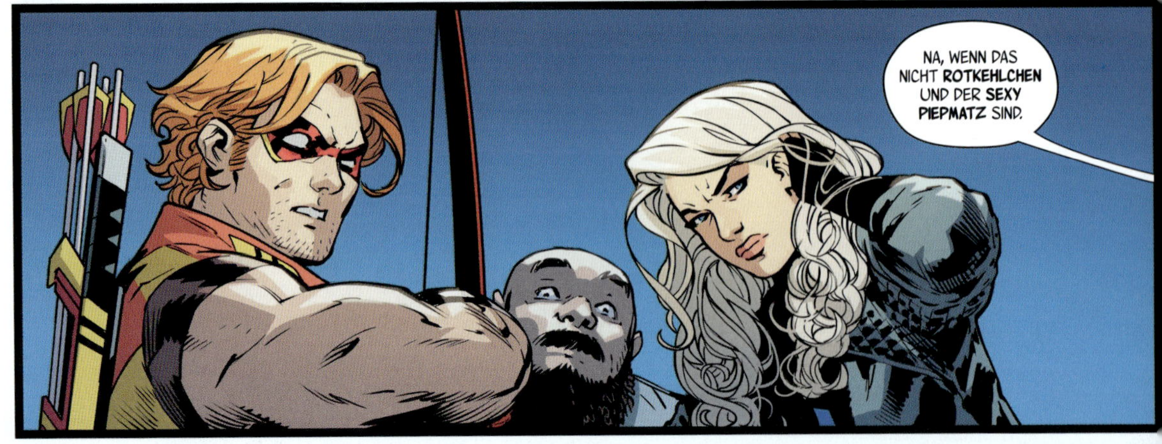

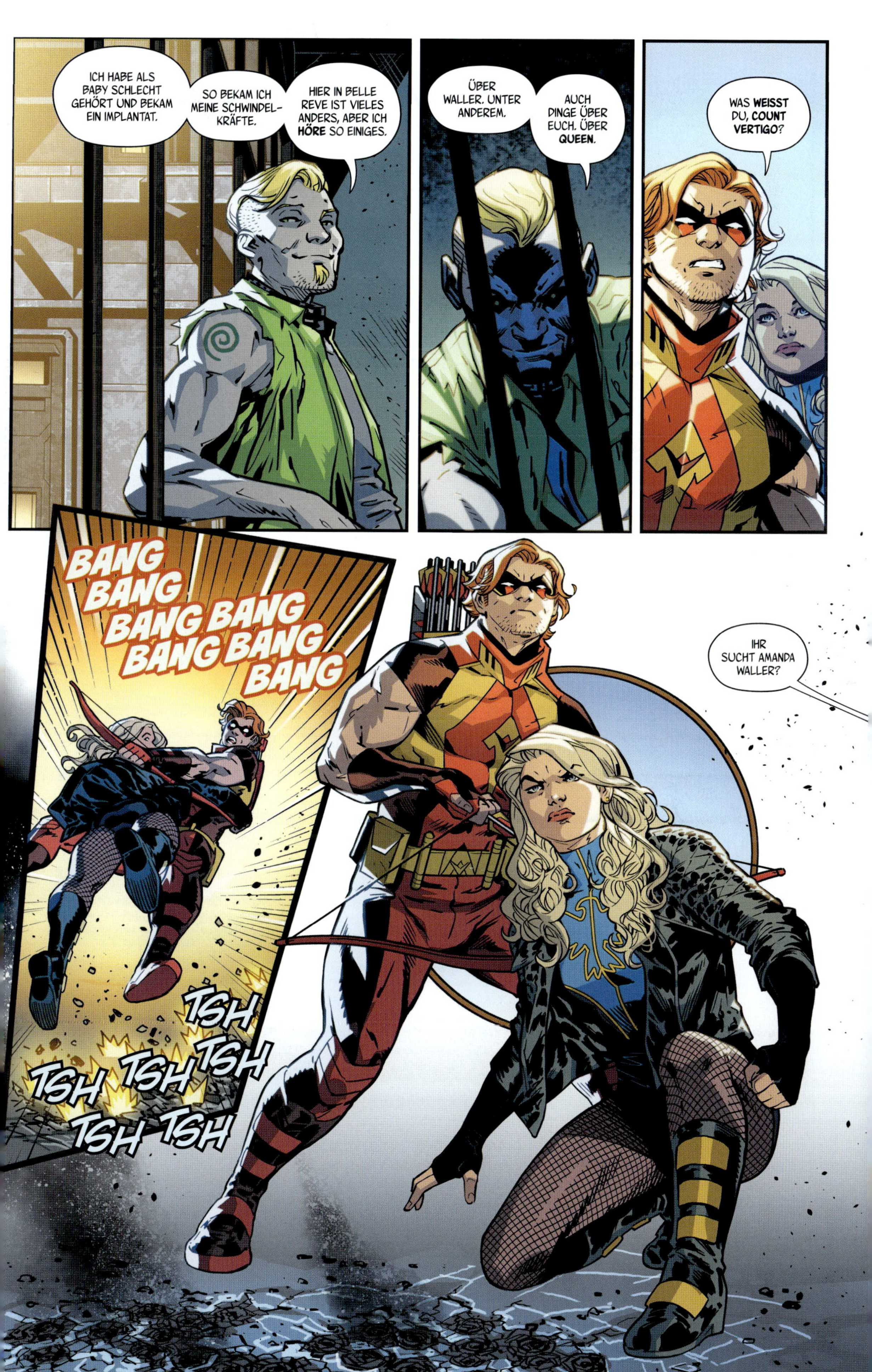

ICH HABE ALS BABY SCHLECHT GEHÖRT UND BEKAM EIN IMPLANTAT.
SO BEKAM ICH MEINE SCHWINDEL-KRÄFTE.
HIER IN BELLE REVE IST VIELES ANDERS, ABER ICH **HÖRE** SO EINIGES.
ÜBER WALLER. UNTER ANDEREM.
AUCH DINGE ÜBER EUCH. ÜBER **QUEEN**.
WAS **WEISST** DU, **COUNT VERTIGO**?
BANG BANG BANG BANG BANG BANG BANG
TSH TSH TSH TSH TSH TSH
IHR SUCHT AMANDA WALLER?

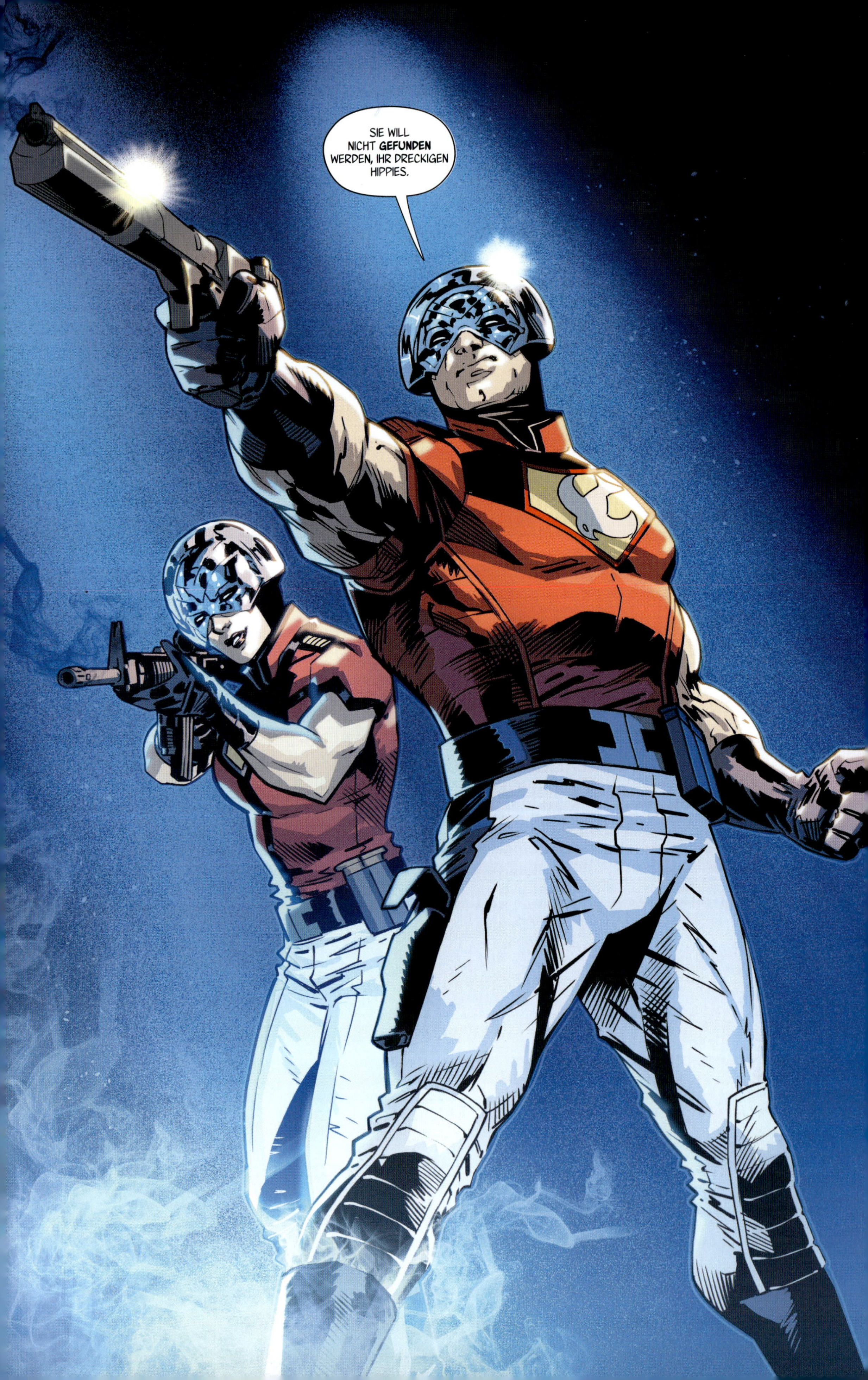
SIE WILL NICHT **GEFUNDEN** WERDEN, IHR DRECKIGEN HIPPIES.

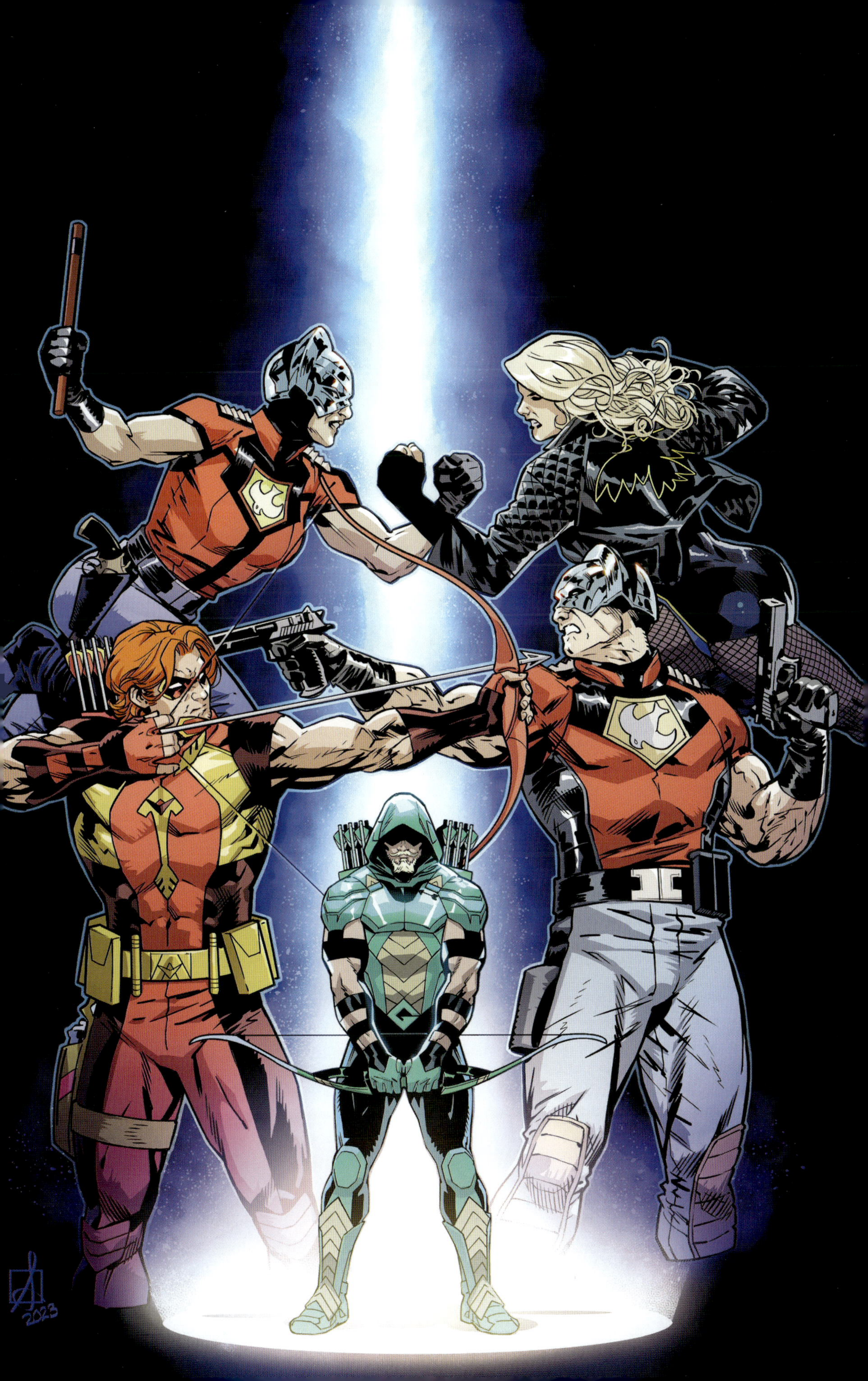

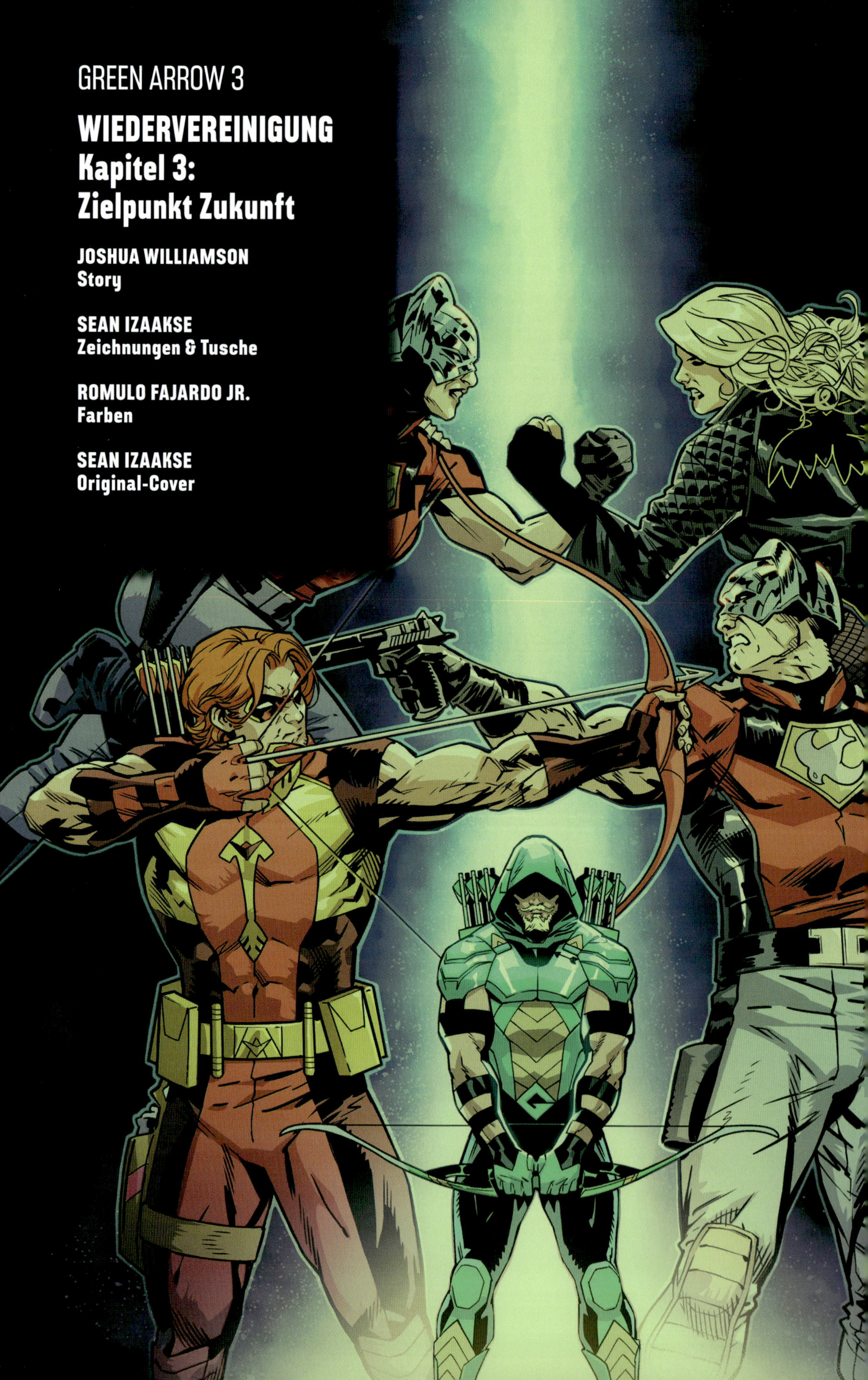
GREEN ARROW 3
WIEDERVEREINIGUNG
Kapitel 3:
Zielpunkt Zukunft
JOSHUA WILLIAMSON
Story
SEAN IZAAKSE
Zeichnungen & Tusche
ROMULO FAJARDO JR.
Farben
SEAN IZAAKSE
Original-Cover

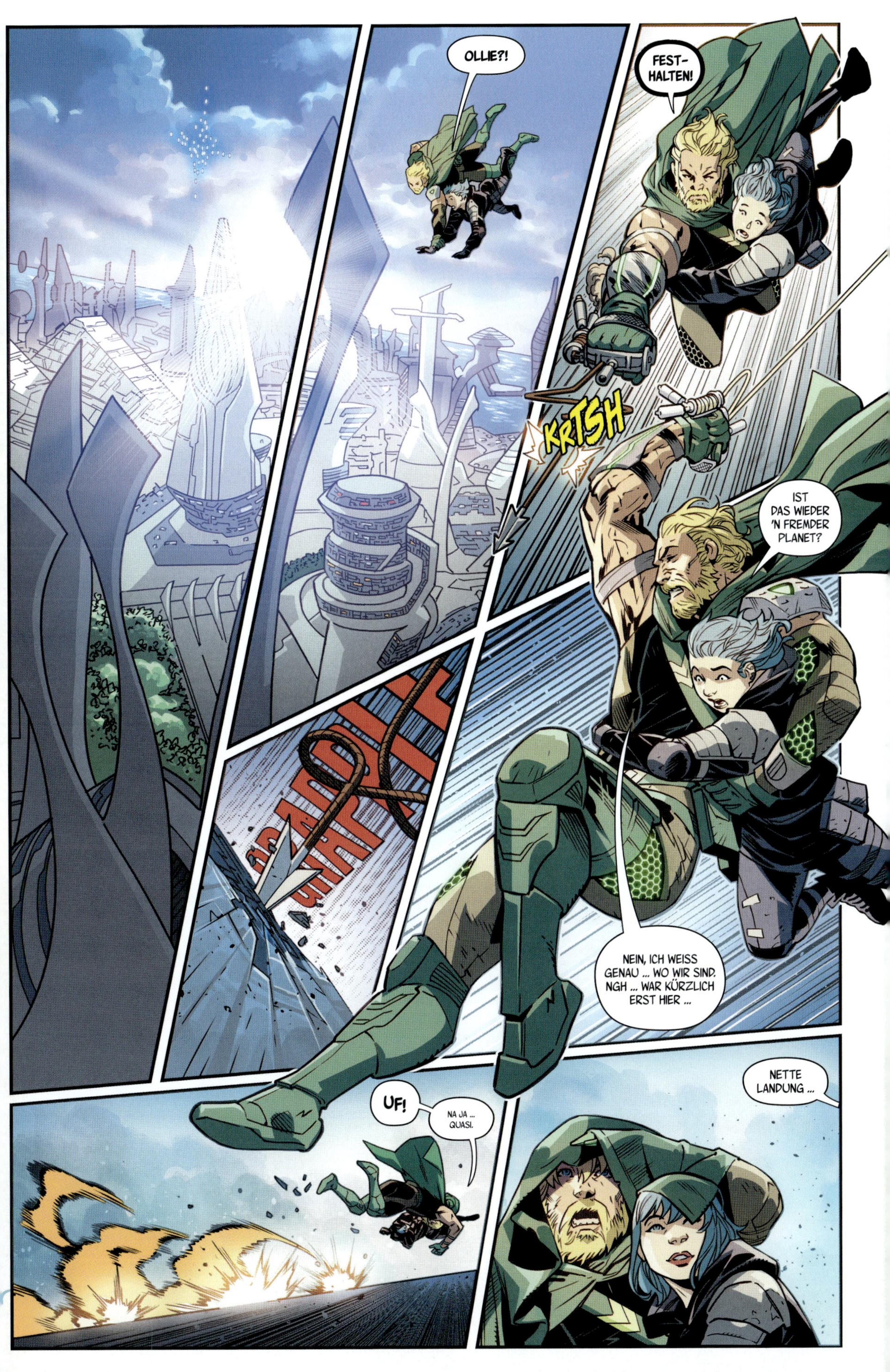
OLLIE?!
FEST-HALTEN!
KRTSH
IST DAS WIEDER 'N FREMDER PLANET?
NEIN, ICH WEISS GENAU ... WO WIR SIND. NGH ... WAR KÜRZLICH ERST HIER ...
UF!
NA JA ... QUASI.
NETTE LANDUNG ...

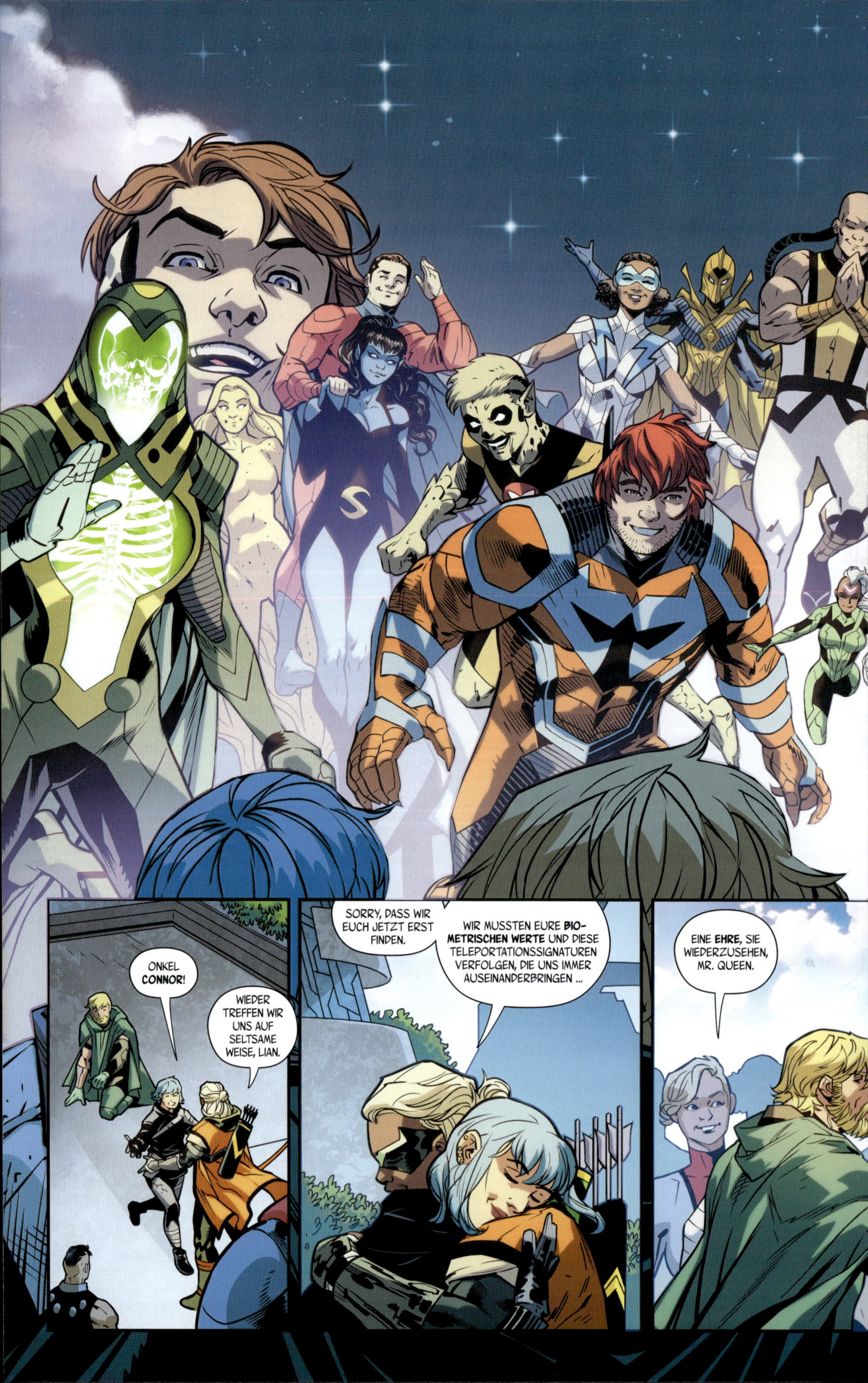

ONKEL CONNOR!
WIEDER TREFFEN WIR UNS AUF SELTSAME WEISE, LIAN.
SORRY, DASS WIR EUCH JETZT ERST FINDEN.
WIR MUSSTEN EURE BIOMETRISCHEN WERTE UND DIESE TELEPORTATIONSSIGNATUREN VERFOLGEN, DIE UNS IMMER AUSEINANDERBRINGEN ...
EINE EHRE, SIE WIEDERZUSEHEN, MR. QUEEN.

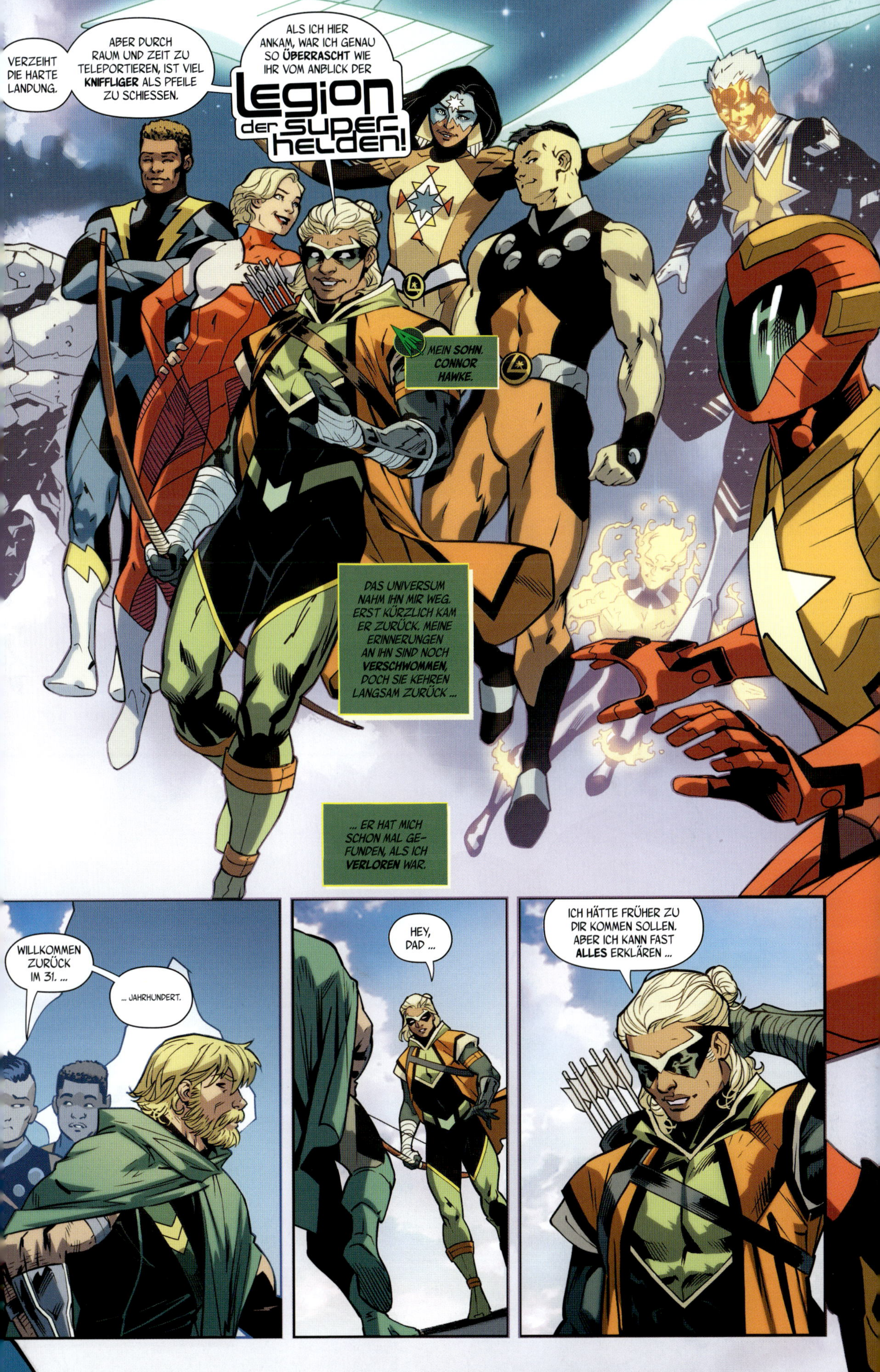
VERZEIHT DIE HARTE LANDUNG.
ABER DURCH RAUM UND ZEIT ZU TELEPORTIEREN, IST VIEL KNIFFLIGER ALS PFEILE ZU SCHIESSEN.
ALS ICH HIER ANKAM, WAR ICH GENAU SO ÜBERRASCHT WIE IHR VOM ANBLICK DER
Legion der Super helden!
MEIN SOHN. CONNOR HAWKE.
DAS UNIVERSUM NAHM IHN MIR WEG. ERST KÜRZLICH KAM ER ZURÜCK. MEINE ERINNERUNGEN AN IHN SIND NOCH VERSCHWOMMEN, DOCH SIE KEHREN LANGSAM ZURÜCK ...
... ER HAT MICH SCHON MAL GE-FUNDEN, ALS ICH VERLOREN WAR.
WILLKOMMEN ZURÜCK IM 31. ...
... JAHRHUNDERT.
HEY, DAD ...
ICH HÄTTE FRÜHER ZU DIR KOMMEN SOLLEN. ABER ICH KANN FAST ALLES ERKLÄREN ...

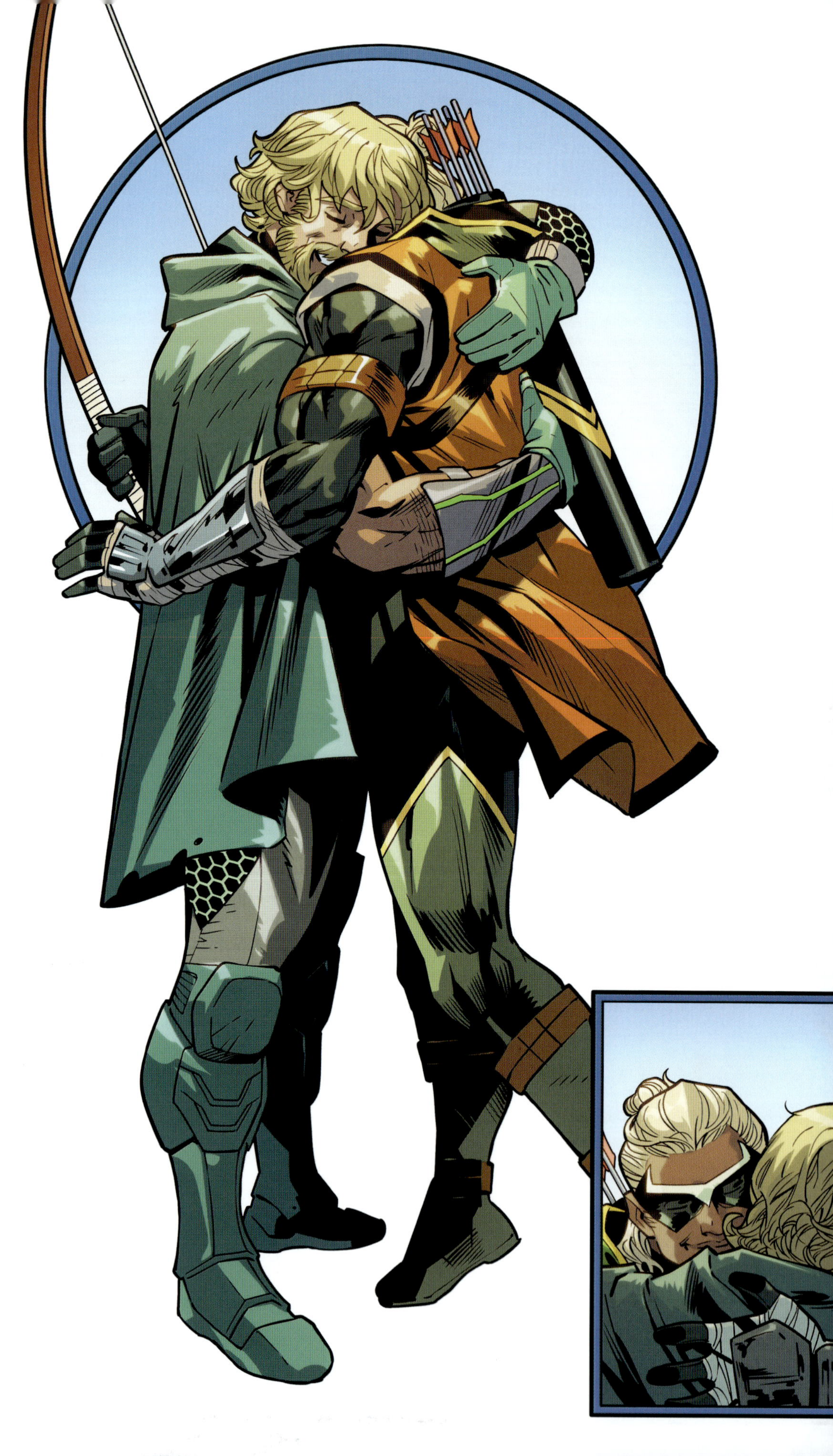

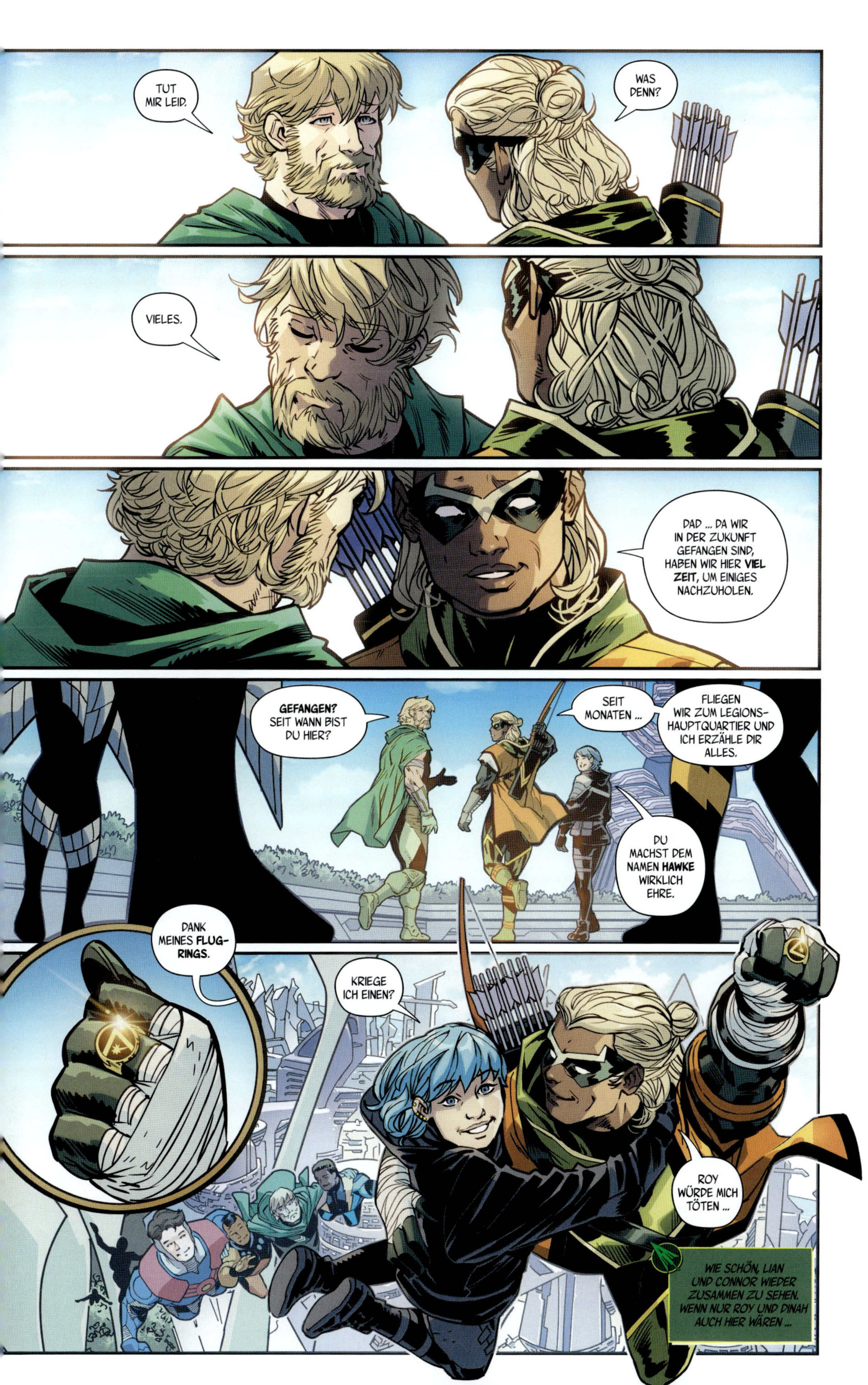
TUT MIR LEID.
WAS DENN?
VIELES.
DAD ... DA WIR IN DER ZUKUNFT GEFANGEN SIND, HABEN WIR HIER **VIEL ZEIT**, UM EINIGES NACHZUHOLEN.
GEFANGEN? SEIT WANN BIST DU HIER?
SEIT MONATEN ...
FLIEGEN WIR ZUM LEGIONS-HAUPTQUARTIER UND ICH ERZÄHLE DIR ALLES.
DU MACHST DEM NAMEN **HAWKE** WIRKLICH EHRE.
DANK MEINES **FLUG-RINGS**.
KRIEGE ICH EINEN?
ROY WÜRDE MICH TÖTEN ...
WIE SCHÖN, LIAN UND CONNOR WIEDER ZUSAMMEN ZU SEHEN. WENN NUR ROY UND DINAH AUCH HIER WÄREN ...

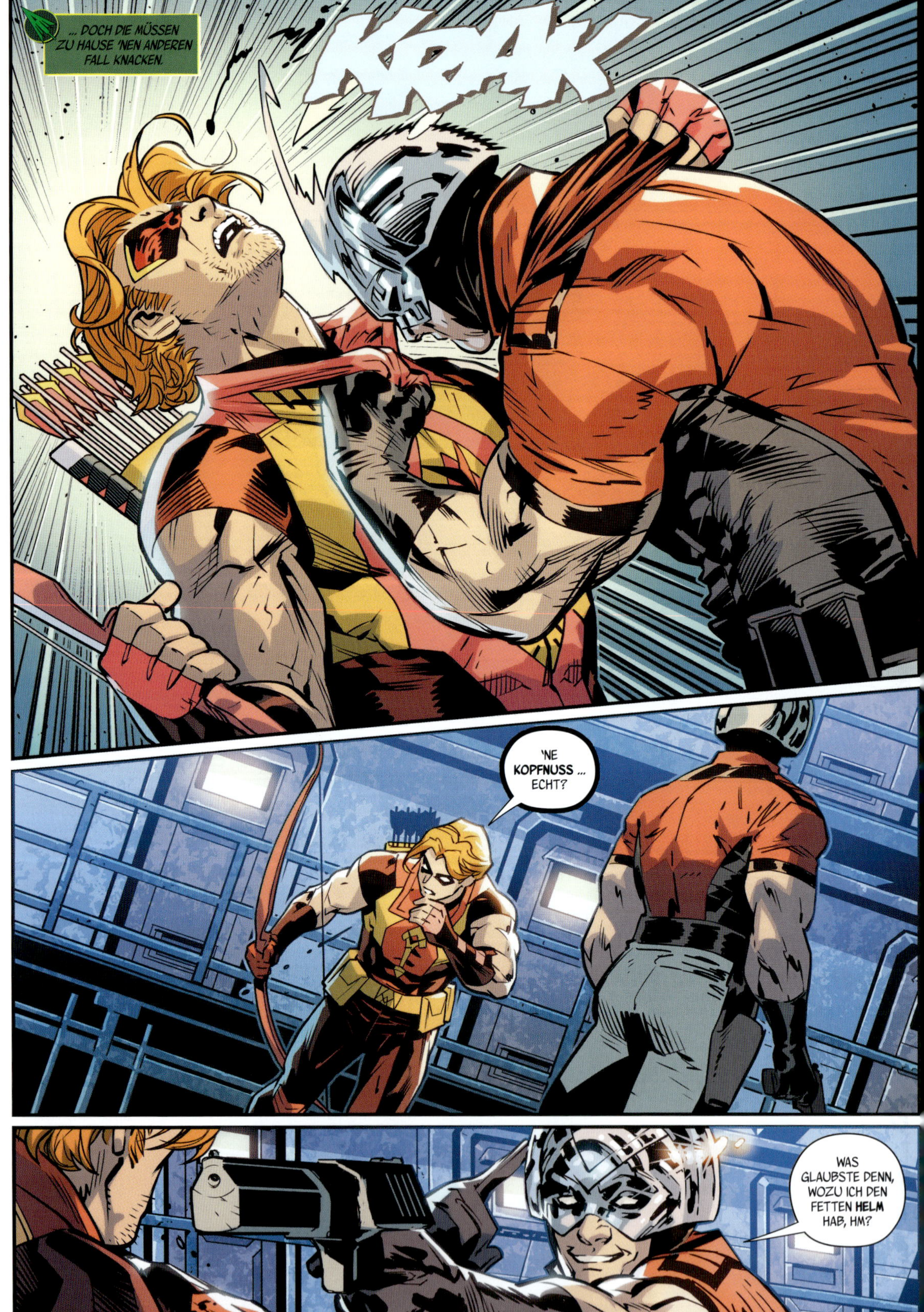
... DOCH DIE MÜSSEN ZU HAUSE 'NEN ANDEREN FALL KNACKEN.
KRAK
'NE KOPFNUSS ... ECHT?
WAS GLAUBSTE DENN, WOZU ICH DEN FETTEN HELM HAB, HM?

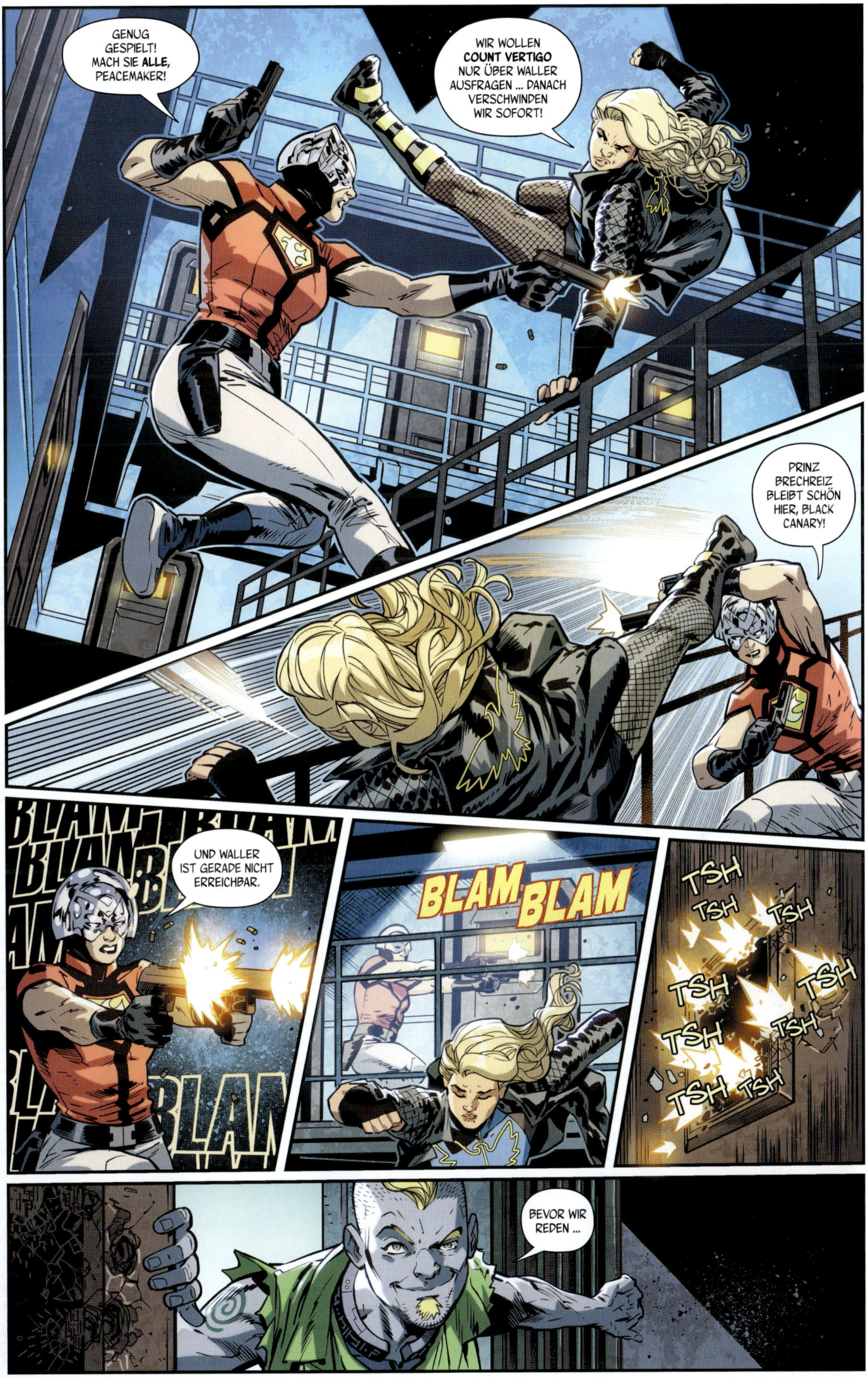

GENUG GESPIELT! MACH SIE **ALLE**, PEACEMAKER!

WIR WOLLEN **COUNT VERTIGO** NUR ÜBER WALLER AUSFRAGEN ... DANACH VERSCHWINDEN WIR SOFORT!

PRINZ BRECHREIZ BLEIBT SCHÖN HIER, BLACK CANARY!

UND WALLER IST GERADE NICHT ERREICHBAR.

BLAM BLAM

TSH TSH TSH TSH TSH TSH TSH TSH TSH

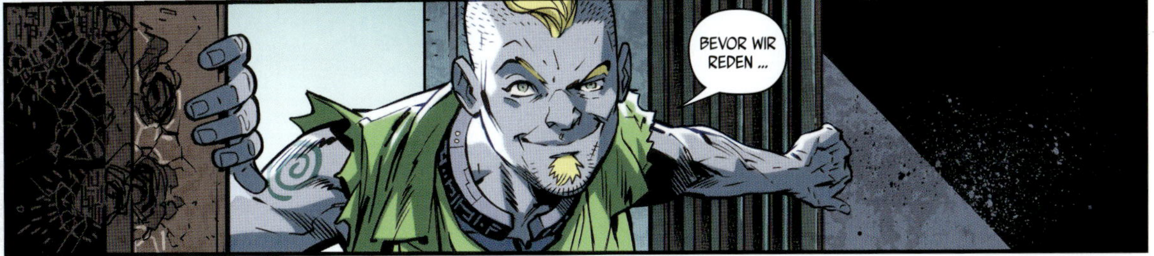

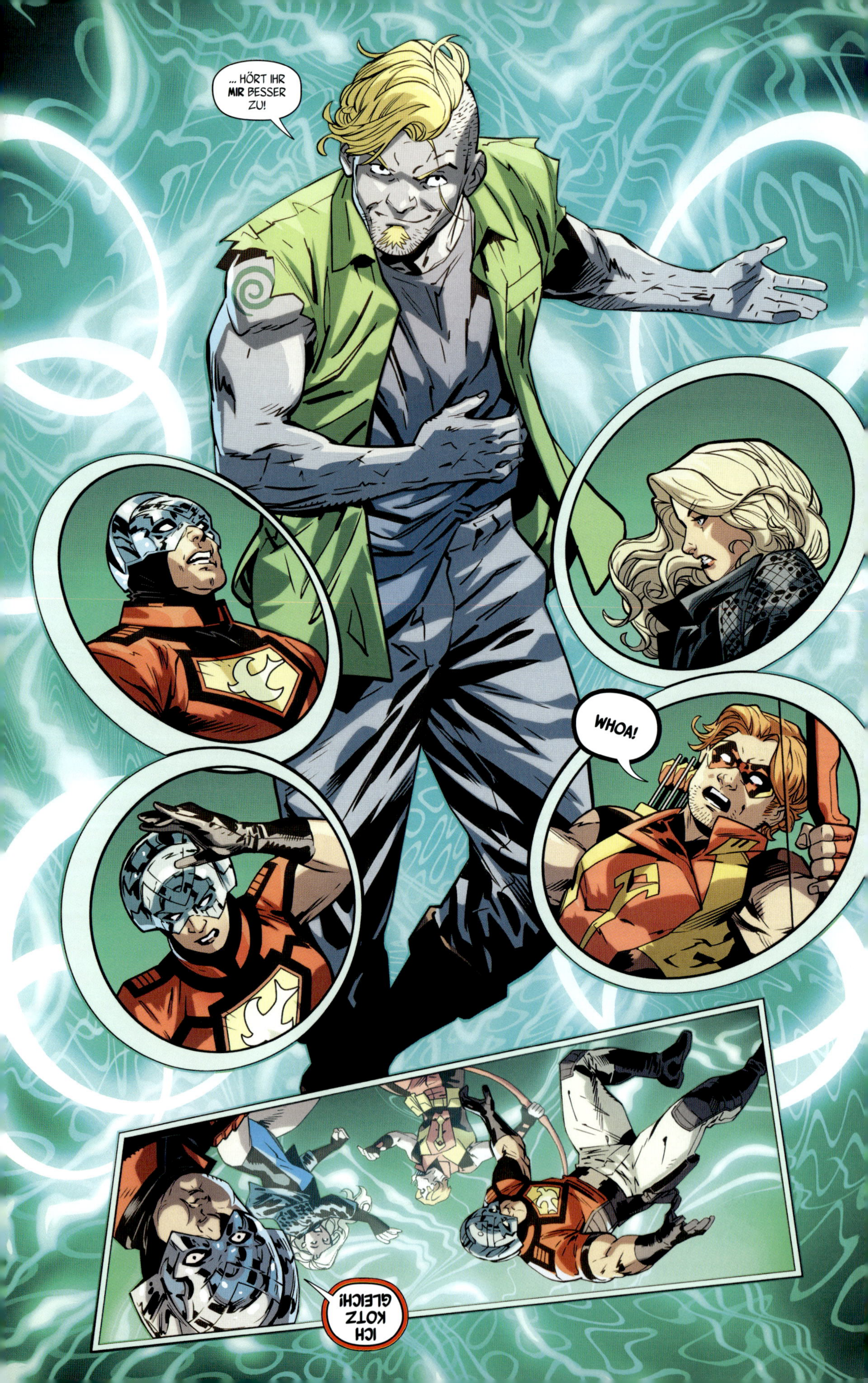
... HÖRT IHR MIR BESSER ZU!
WHOA!
ICH KOTZ GLEICH!

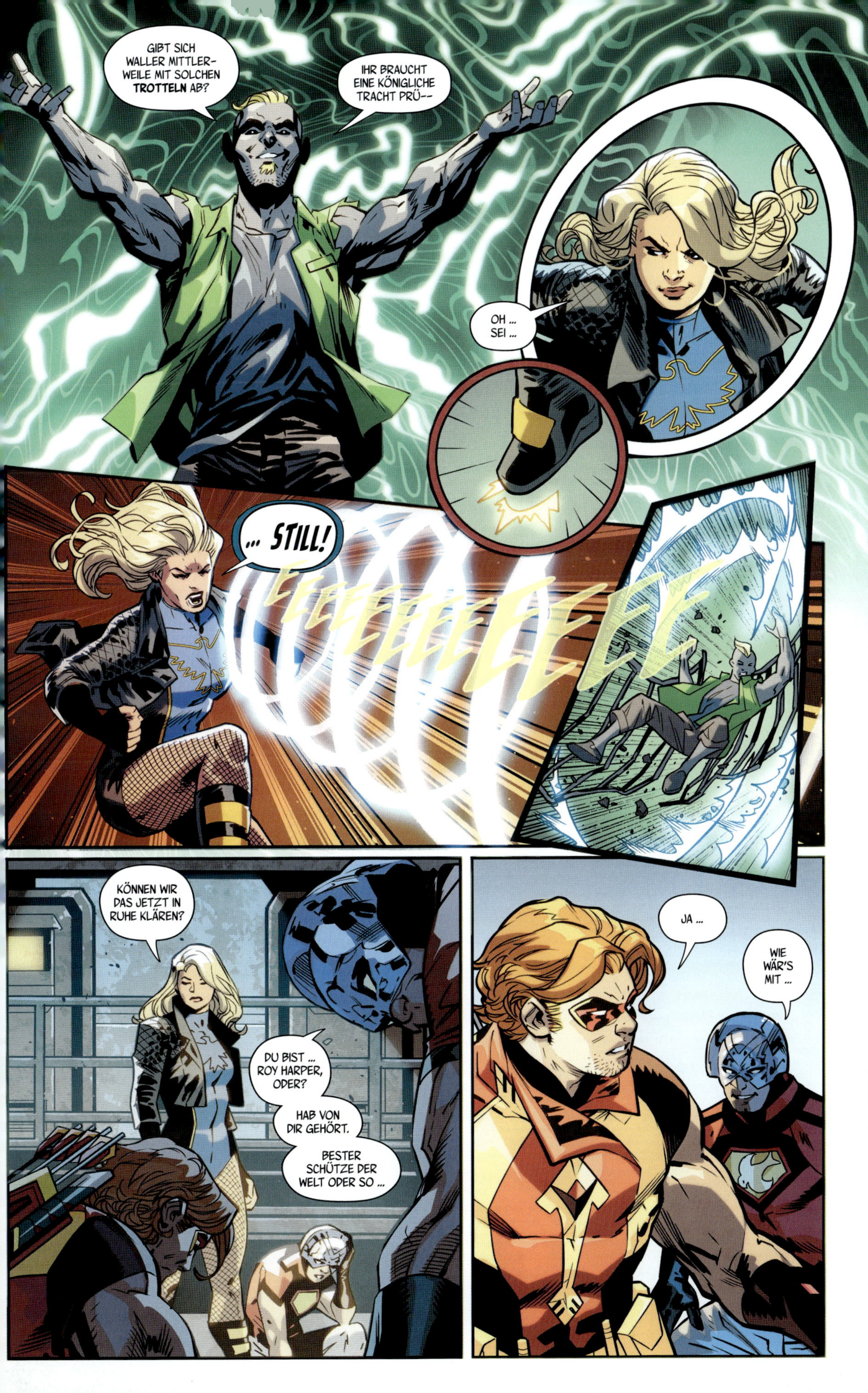
GIBT SICH WALLER MITTLER-WEILE MIT SOLCHEN **TROTTELN** AB?
IHR BRAUCHT EINE KÖNIGLICHE TRACHT PRÜ--
OH ... SEI ...
... STILL!
EEEEEEEEEEEEEE
KÖNNEN WIR DAS JETZT IN RUHE KLÄREN?
DU BIST ... ROY HARPER, ODER?
HAB VON DIR GEHÖRT.
BESTER SCHÜTZE DER WELT ODER SO ...
JA ...
WIE WÄR'S MIT ...

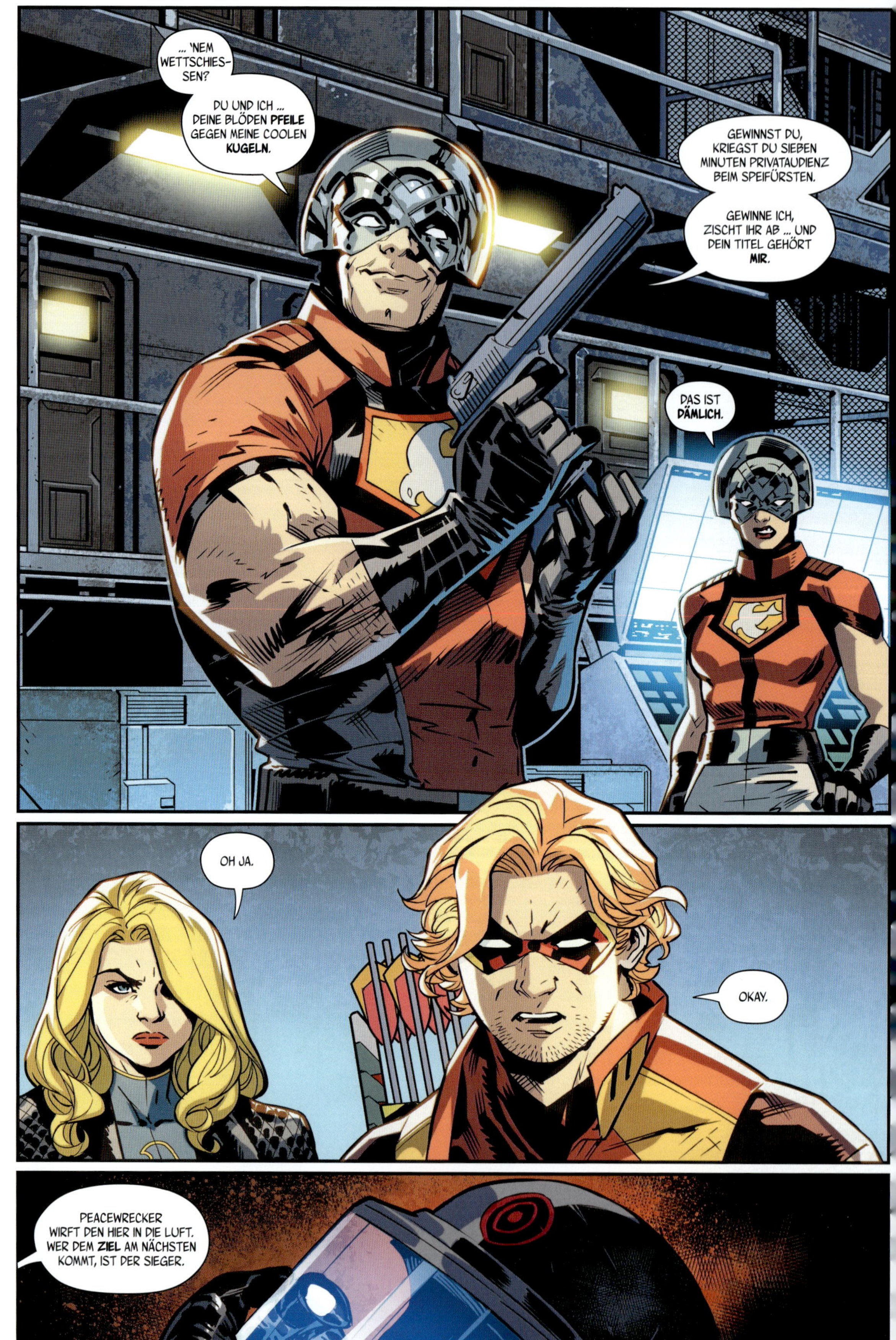
... 'NEM WETTSCHIES-SEN?
DU UND ICH ... DEINE BLÖDEN **PFEILE** GEGEN MEINE COOLEN **KUGELN**.
GEWINNST DU, KRIEGST DU SIEBEN MINUTEN PRIVATAUDIENZ BEIM SPEIFÜRSTEN.
GEWINNE ICH, ZISCHT IHR AB ... UND DEIN TITEL GEHÖRT **MIR**.
DAS IST **DÄMLICH**.
OH JA.
OKAY.
PEACEWRECKER WIRFT DEN HIER IN DIE LUFT. WER DEM **ZIEL** AM NÄCHSTEN KOMMT, IST DER SIEGER.

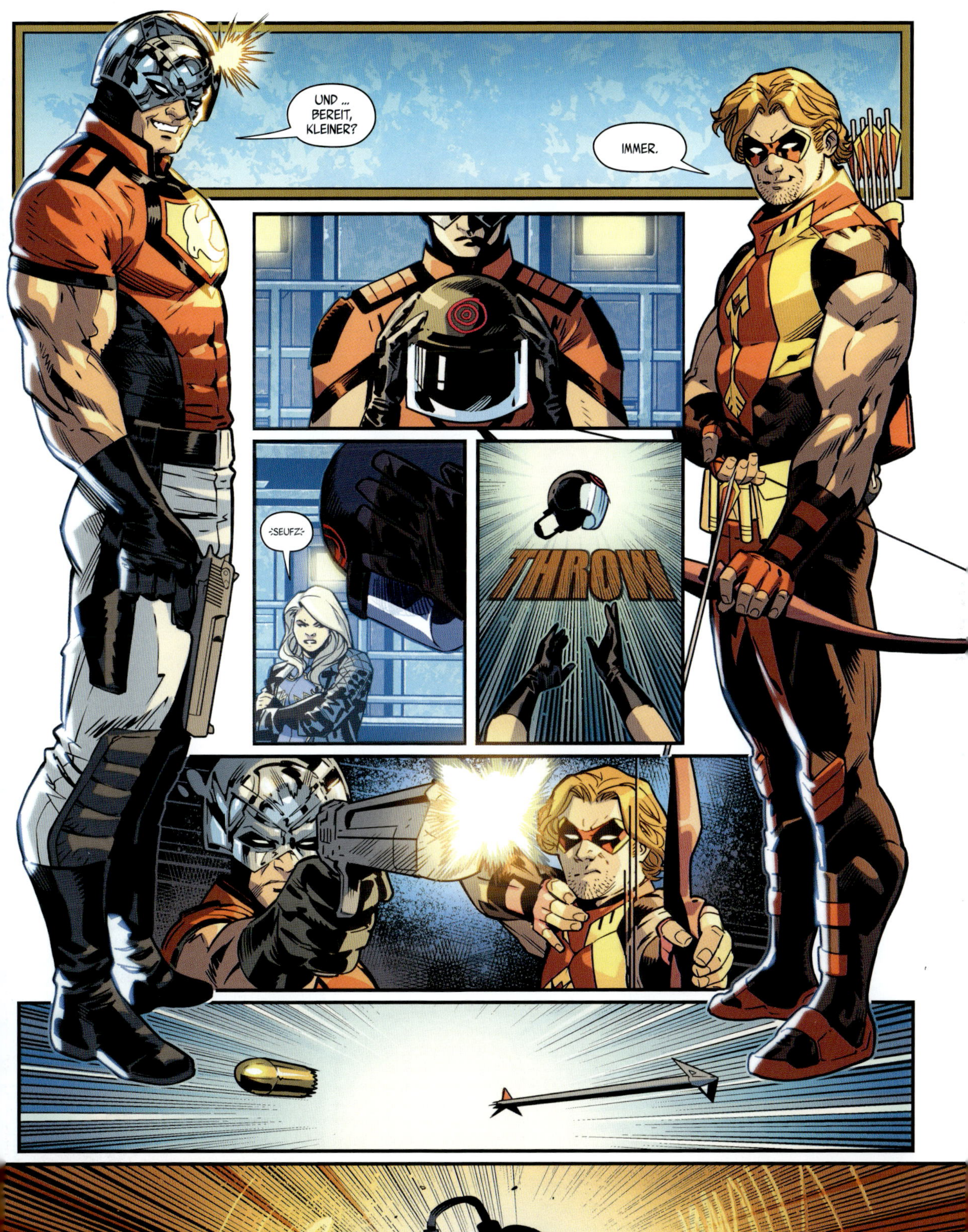

UND ... BEREIT, KLEINER?
IMMER.
-SEUFZ-
THROW

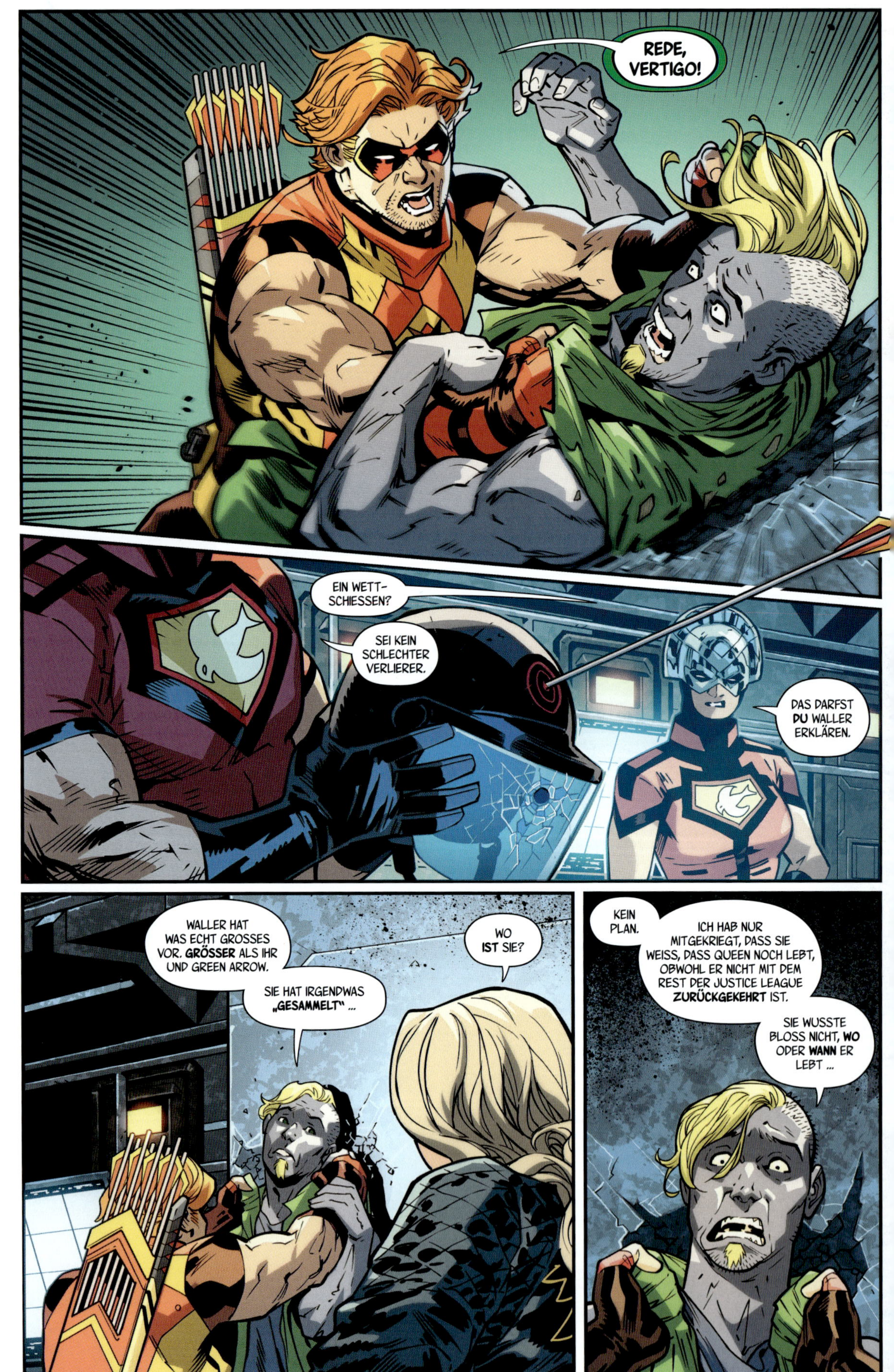
REDE, VERTIGO!
EIN WETT-SCHIESSEN?
SEI KEIN SCHLECHTER VERLIERER.
DAS DARFST DU WALLER ERKLÄREN.
WALLER HAT WAS ECHT GROSSES VOR. GRÖSSER ALS IHR UND GREEN ARROW.
SIE HAT IRGENDWAS „GESAMMELT“ …
WO IST SIE?
KEIN PLAN.
ICH HAB NUR MITGEKRIEGT, DASS SIE WEISS, DASS QUEEN NOCH LEBT, OBWOHL ER NICHT MIT DEM REST DER JUSTICE LEAGUE ZURÜCKGEKEHRT IST.
SIE WUSSTE BLOSS NICHT, WO ODER WANN ER LEBT …

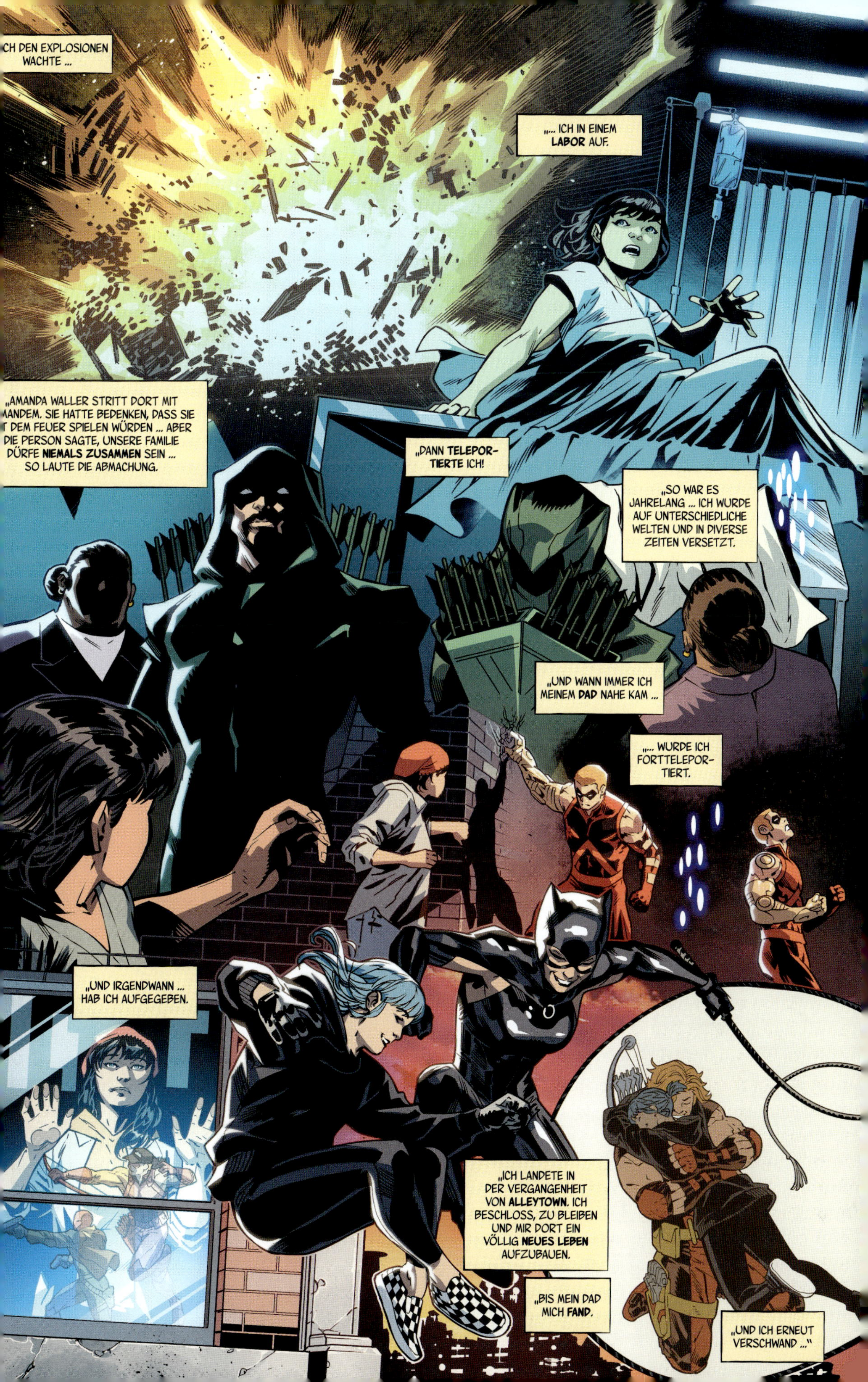
CH DEN EXPLOSIONEN WACHTE ...
„... ICH IN EINEM LABOR AUF.
„AMANDA WALLER STRITT DORT MIT MANDEM. SIE HATTE BEDENKEN, DASS SIE T DEM FEUER SPIELEN WÜRDEN ... ABER DIE PERSON SAGTE, UNSERE FAMILIE DÜRFE NIEMALS ZUSAMMEN SEIN ... SO LAUTE DIE ABMACHUNG.
„DANN TELEPORTIERTE ICH!
„SO WAR ES JAHRELANG ... ICH WURDE AUF UNTERSCHIEDLICHE WELTEN UND IN DIVERSE ZEITEN VERSETZT.
„UND WANN IMMER ICH MEINEM DAD NAHE KAM ...
„... WURDE ICH FORTTELEPORTIERT.
„UND IRGENDWANN ... HAB ICH AUFGEGEBEN.
„ICH LANDETE IN DER VERGANGENHEIT VON ALLEYTOWN. ICH BESCHLOSS, ZU BLEIBEN UND MIR DORT EIN VÖLLIG NEUES LEBEN AUFZUBAUEN.
„BIS MEIN DAD MICH FAND.
„UND ICH ERNEUT VERSCHWAND ..."

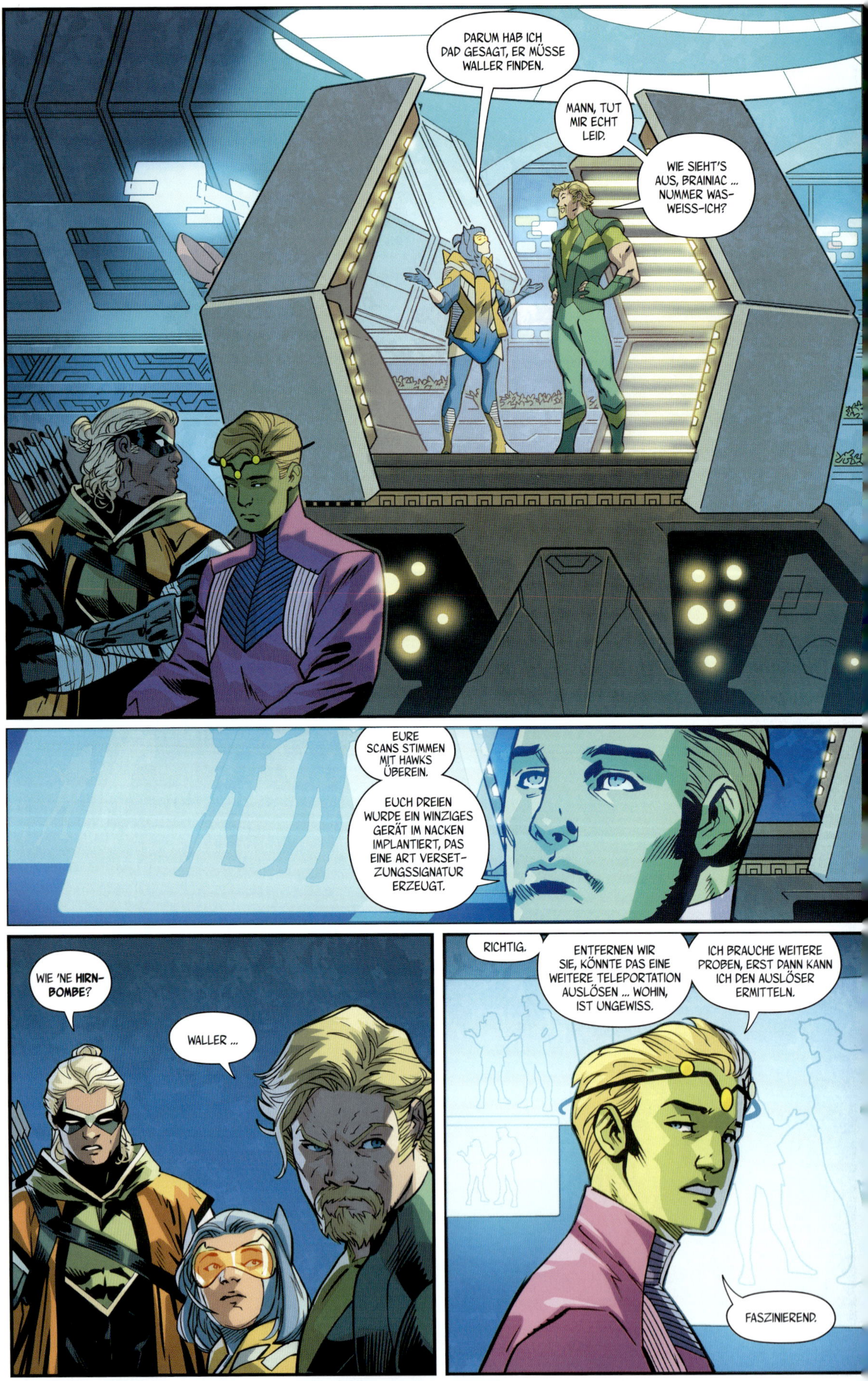

DARUM HAB ICH DAD GESAGT, ER MÜSSE WALLER FINDEN.
MANN, TUT MIR ECHT LEID.
WIE SIEHT'S AUS, BRAINIAC ... NUMMER WAS-WEISS-ICH?

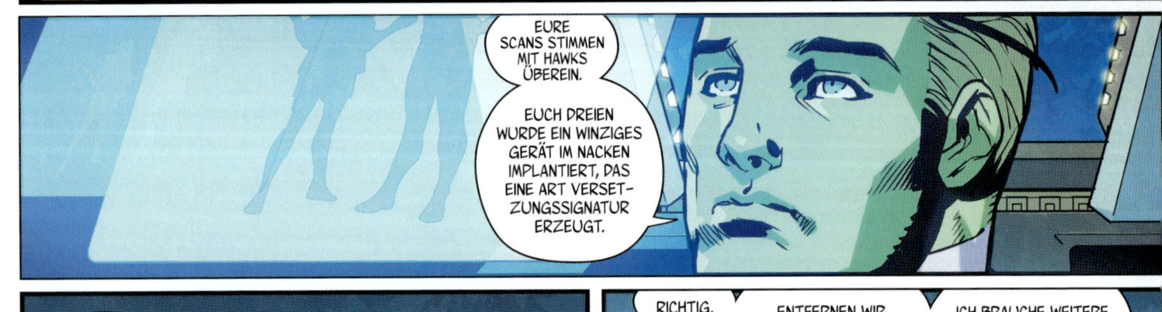

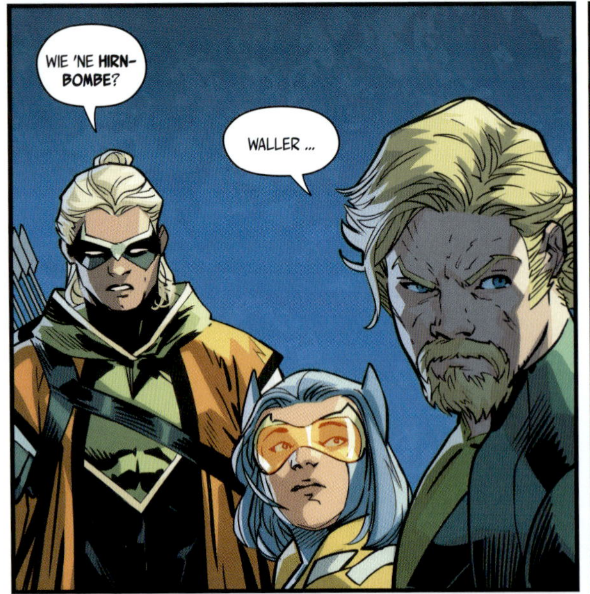

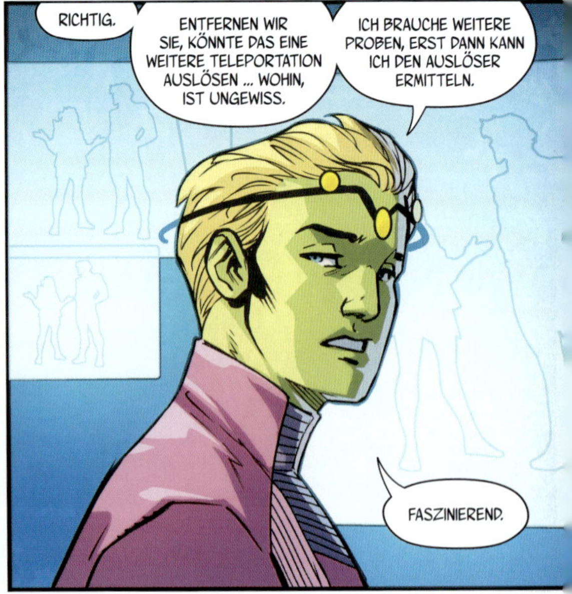

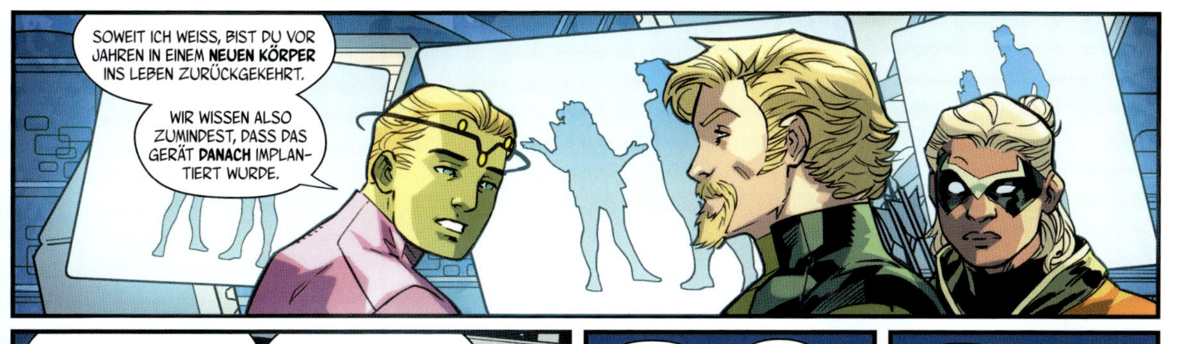
SOWEIT ICH WEISS, BIST DU VOR JAHREN IN EINEM **NEUEN KÖRPER** INS LEBEN ZURÜCKGEKEHRT.
WIR WISSEN ALSO ZUMINDEST, DASS DAS GERÄT **DANACH** IMPLANTIERT WURDE.

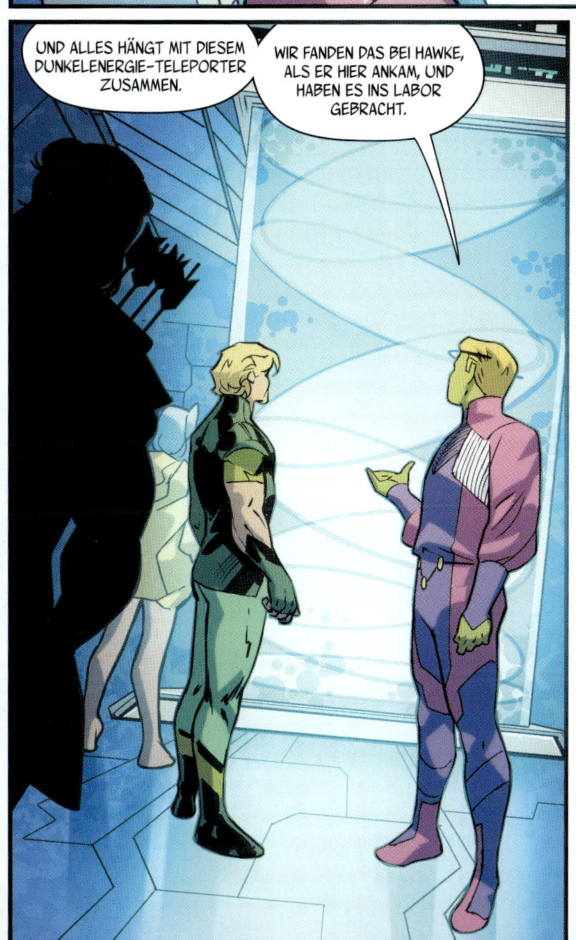
UND ALLES HÄNGT MIT DIESEM DUNKELENERGIE-TELEPORTER ZUSAMMEN.
WIR FANDEN DAS BEI HAWKE, ALS ER HIER ANKAM, UND HABEN ES INS LABOR GEBRACHT.

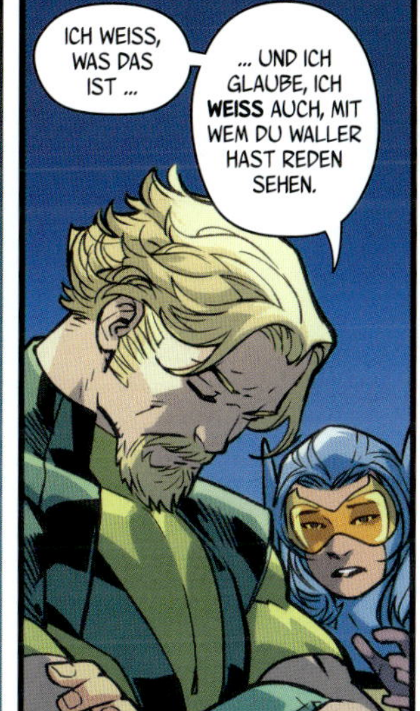
ICH WEISS, WAS DAS IST ...
... UND ICH GLAUBE, ICH **WEISS** AUCH, MIT WEM DU WALLER HAST REDEN SEHEN.

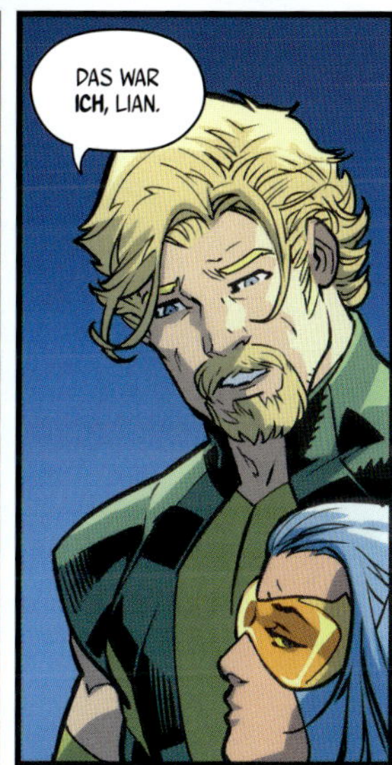
DAS WAR **ICH**, LIAN.

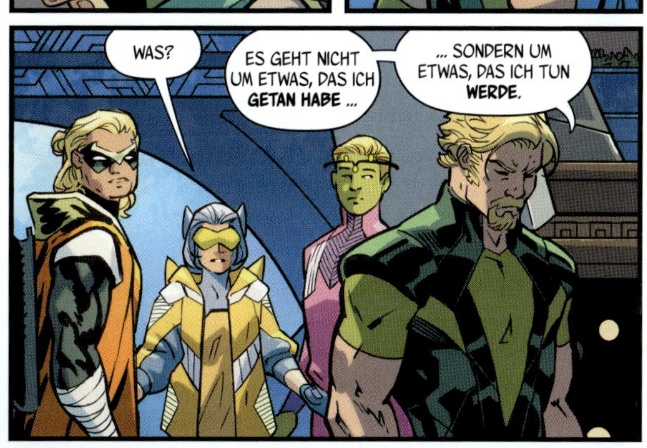
WAS?
ES GEHT NICHT UM ETWAS, DAS ICH **GETAN HABE** ...
... SONDERN UM ETWAS, DAS ICH TUN **WERDE**.

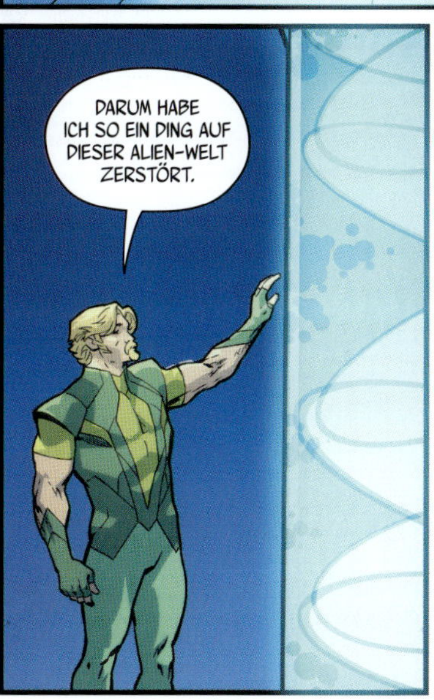
DARUM HABE ICH SO EIN DING AUF DIESER ALIEN-WELT ZERSTÖRT.

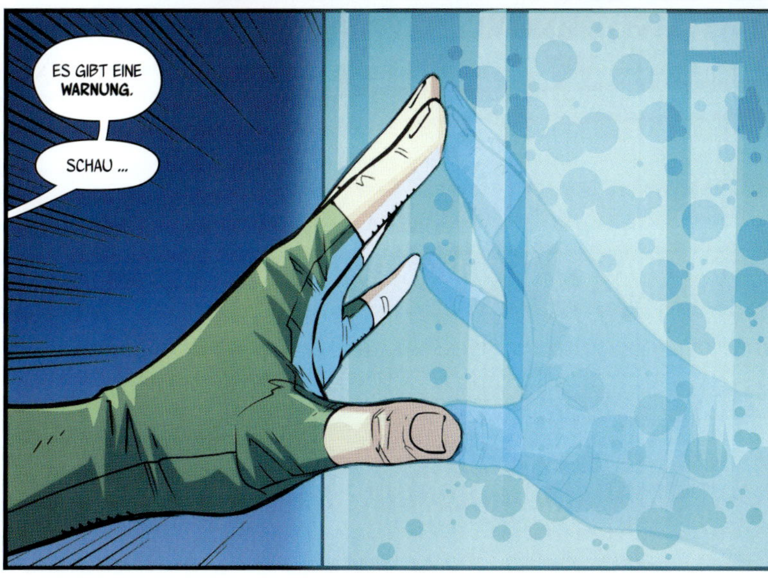
ES GIBT EINE **WARNUNG**.
SCHAU ...

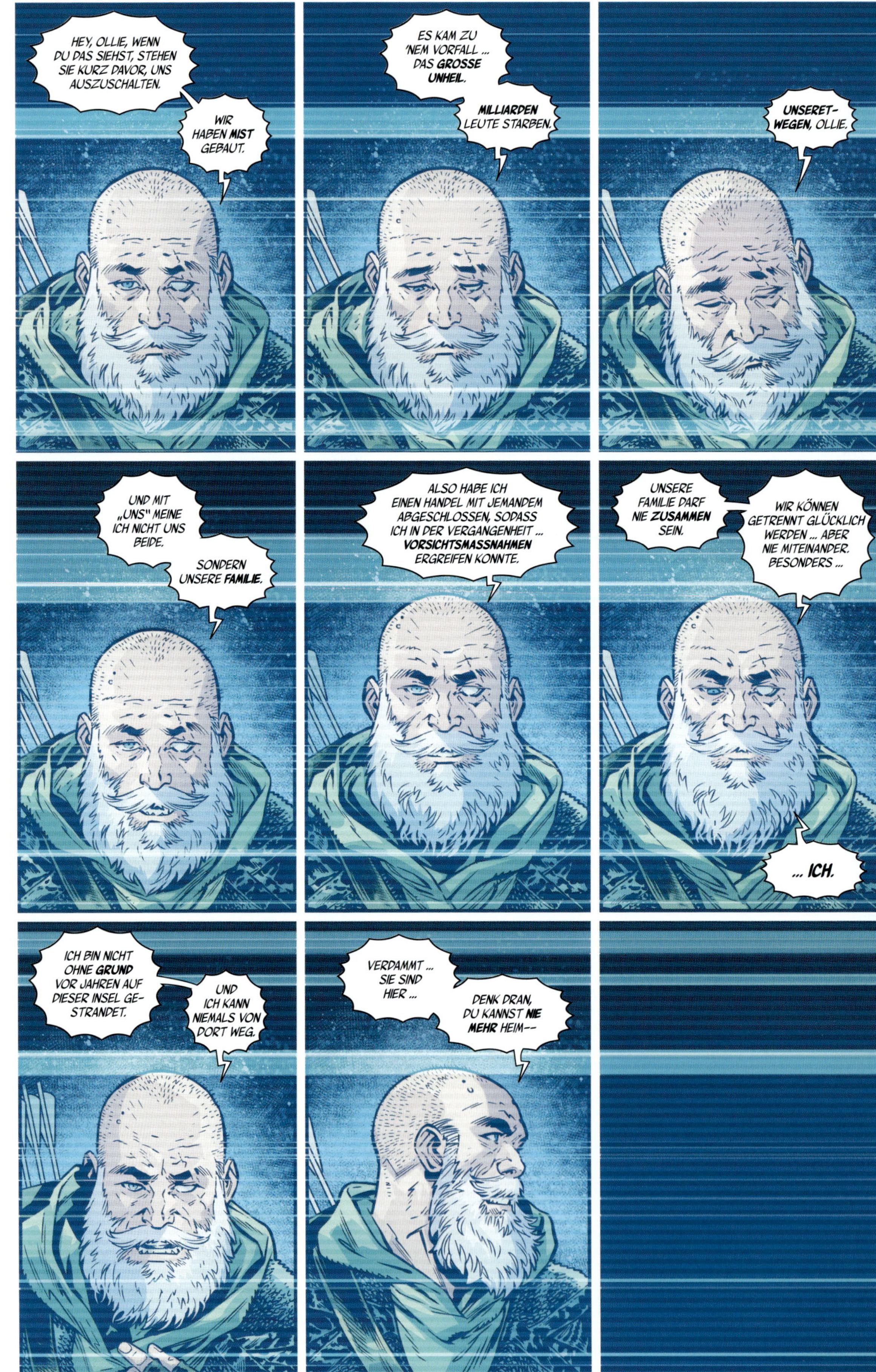
HEY, OLLIE, WENN DU DAS SIEHST, STEHEN SIE KURZ DAVOR, UNS AUSZUSCHALTEN.
WIR HABEN MIST GEBAUT.
ES KAM ZU 'NEM VORFALL ... DAS GROSSE UNHEIL.
MILLIARDEN LEUTE STARBEN.
UNSERETWEGEN, OLLIE.
UND MIT „UNS" MEINE ICH NICHT UNS BEIDE.
SONDERN UNSERE FAMILIE.
ALSO HABE ICH EINEN HANDEL MIT JEMANDEM ABGESCHLOSSEN, SODASS ICH IN DER VERGANGENHEIT ... VORSICHTSMASSNAHMEN ERGREIFEN KONNTE.
UNSERE FAMILIE DARF NIE ZUSAMMEN SEIN.
WIR KÖNNEN GETRENNT GLÜCKLICH WERDEN ... ABER NIE MITEINANDER. BESONDERS ...
... ICH.
ICH BIN NICHT OHNE GRUND VOR JAHREN AUF DIESER INSEL GESTRANDET.
UND ICH KANN NIEMALS VON DORT WEG.
VERDAMMT ... SIE SIND HIER ...
DENK DRAN, DU KANNST NIE MEHR HEIM--

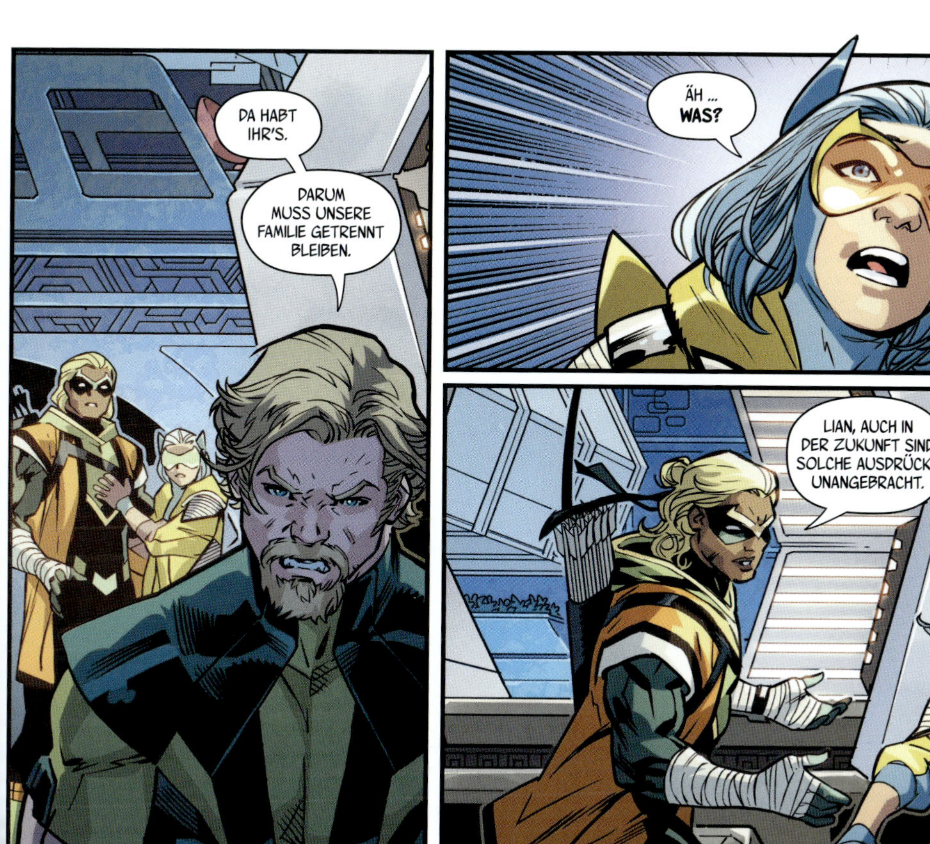
DA HABT IHR'S.
DARUM MUSS UNSERE FAMILIE GETRENNT BLEIBEN.
ÄH ... **WAS?**
DEN &$#§% **GLAUBST** DU?

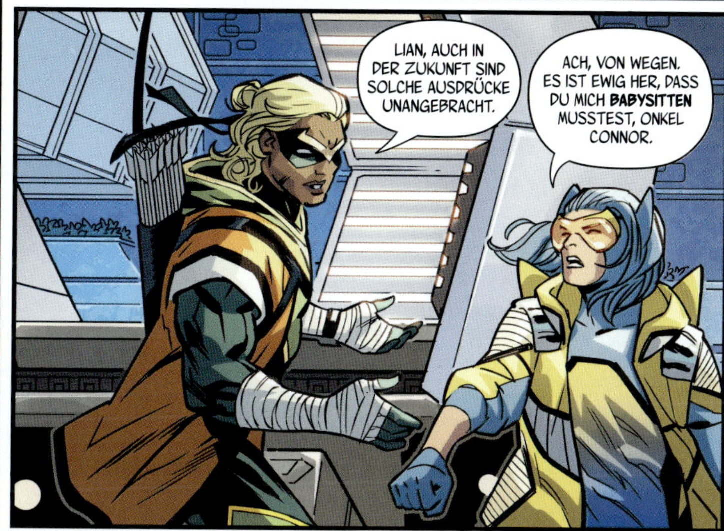
LIAN, AUCH IN DER ZUKUNFT SIND SOLCHE AUSDRÜCKE UNANGEBRACHT.
ACH, VON WEGEN. ES IST EWIG HER, DASS DU MICH **BABYSITTEN** MUSSTEST, ONKEL CONNOR.

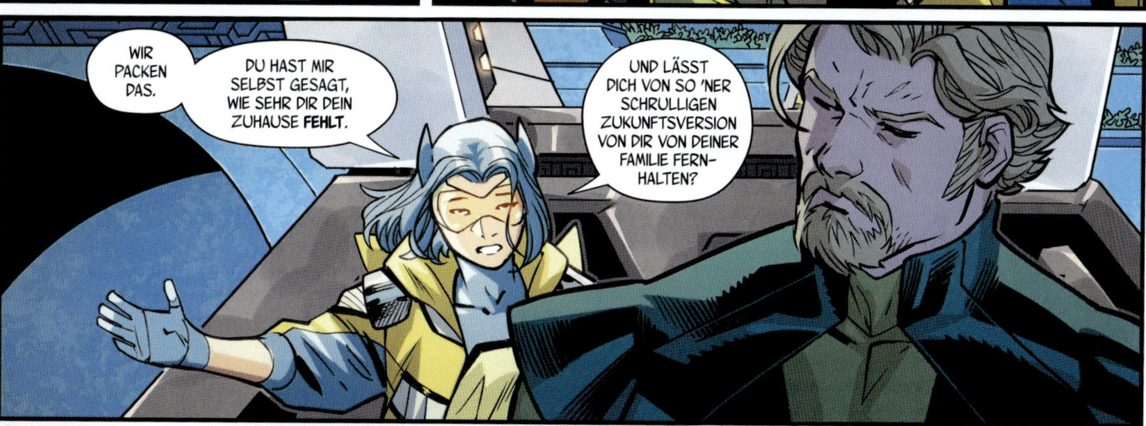
WIR PACKEN DAS.
DU HAST MIR SELBST GESAGT, WIE SEHR DIR DEIN ZUHAUSE **FEHLT**.
UND LÄSST DICH VON SO 'NER SCHRULLIGEN ZUKUNFTSVERSION VON DIR VON DEINER FAMILIE FERN-HALTEN?

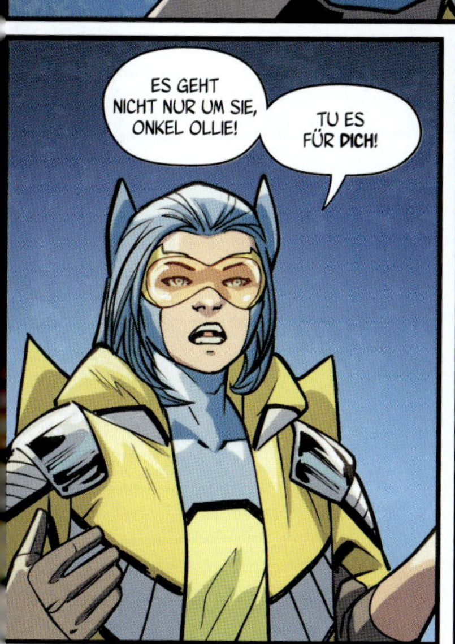
ES GEHT NICHT NUR UM SIE, ONKEL OLLIE!
TU ES FÜR **DICH!**

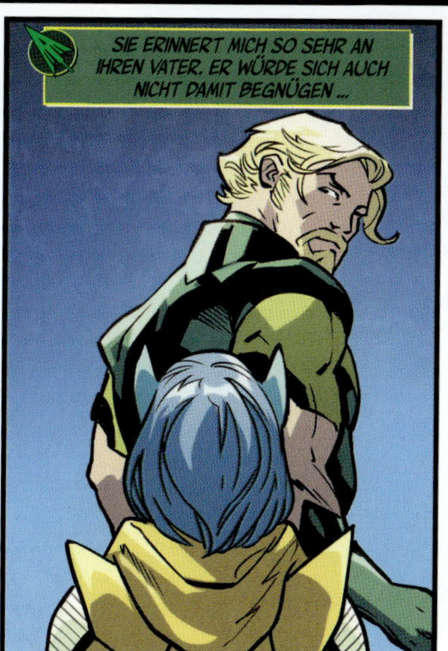
SIE ERINNERT MICH SO SEHR AN IHREN VATER. ER WÜRDE SICH AUCH NICHT DAMIT BEGNÜGEN ...

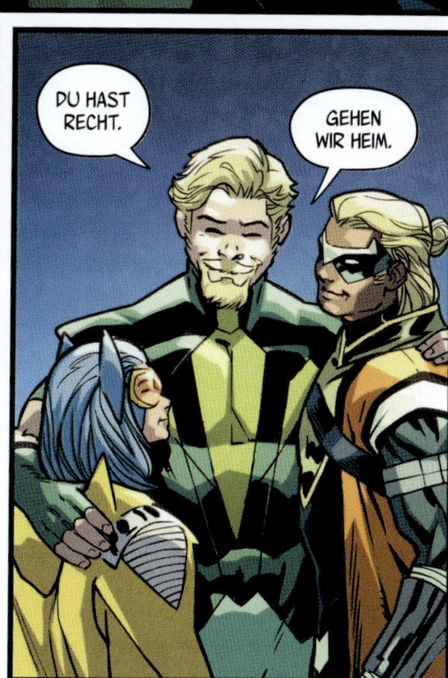
DU HAST RECHT.
GEHEN WIR HEIM.

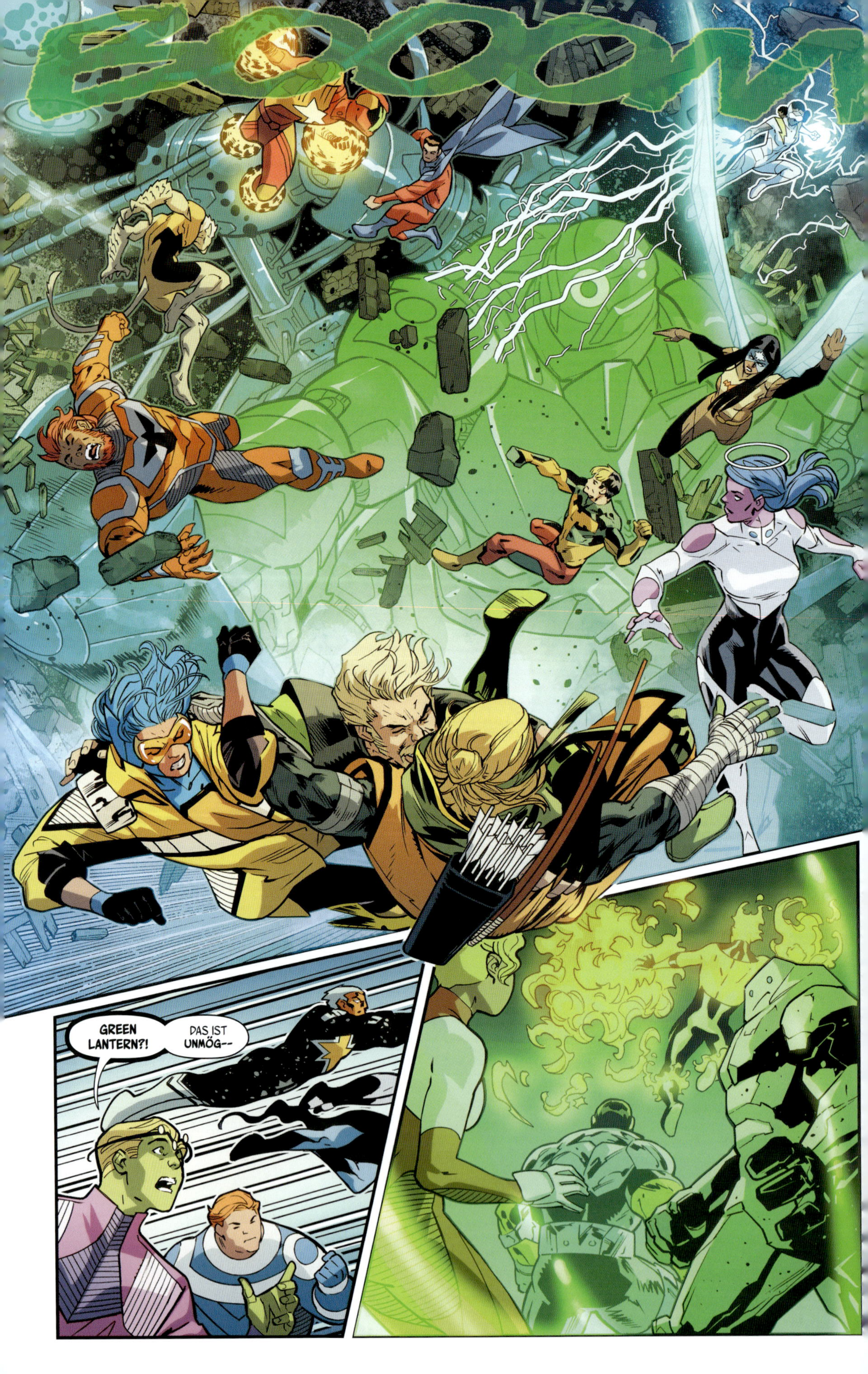
BOOOM
GREEN LANTERN?!
DAS IST UNMÖG--

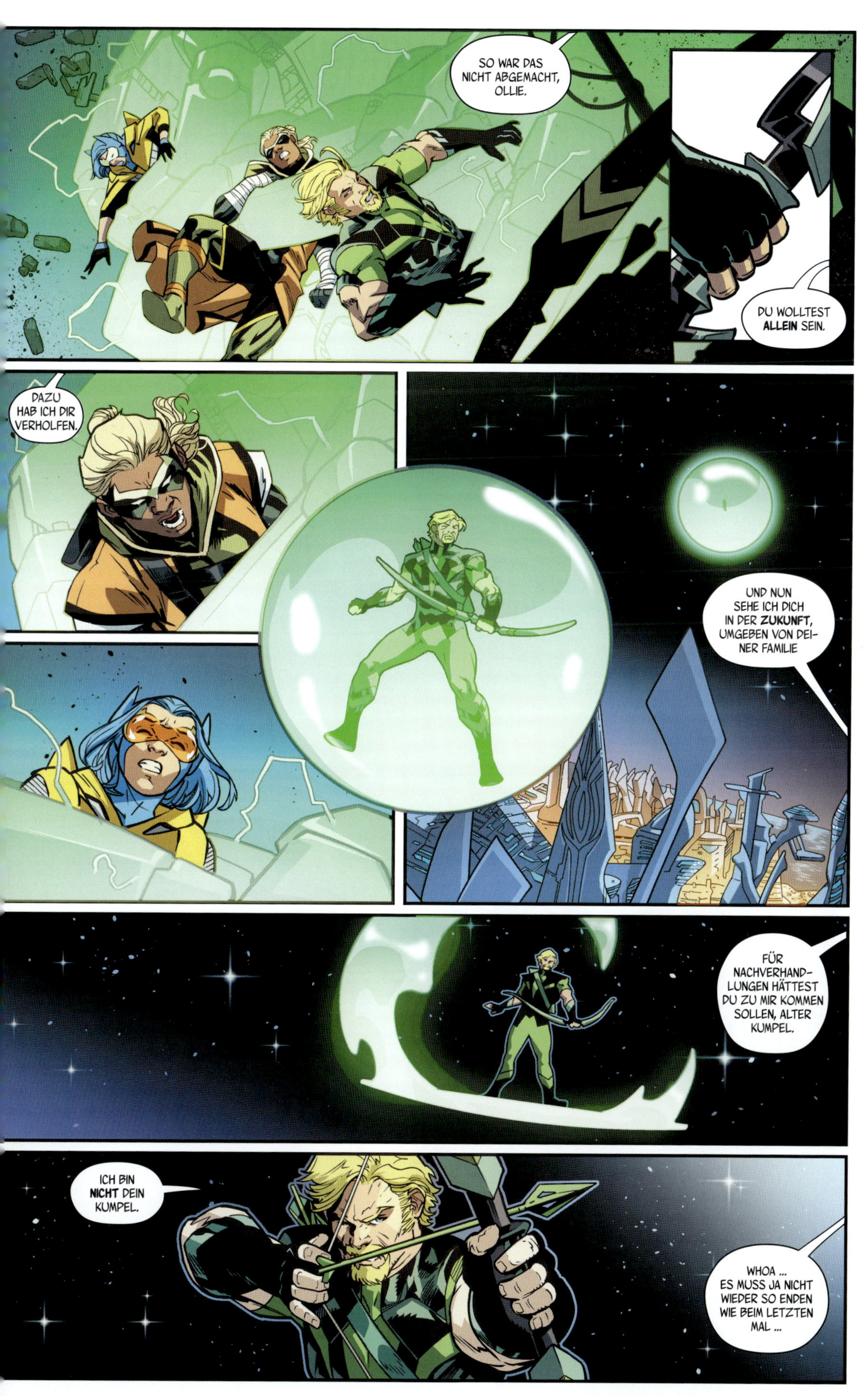
SO WAR DAS NICHT ABGEMACHT, OLLIE.
DU WOLLTEST **ALLEIN** SEIN.
DAZU HAB ICH DIR VERHOLFEN.
UND NUN SEHE ICH DICH IN DER **ZUKUNFT**, UMGEBEN VON DEINER FAMILIE
FÜR NACHVERHANDLUNGEN HÄTTEST DU ZU MIR KOMMEN SOLLEN, ALTER KUMPEL.
ICH BIN **NICHT** DEIN KUMPEL.
WHOA ... ES MUSS JA NICHT WIEDER SO ENDEN WIE BEIM LETZTEN MAL ...

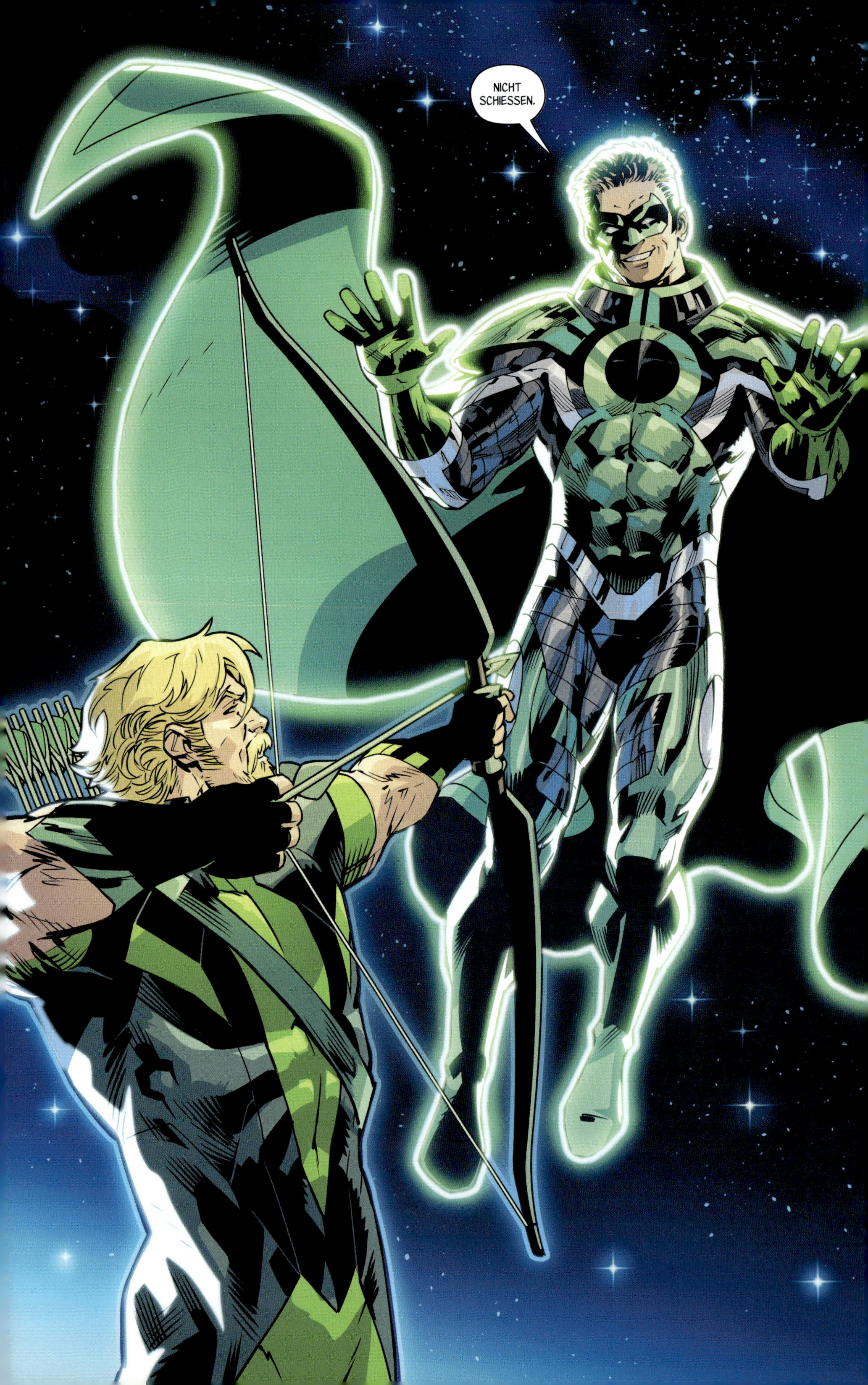
NICHT SCHIESSEN.

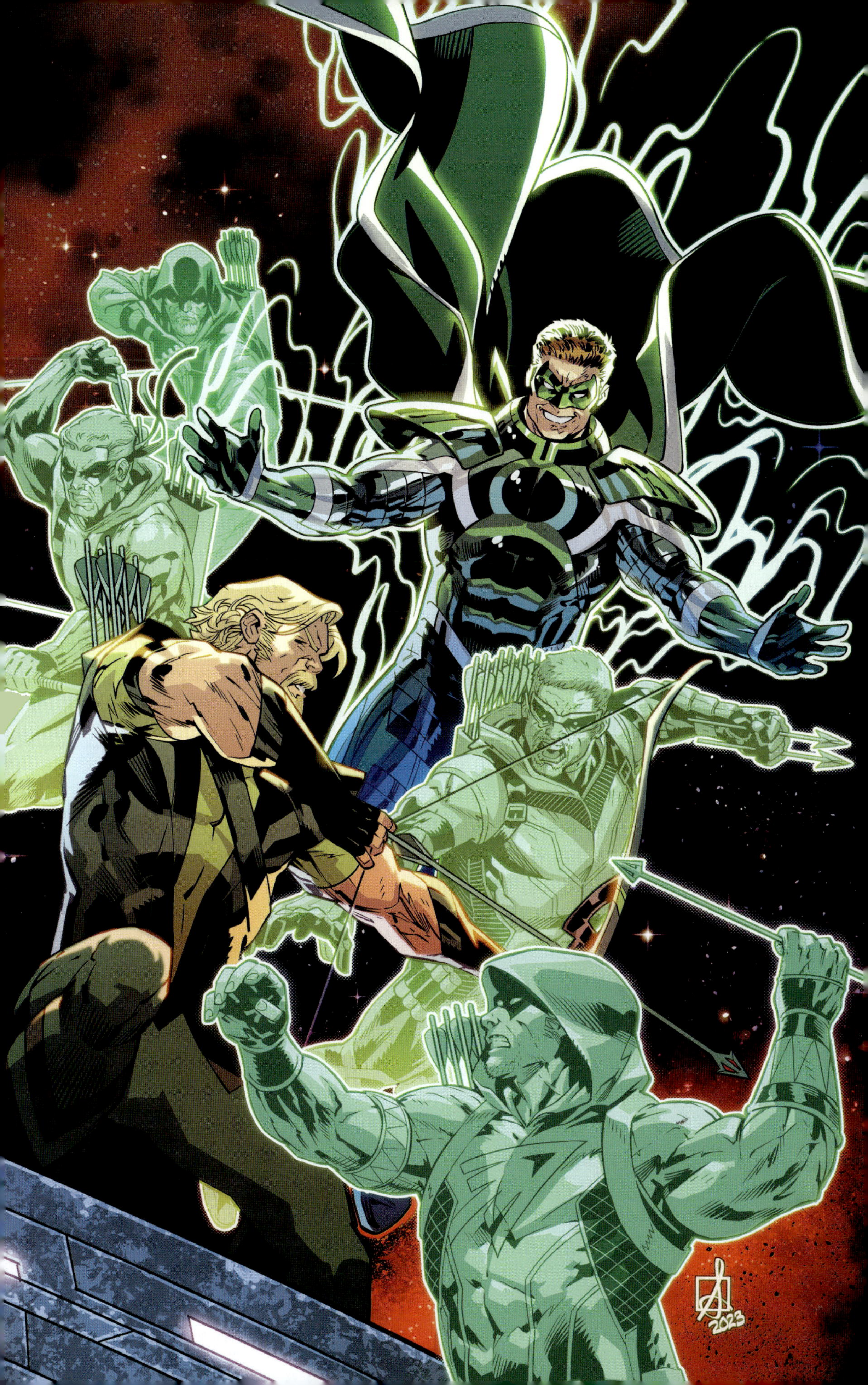

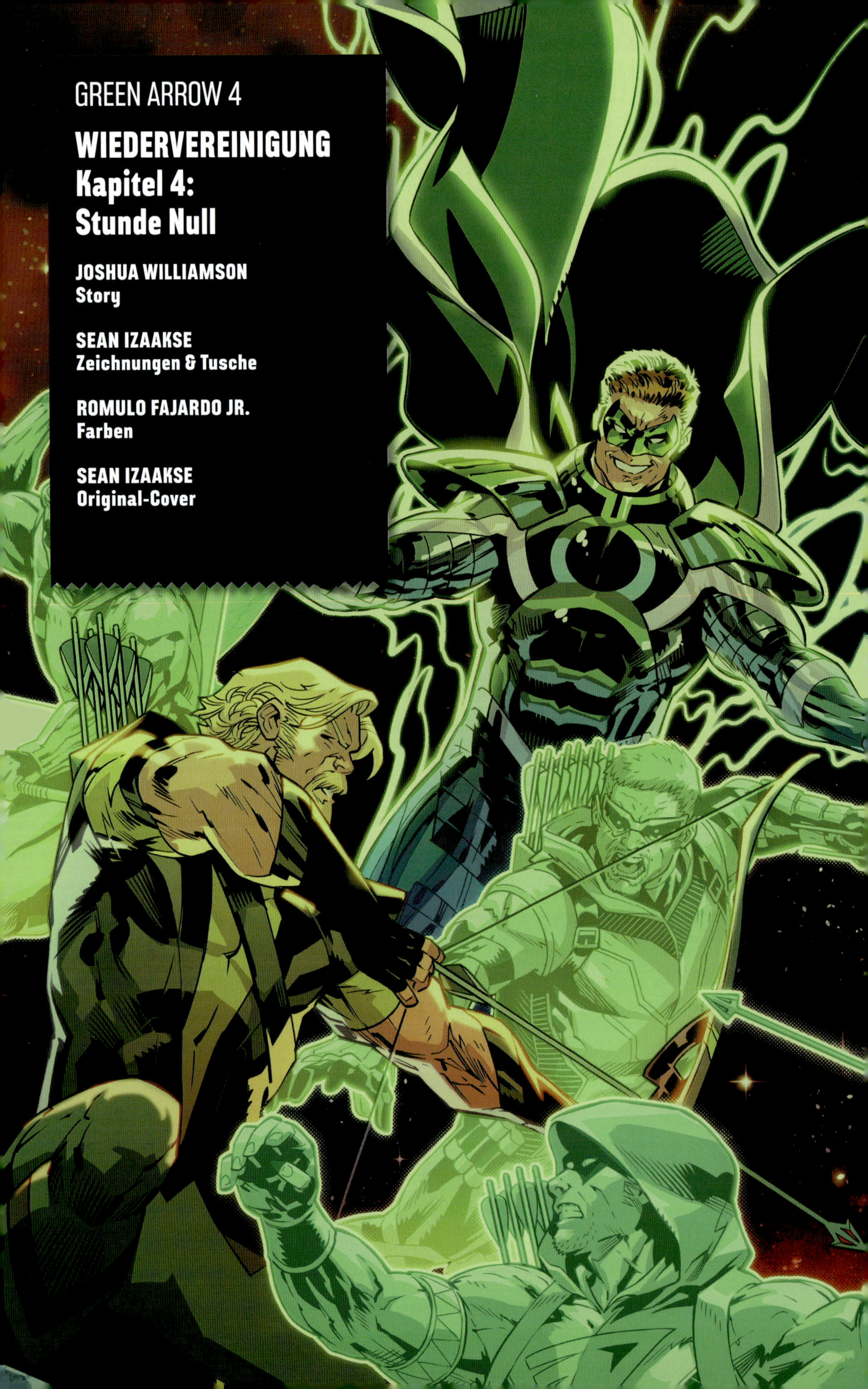

GREEN ARROW 4

WIEDERVEREINIGUNG Kapitel 4: Stunde Null

JOSHUA WILLIAMSON
Story

SEAN IZAAKSE
Zeichnungen & Tusche

ROMULO FAJARDO JR.
Farben

SEAN IZAAKSE
Original-Cover

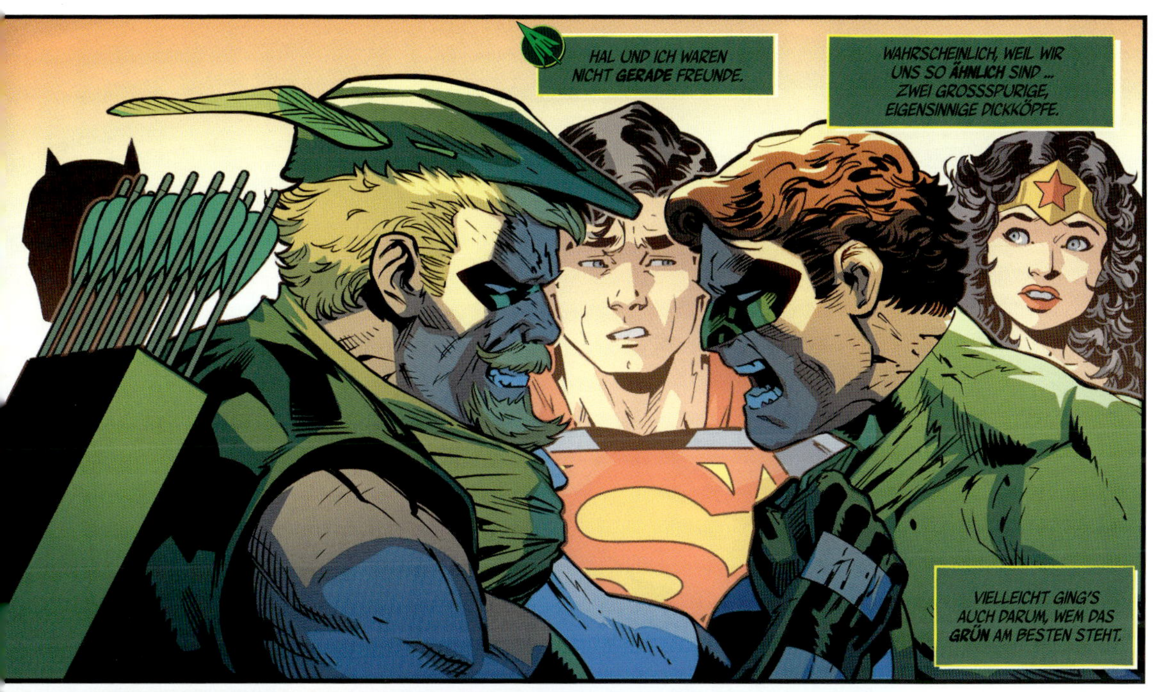
HAL UND ICH WAREN NICHT **GERADE** FREUNDE.
WAHRSCHEINLICH, WEIL WIR UNS SO **ÄHNLICH** SIND ... ZWEI GROSSSPURIGE, EIGENSINNIGE DICKKÖPFE.
VIELLEICHT GING'S AUCH DARUM, WEM DAS **GRÜN** AM BESTEN STEHT.

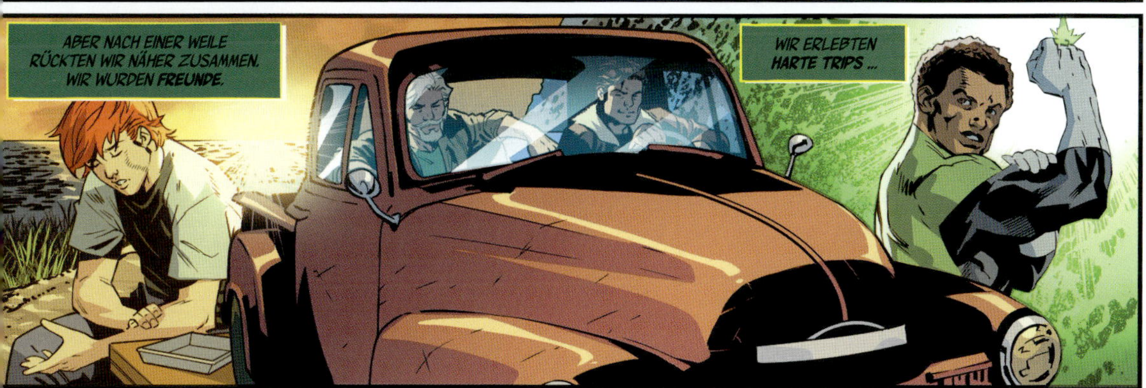
ABER NACH EINER WEILE RÜCKTEN WIR NÄHER ZUSAMMEN. WIR WURDEN **FREUNDE**.
WIR ERLEBTEN **HARTE TRIPS** ...

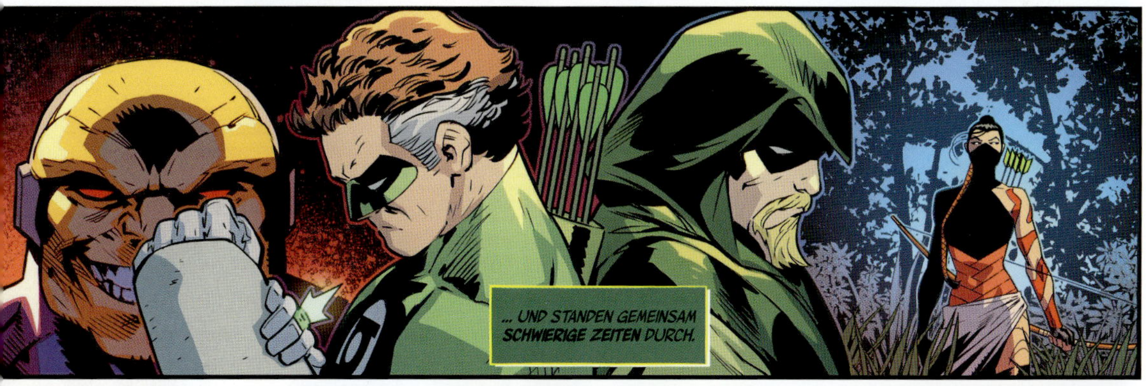
... UND STANDEN GEMEINSAM **SCHWIERIGE ZEITEN** DURCH.

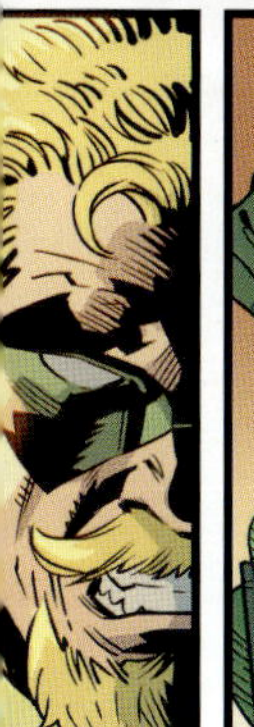

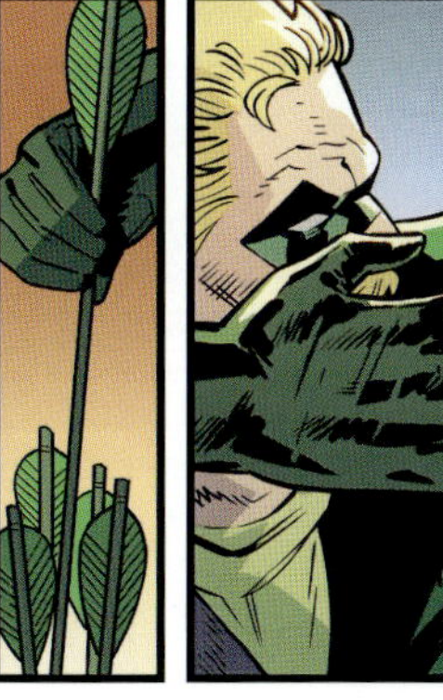

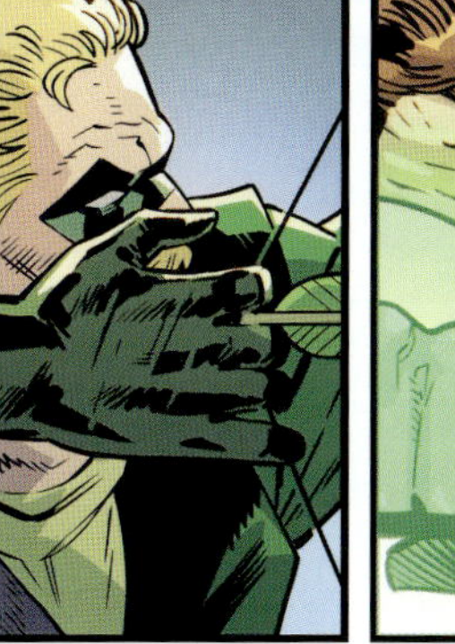

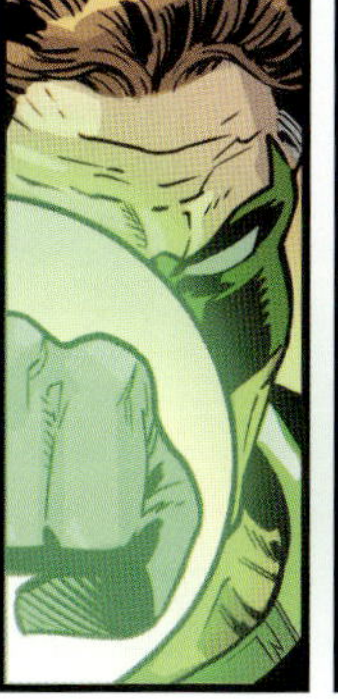

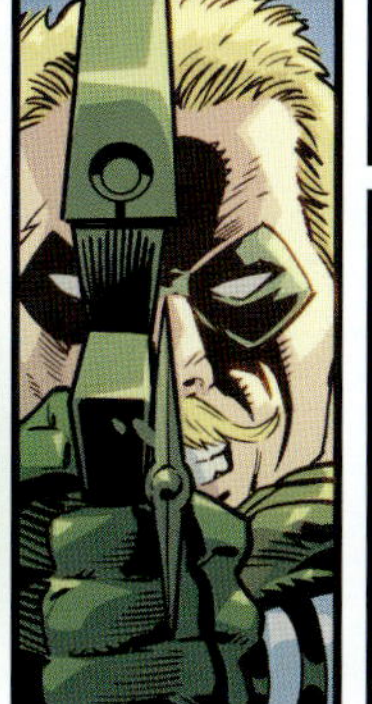

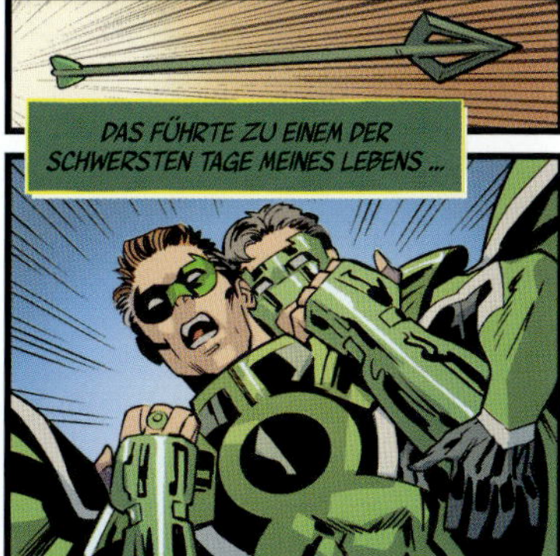
DAS FÜHRTE ZU EINEM DER SCHWERSTEN TAGE MEINES LEBENS ...

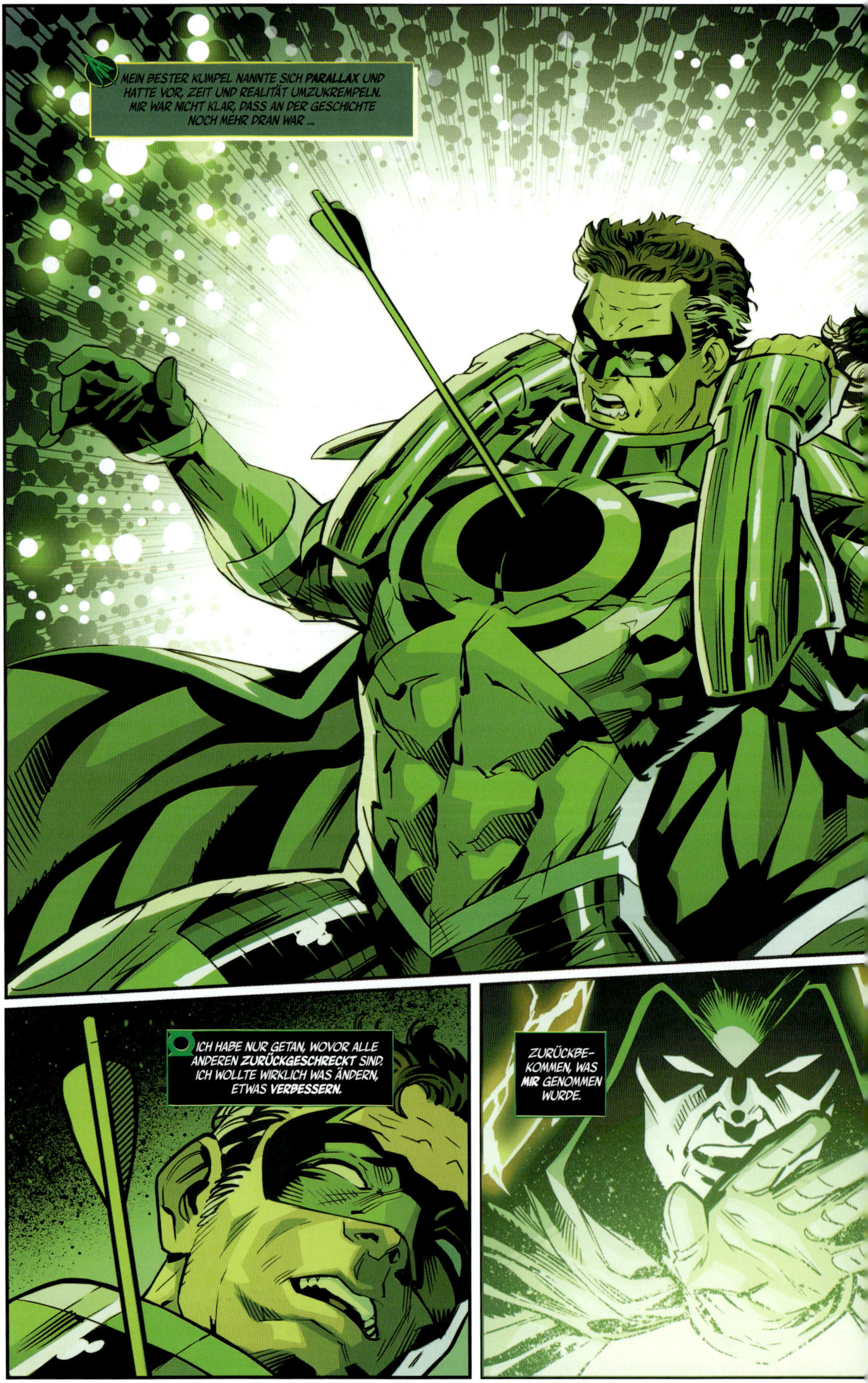

MEIN BESTER KUMPEL NANNTE SICH **PARALLAX** UND HATTE VOR, ZEIT UND REALITÄT UMZUKREMPELN. MIR WAR NICHT KLAR, DASS AN DER GESCHICHTE NOCH MEHR DRAN WAR ...

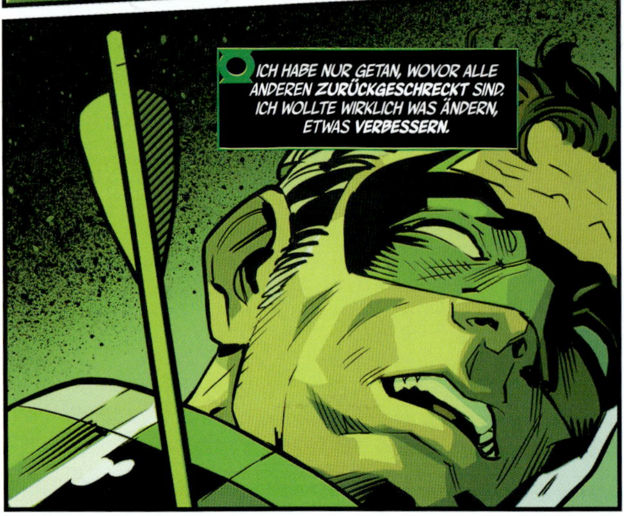

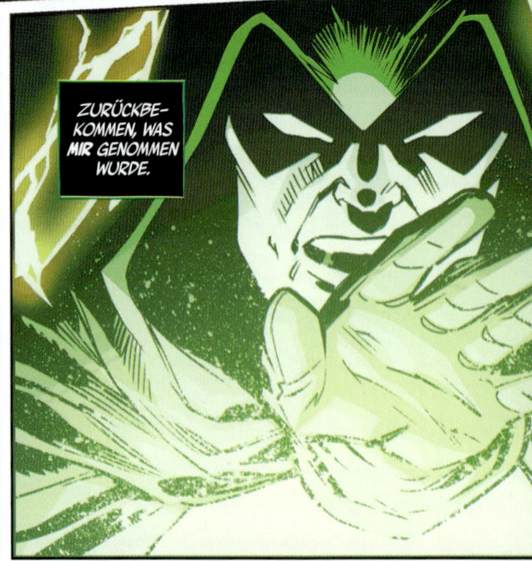

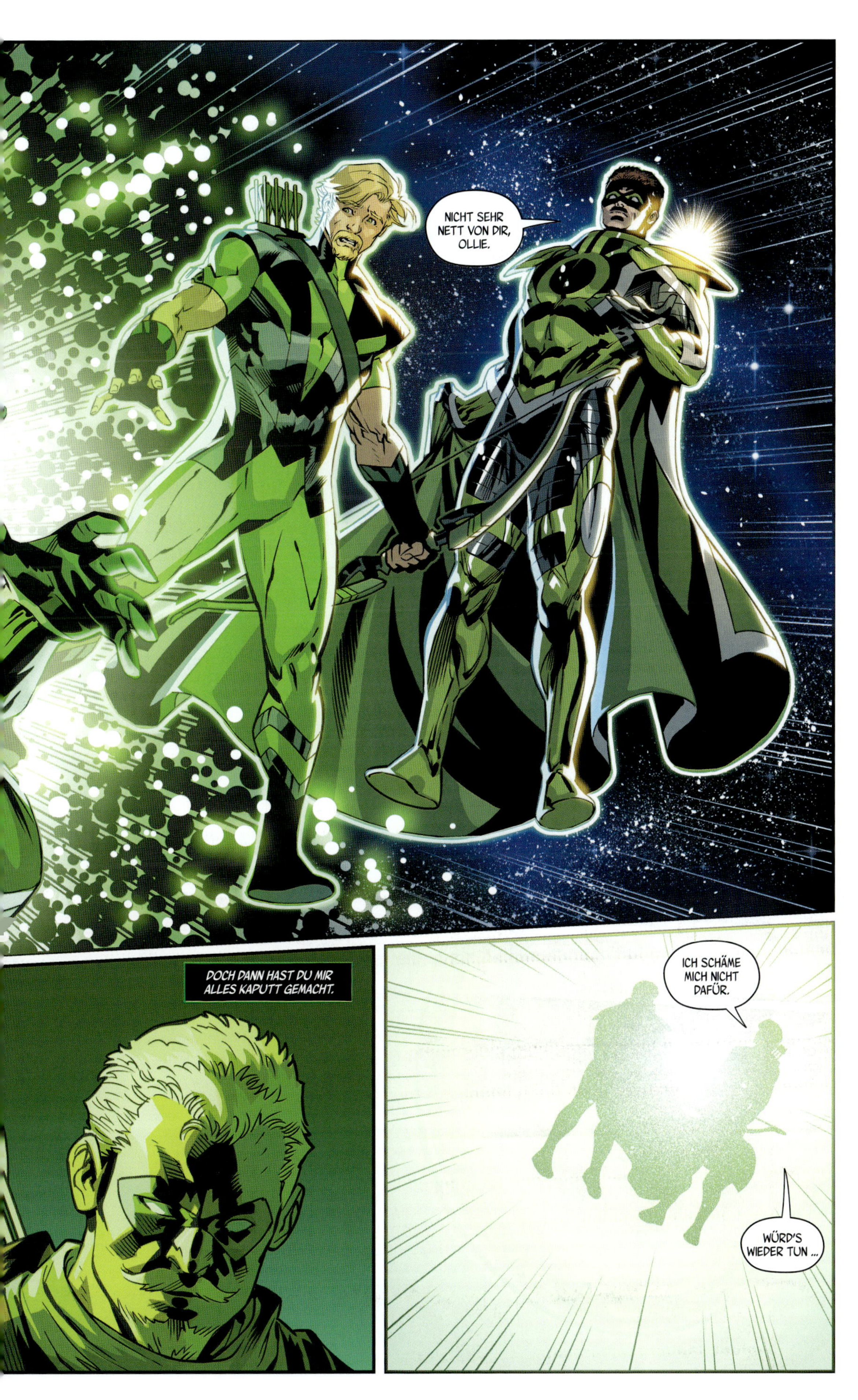
NICHT SEHR NETT VON DIR, OLLIE.
DOCH DANN HAST DU MIR ALLES KAPUTT GEMACHT.
ICH SCHÄME MICH NICHT DAFÜR.
WÜRD'S WIEDER TUN ...

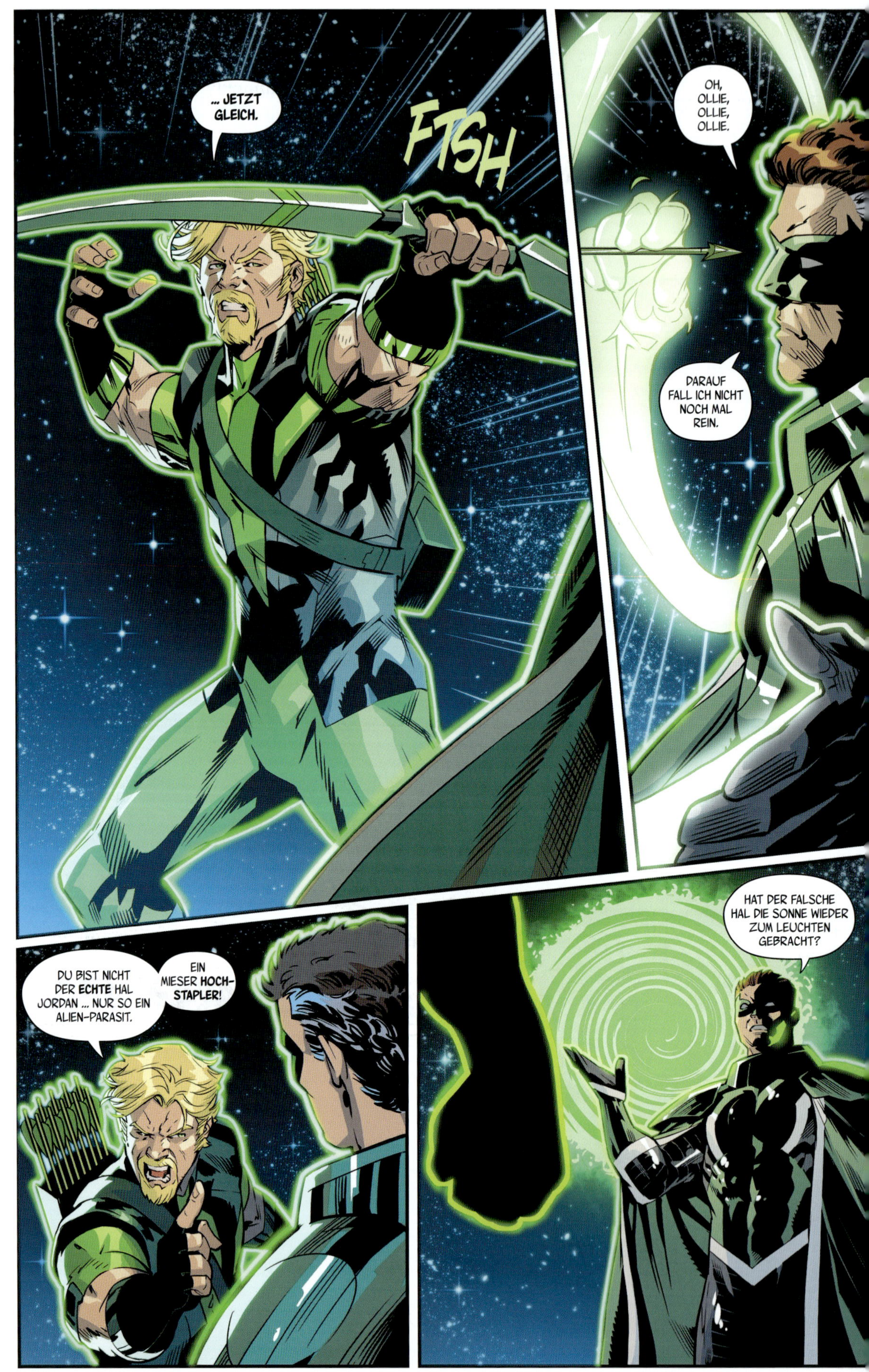
... JETZT GLEICH.
FTSH
OH, OLLIE, OLLIE, OLLIE.
DARAUF FALL ICH NICHT NOCH MAL REIN.
DU BIST NICHT DER **ECHTE** HAL JORDAN ... NUR SO EIN ALIEN-PARASIT.
EIN MIESER **HOCHSTAPLER!**
HAT DER FALSCHE HAL DIE SONNE WIEDER ZUM LEUCHTEN GEBRACHT?

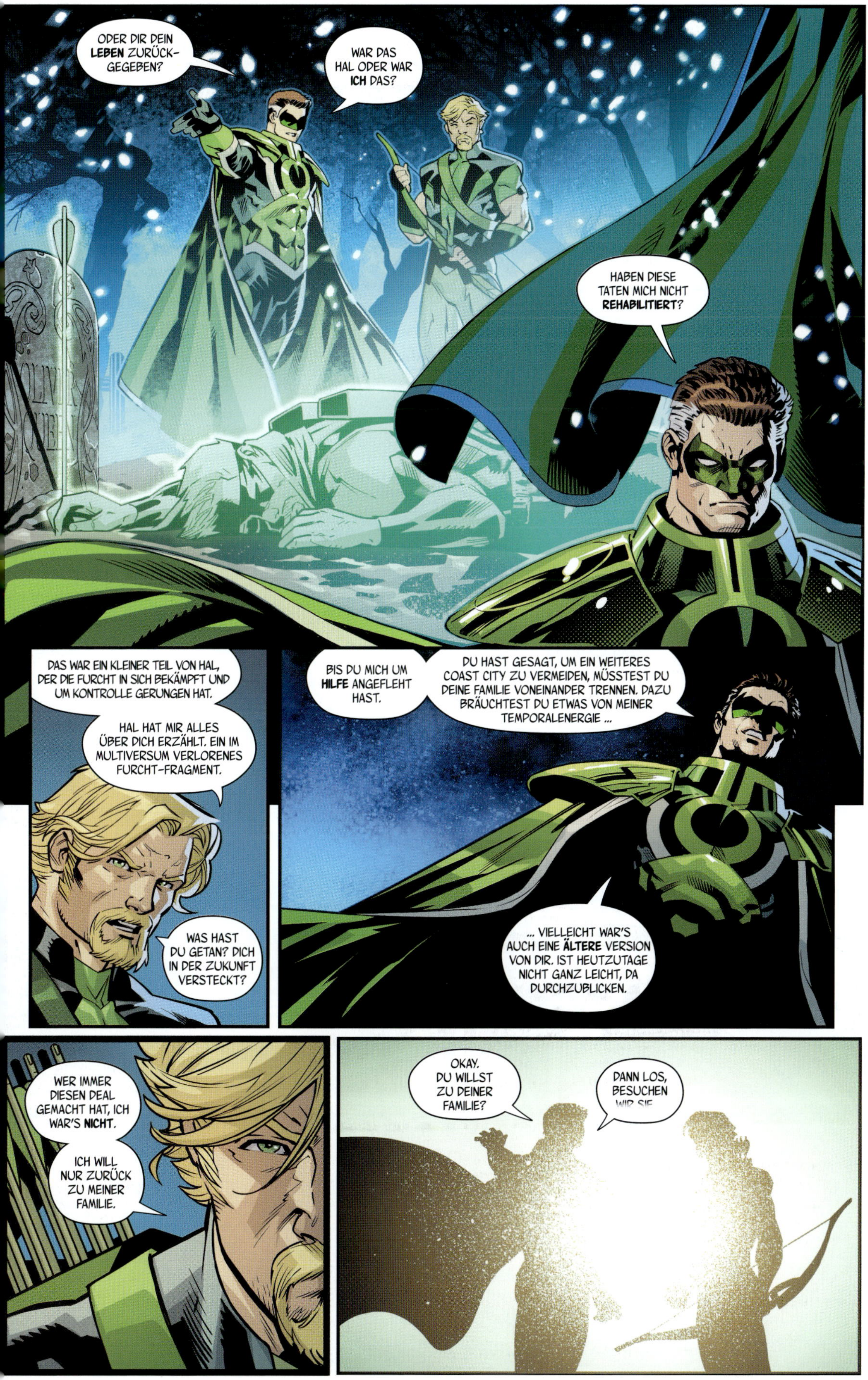

ODER DIR DEIN **LEBEN** ZURÜCKGEGEBEN?
WAR DAS HAL ODER WAR **ICH** DAS?
HABEN DIESE TATEN MICH NICHT **REHABILITIERT**?
DAS WAR EIN KLEINER TEIL VON HAL, DER DIE FURCHT IN SICH BEKÄMPFT UND UM KONTROLLE GERUNGEN HAT.
HAL HAT MIR ALLES ÜBER DICH ERZÄHLT. EIN IM MULTIVERSUM VERLORENES FURCHT-FRAGMENT.
WAS HAST DU GETAN? DICH IN DER ZUKUNFT VERSTECKT?
BIS DU MICH UM **HILFE** ANGEFLEHT HAST.
DU HAST GESAGT, UM EIN WEITERES COAST CITY ZU VERMEIDEN, MÜSSTEST DU DEINE FAMILIE VONEINANDER TRENNEN. DAZU BRÄUCHTEST DU ETWAS VON MEINER TEMPORALENERGIE ...
... VIELLEICHT WAR'S AUCH EINE **ÄLTERE** VERSION VON DIR. IST HEUTZUTAGE NICHT GANZ LEICHT, DA DURCHZUBLICKEN.

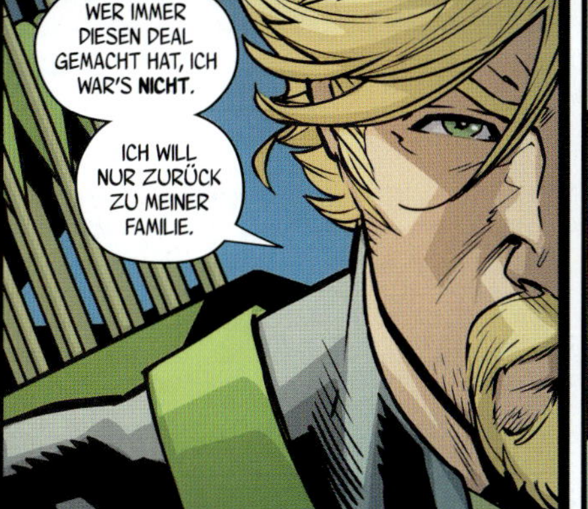
WER IMMER DIESEN DEAL GEMACHT HAT, ICH WAR'S **NICHT**.
ICH WILL NUR ZURÜCK ZU MEINER FAMILIE.

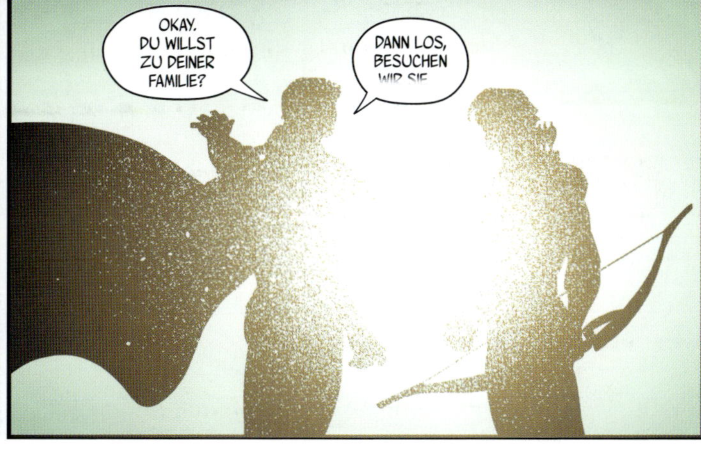
OKAY. DU WILLST ZU DEINER FAMILIE?
DANN LOS, BESUCHEN

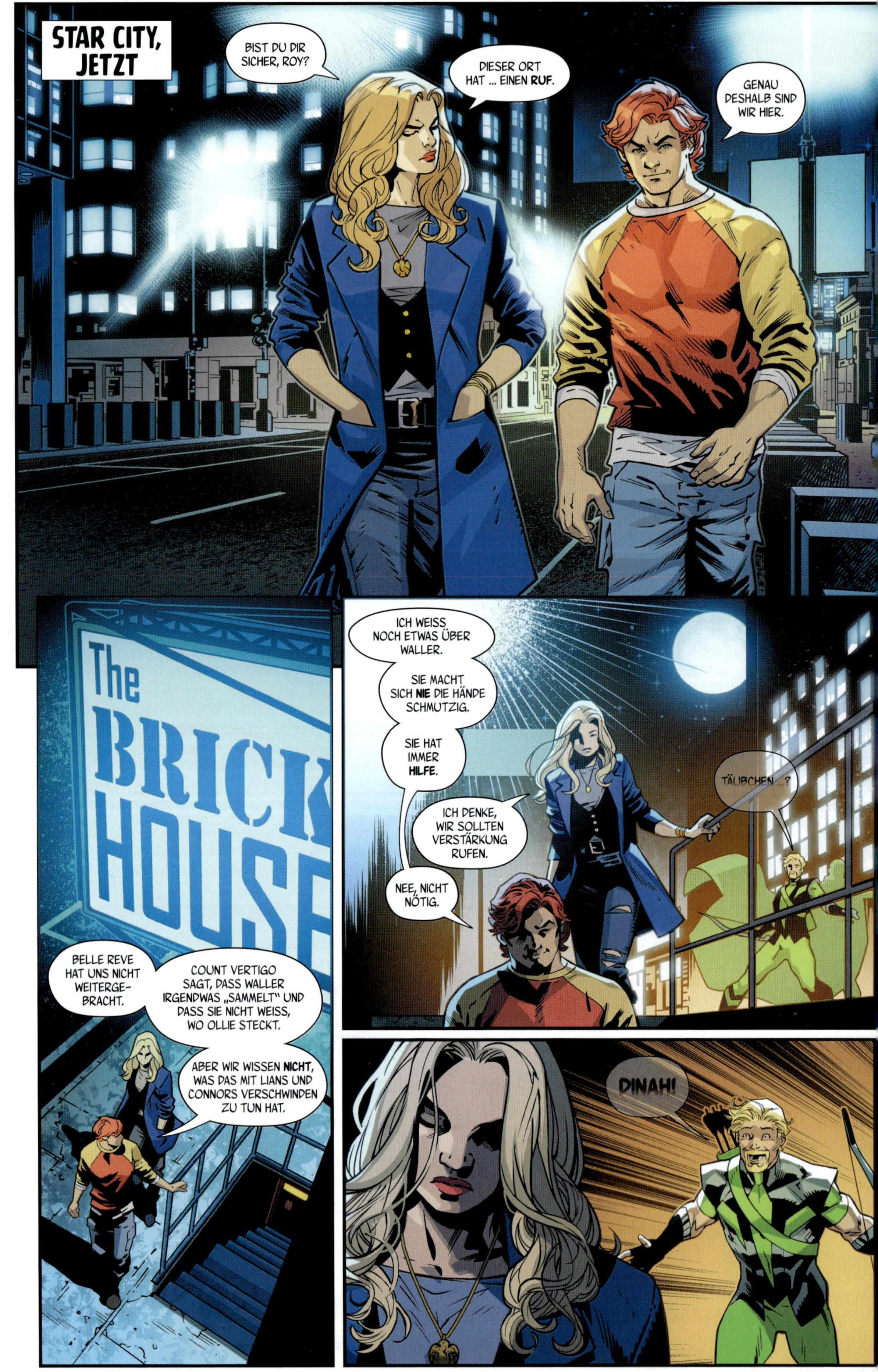
STAR CITY, JETZT
BIST DU DIR SICHER, ROY?
DIESER ORT HAT ... EINEN **RUF**.
GENAU DESHALB SIND WIR HIER.
The BRICK HOUSE
BELLE REVE HAT UNS NICHT WEITERGEBRACHT.
COUNT VERTIGO SAGT, DASS WALLER IRGENDWAS „SAMMELT" UND DASS SIE NICHT WEISS, WO OLLIE STECKT.
ABER WIR WISSEN **NICHT**, WAS DAS MIT LIANS UND CONNORS VERSCHWINDEN ZU TUN HAT.
ICH WEISS NOCH ETWAS ÜBER WALLER.
SIE MACHT SICH **NIE** DIE HÄNDE SCHMUTZIG.
SIE HAT IMMER **HILFE**.
ICH DENKE, WIR SOLLTEN VERSTÄRKUNG RUFEN.
NEE, NICHT NÖTIG.
TÄUBCHEN ...?
DINAH!

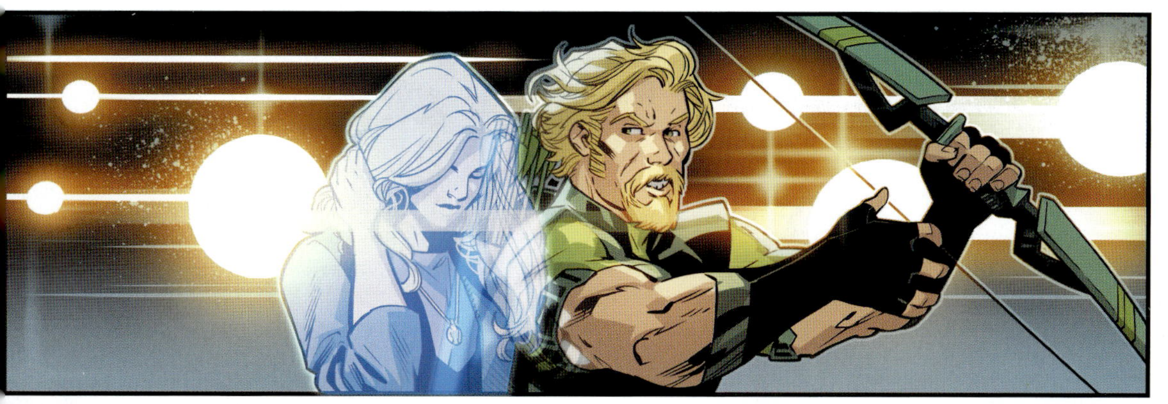

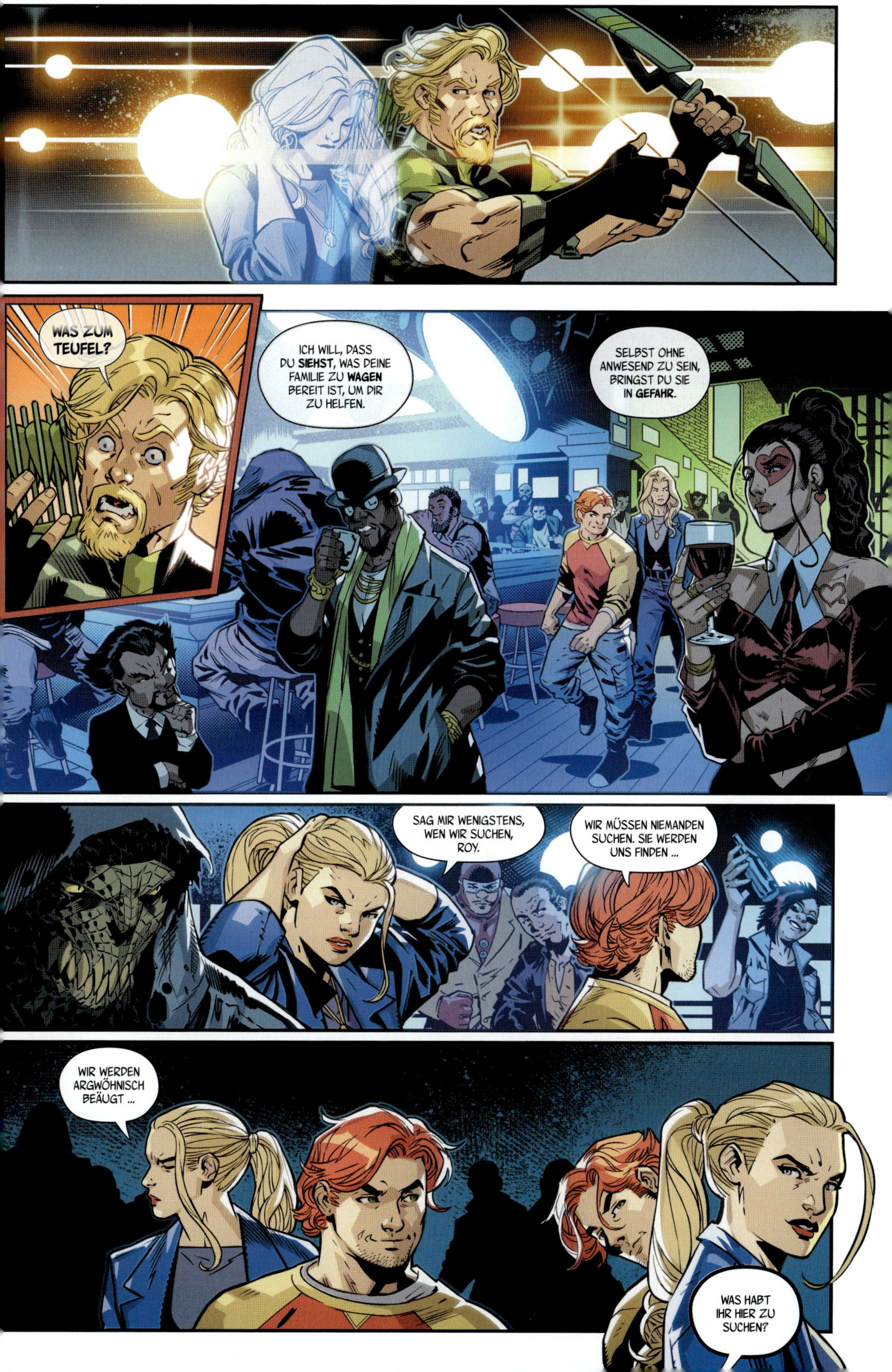

WAS ZUM TEUFEL?
ICH WILL, DASS DU **SIEHST**, WAS DEINE FAMILIE ZU **WAGEN** BEREIT IST, UM DIR ZU HELFEN.
SELBST OHNE ANWESEND ZU SEIN, BRINGST DU SIE IN **GEFAHR**.

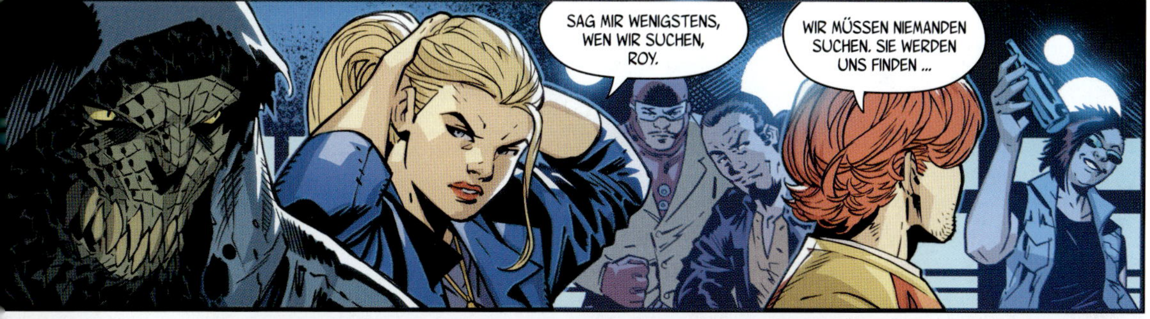
SAG MIR WENIGSTENS, WEN WIR SUCHEN, ROY.
WIR MÜSSEN NIEMANDEN SUCHEN. SIE WERDEN UNS FINDEN ...

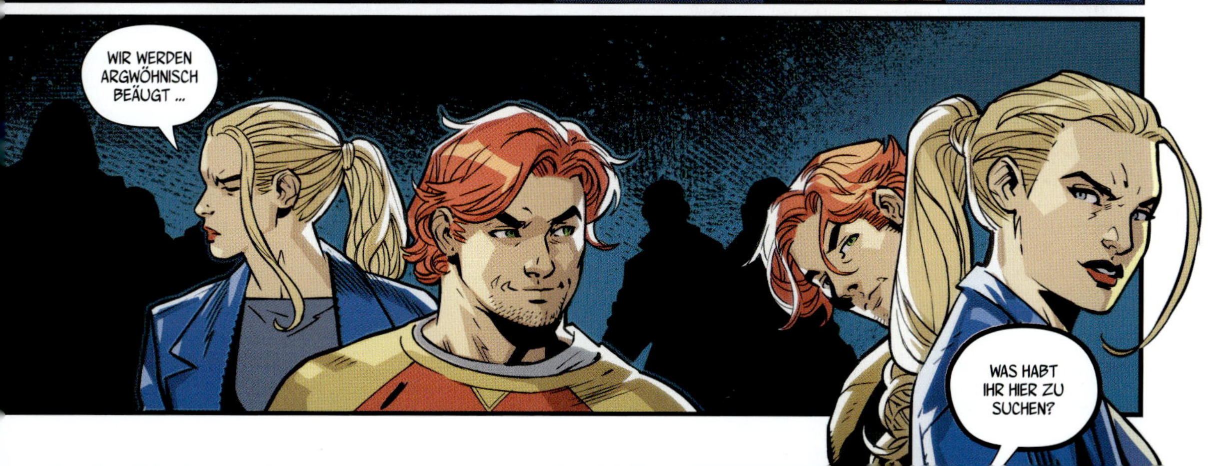
WIR WERDEN ARGWÖHNISCH BEÄUGT ...
WAS HABT IHR HIER ZU SUCHEN?

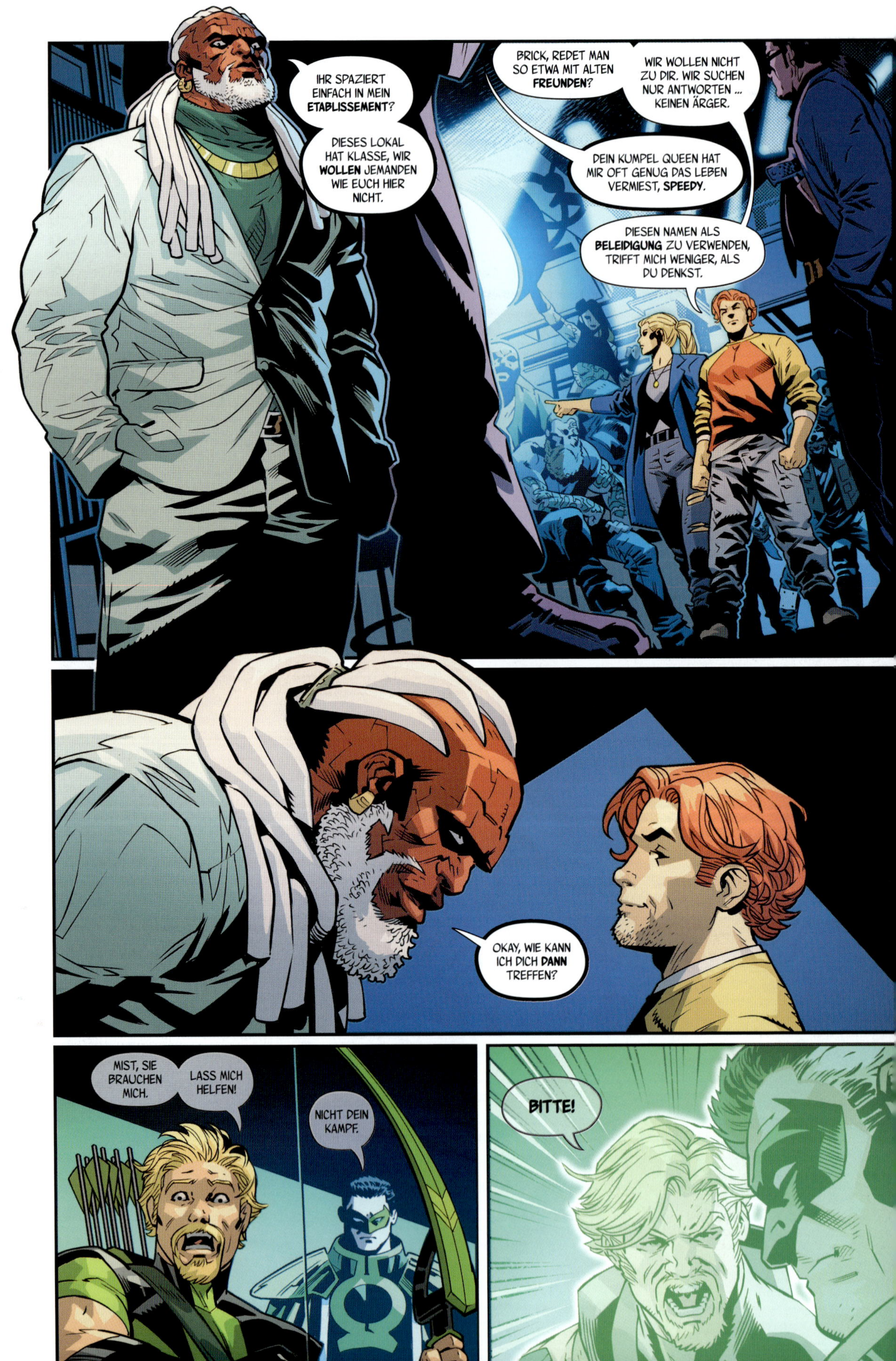
IHR SPAZIERT EINFACH IN MEIN **ETABLISSEMENT**?
DIESES LOKAL HAT KLASSE, WIR **WOLLEN** JEMANDEN WIE EUCH HIER NICHT.
BRICK, REDET MAN SO ETWA MIT ALTEN **FREUNDEN**?
WIR WOLLEN NICHT ZU DIR. WIR SUCHEN NUR ANTWORTEN ... KEINEN ÄRGER.
DEIN KUMPEL QUEEN HAT MIR OFT GENUG DAS LEBEN VERMIEST, **SPEEDY**.
DIESEN NAMEN ALS **BELEIDIGUNG** ZU VERWENDEN, TRIFFT MICH WENIGER, ALS DU DENKST.
OKAY, WIE KANN ICH DICH **DANN** TREFFEN?
MIST, SIE BRAUCHEN MICH.
LASS MICH HELFEN!
NICHT DEIN KAMPF.
BITTE!

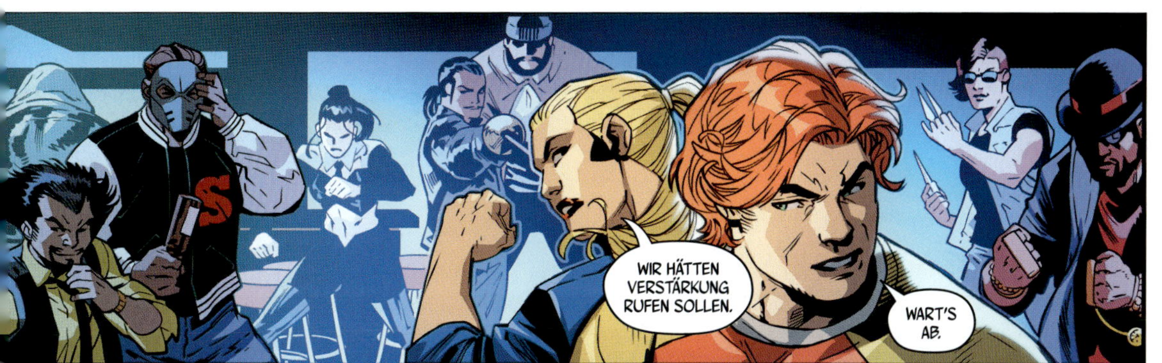

WAS ZUM TEUFEL?

DAS **LICHT**! WAS HABEN SIE--

AHHH!

SLASH

KRACK

THUNK

SLAM

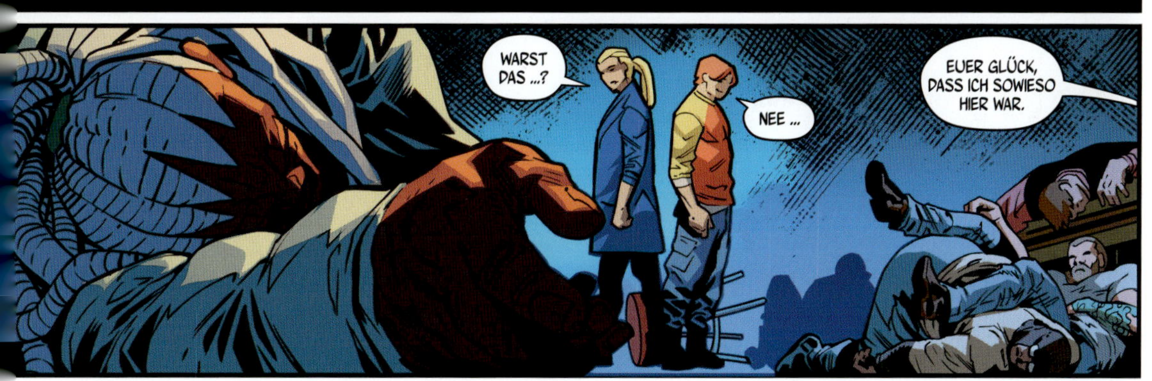

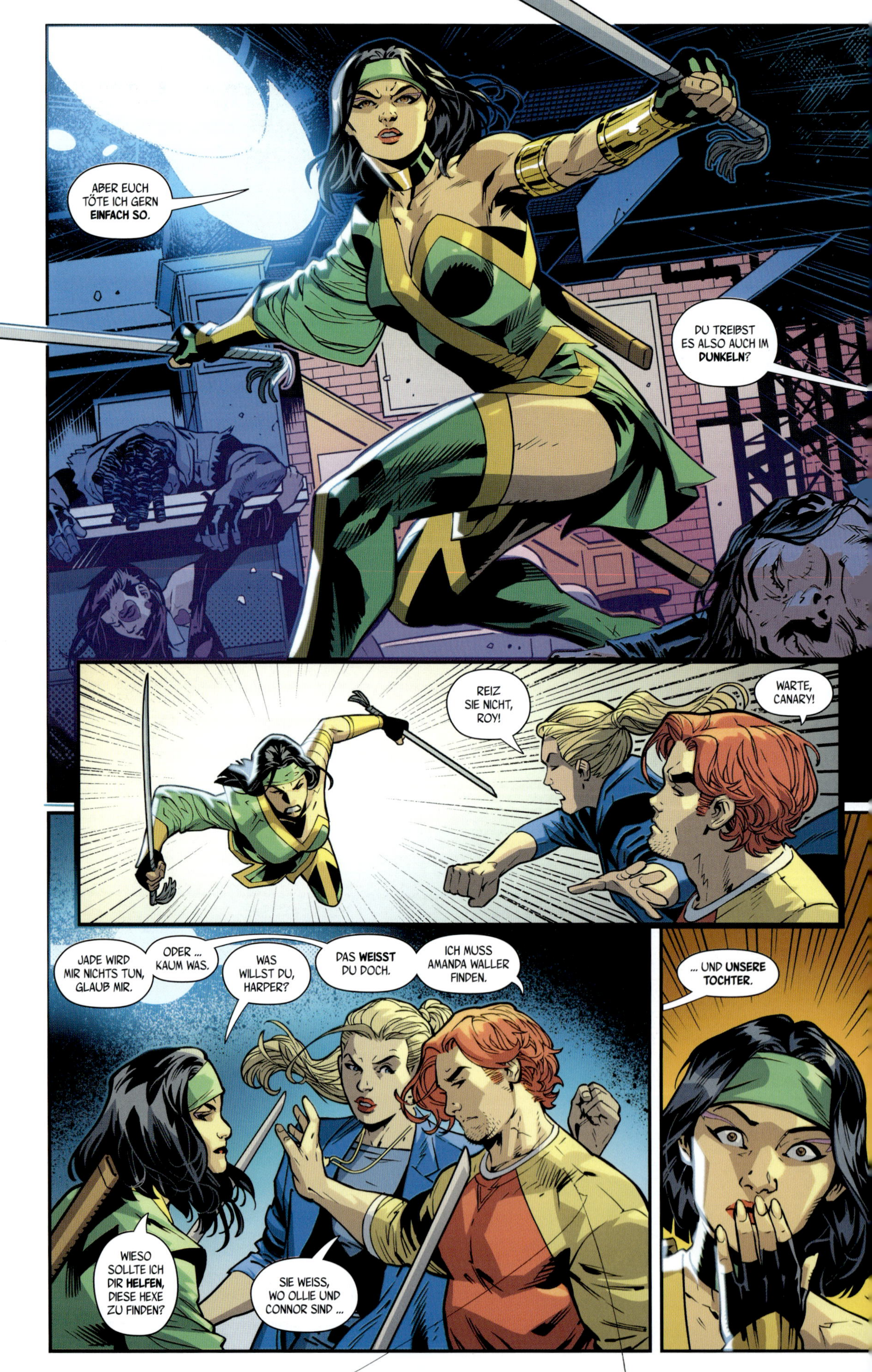
ABER EUCH TÖTE ICH GERN **EINFACH SO.**
DU TREIBST ES ALSO AUCH IM **DUNKELN?**
REIZ SIE NICHT, ROY!
WARTE, CANARY!
JADE WIRD MIR NICHTS TUN, GLAUB MIR.
ODER ... KAUM WAS.
WAS WILLST DU, HARPER?
DAS **WEISST** DU DOCH.
ICH MUSS AMANDA WALLER FINDEN.
WIESO SOLLTE ICH DIR **HELFEN,** DIESE HEXE ZU FINDEN?
SIE WEISS, WO OLLIE UND CONNOR SIND ...
... UND **UNSERE TOCHTER.**

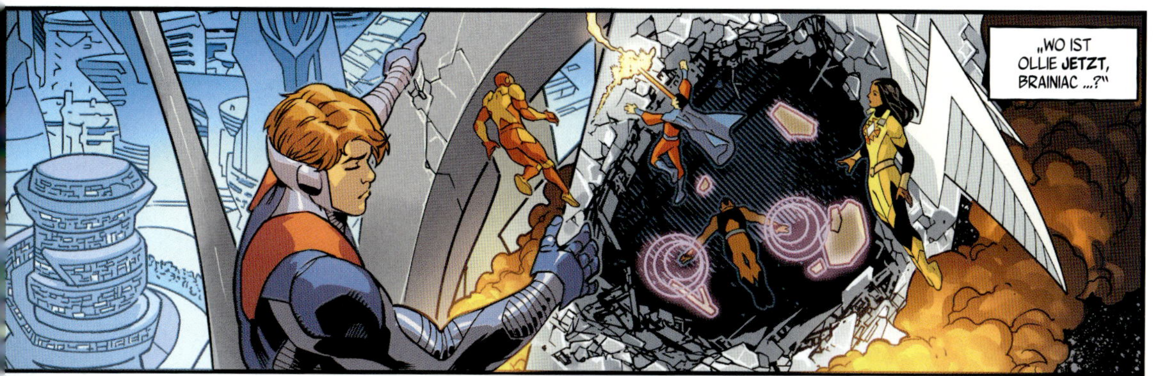
„WO IST OLLIE **JETZT**, BRAINIAC ...?"

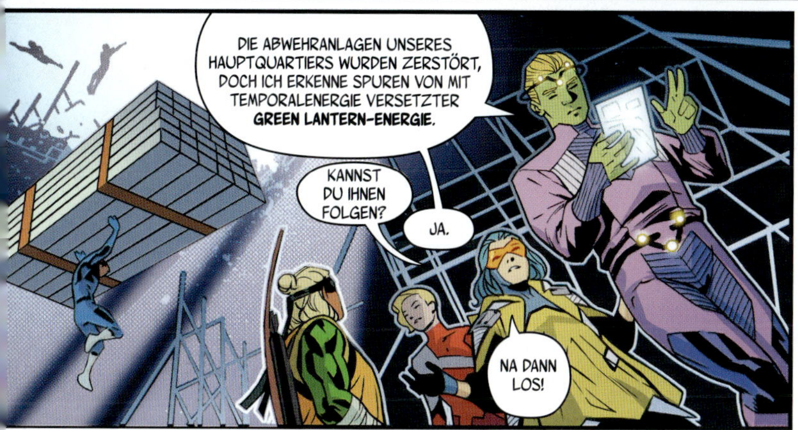
DIE ABWEHRANLAGEN UNSERES HAUPTQUARTIERS WURDEN ZERSTÖRT, DOCH ICH ERKENNE SPUREN VON MIT TEMPORALENERGIE VERSETZTER **GREEN LANTERN-ENERGIE**.
KANNST DU IHNEN FOLGEN?
JA.
NA DANN LOS!

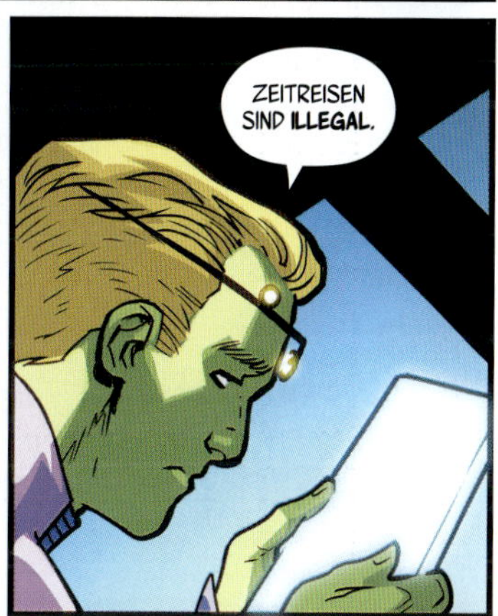
ZEITREISEN SIND **ILLEGAL**.

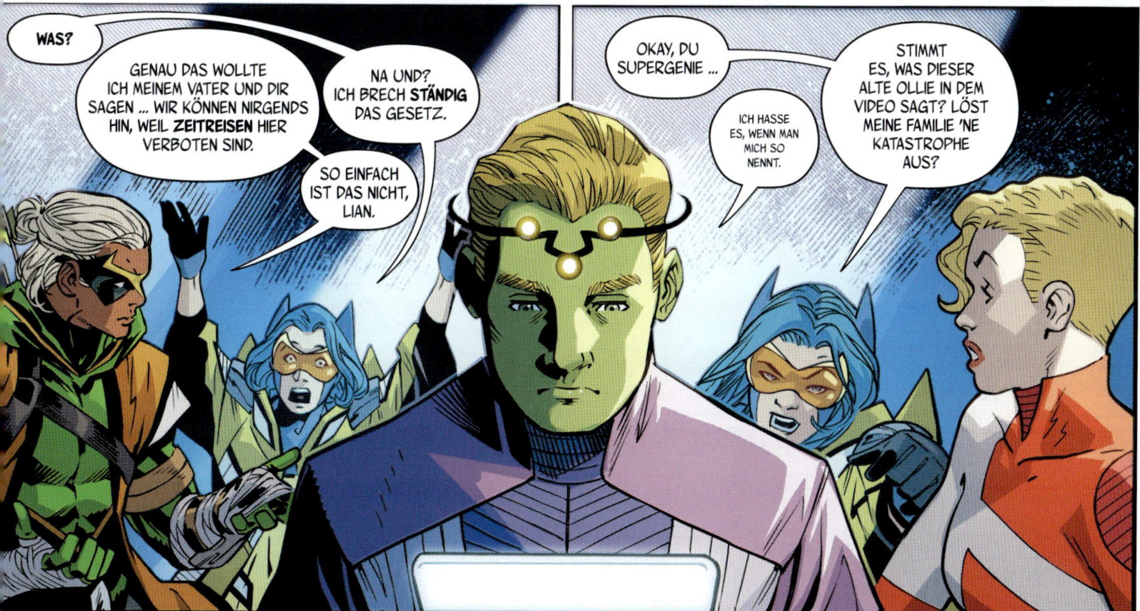
WAS?
GENAU DAS WOLLTE ICH MEINEM VATER UND DIR SAGEN ... WIR KÖNNEN NIRGENDS HIN, WEIL **ZEITREISEN** HIER VERBOTEN SIND.
NA UND? ICH BRECH **STÄNDIG** DAS GESETZ.
SO EINFACH IST DAS NICHT, LIAN.
OKAY, DU SUPERGENIE ...
ICH HASSE ES, WENN MAN MICH SO NENNT.
STIMMT ES, WAS DIESER ALTE OLLIE IN DEM VIDEO SAGT? LÖST MEINE FAMILIE 'NE KATASTROPHE AUS?

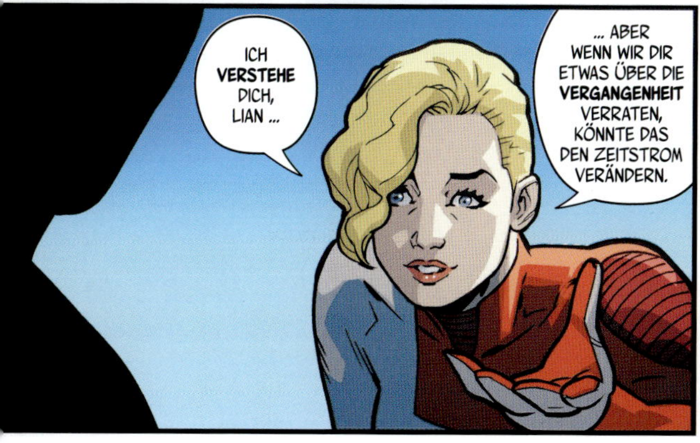
ICH **VERSTEHE** DICH, LIAN ...
... ABER WENN WIR DIR ETWAS ÜBER DIE **VERGANGENHEIT** VERRATEN, KÖNNTE DAS DEN ZEITSTROM VERÄNDERN.

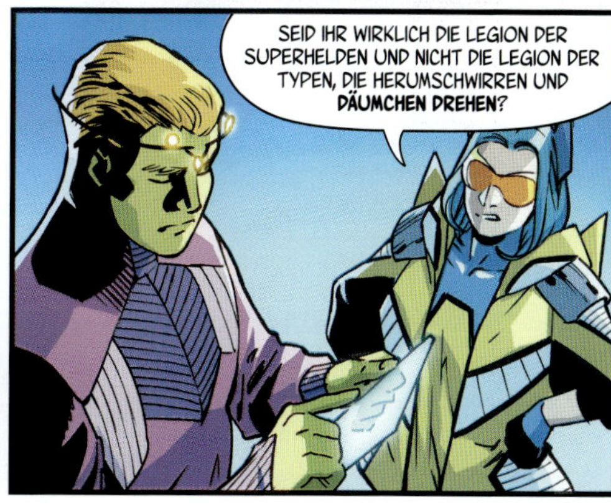
SEID IHR WIRKLICH DIE LEGION DER SUPERHELDEN UND NICHT DIE LEGION DER TYPEN, DIE HERUMSCHWIRREN UND **DÄUMCHEN DREHEN**?

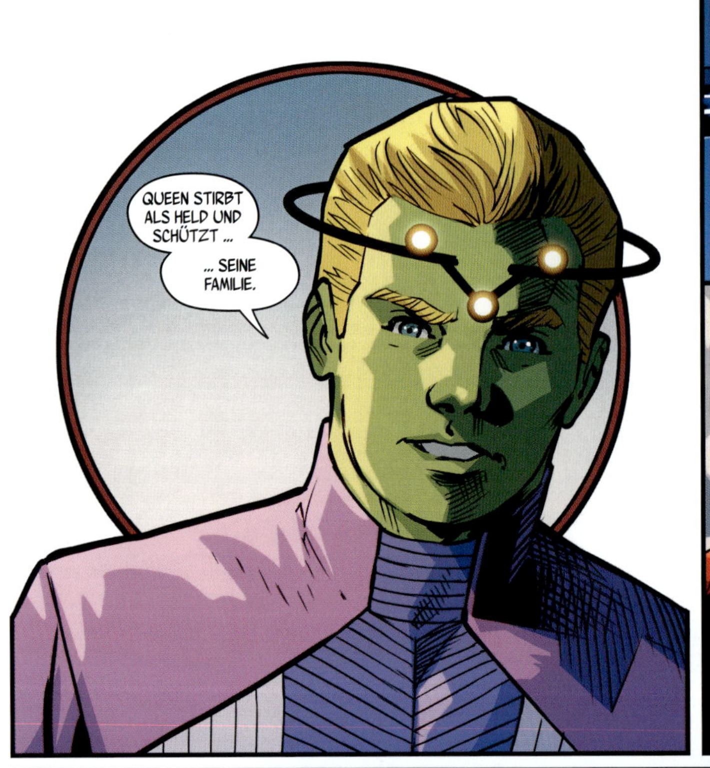
QUEEN STIRBT ALS HELD UND SCHÜTZT ...
... SEINE FAMILIE.

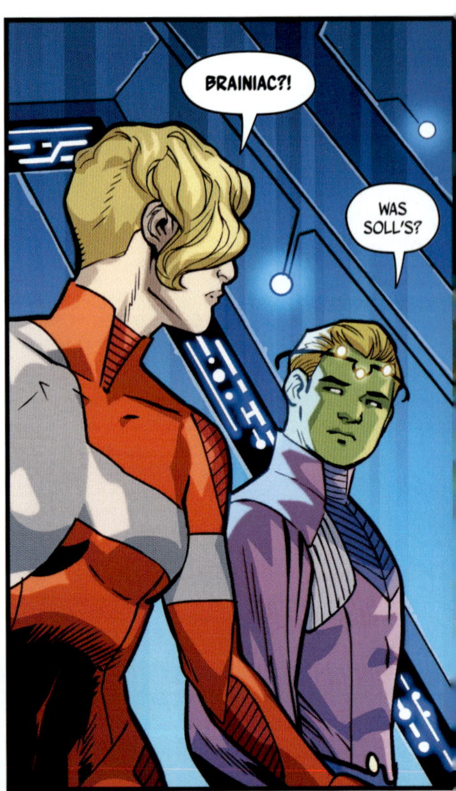
BRAINIAC?!
WAS SOLL'S?

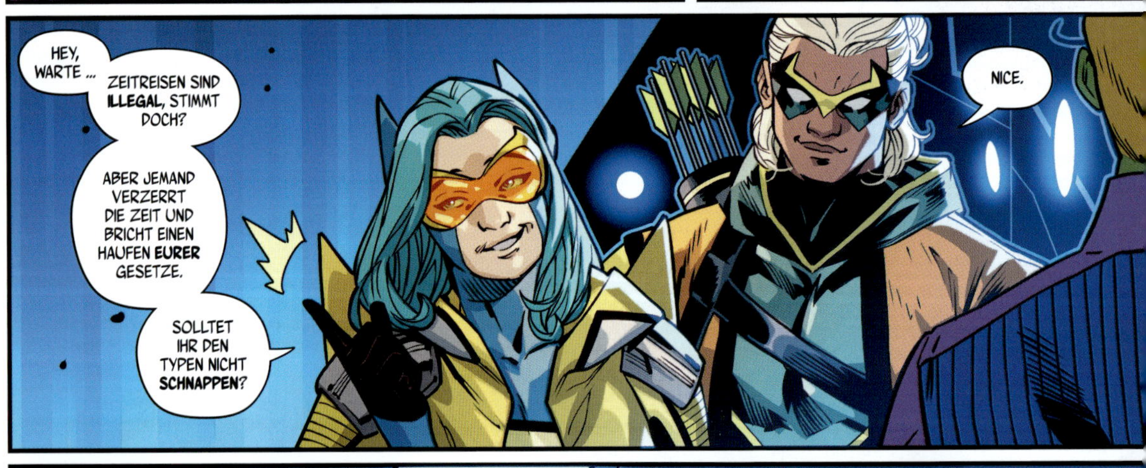
HEY, WARTE ...
ZEITREISEN SIND **ILLEGAL**, STIMMT DOCH?
ABER JEMAND VERZERRT DIE ZEIT UND BRICHT EINEN HAUFEN **EURER** GESETZE.
SOLLTET IHR DEN TYPEN NICHT **SCHNAPPEN**?
NICE.

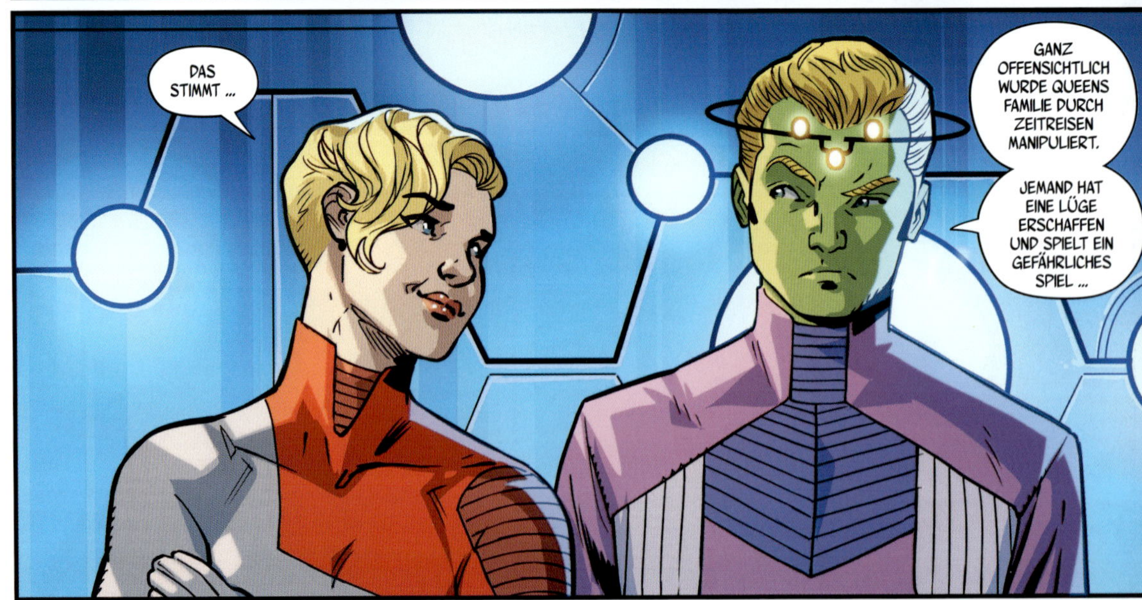
DAS STIMMT ...
GANZ OFFENSICHTLICH WURDE QUEENS FAMILIE DURCH ZEITREISEN MANIPULIERT.
JEMAND HAT EINE LÜGE ERSCHAFFEN UND SPIELT EIN GEFÄHRLICHES SPIEL ...

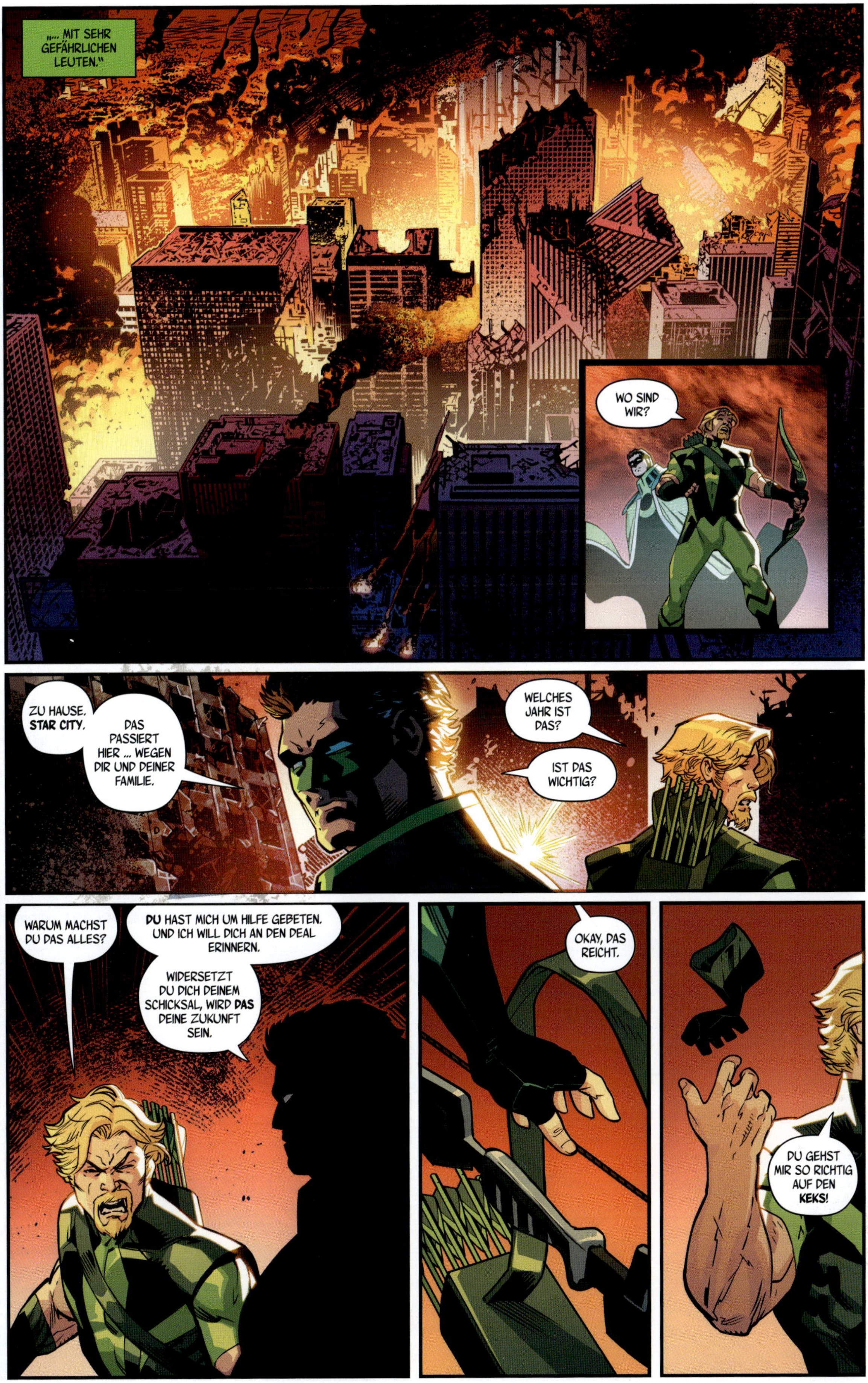

„... MIT SEHR GEFÄHRLICHEN LEUTEN."
WO SIND WIR?

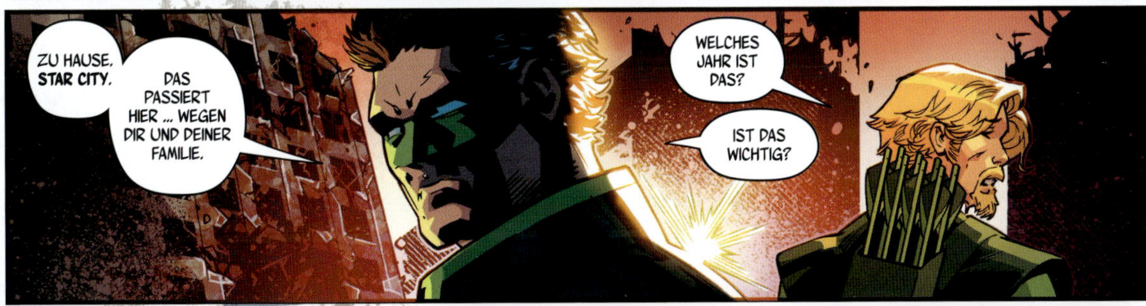

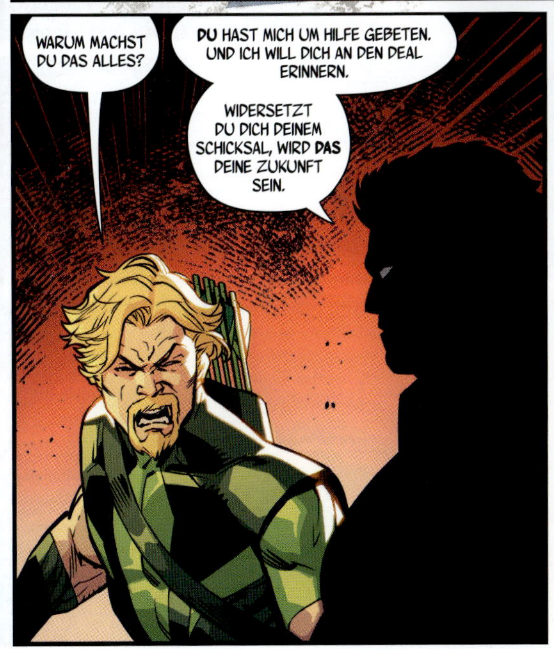

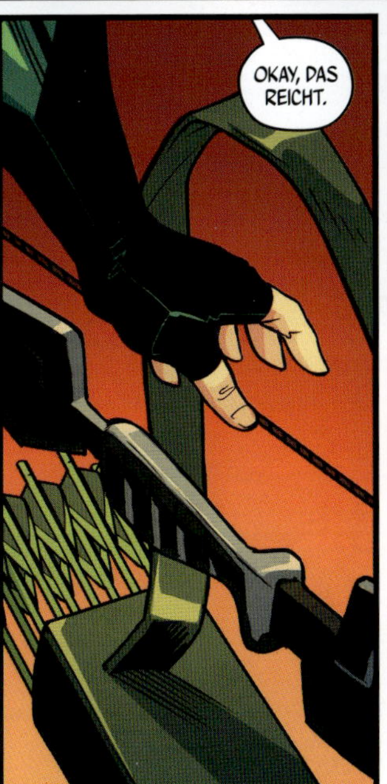

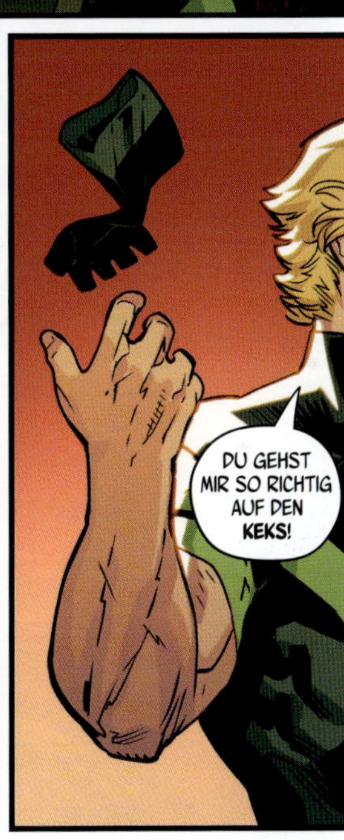

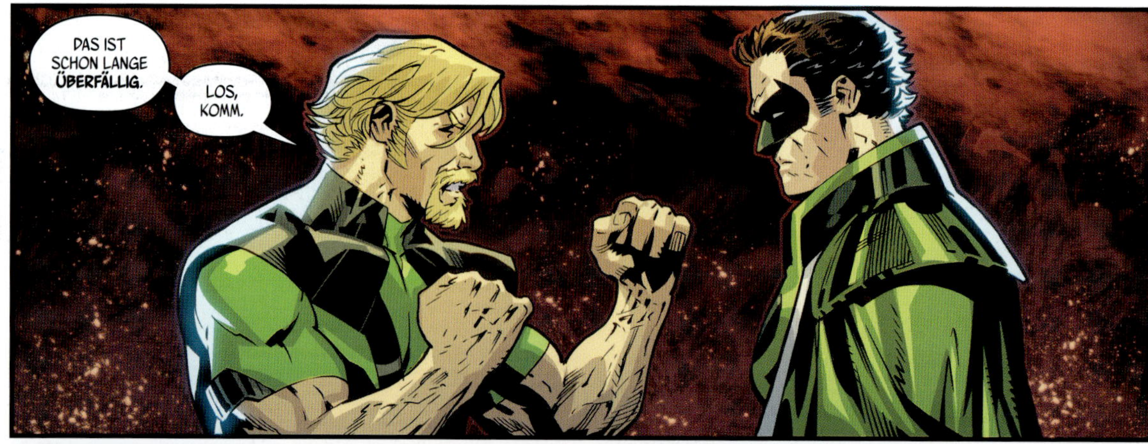
DAS IST SCHON LANGE **ÜBERFÄLLIG.**
LOS, KOMM.
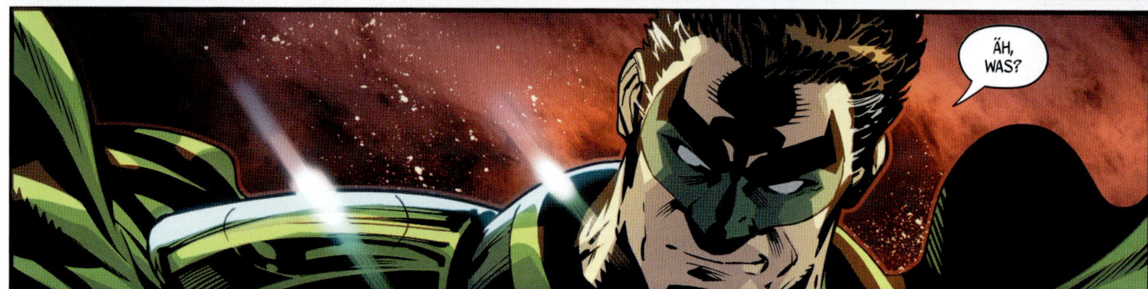
ÄH, WAS?
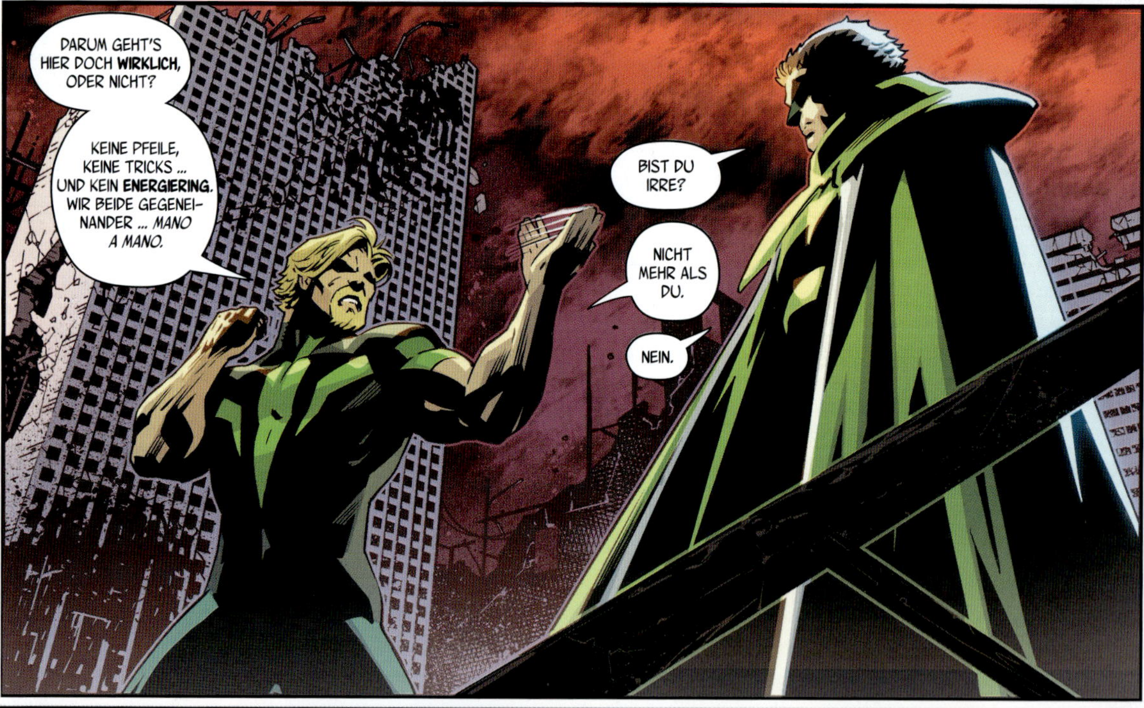
DARUM GEHT'S HIER DOCH **WIRKLICH**, ODER NICHT?
KEINE PFEILE, KEINE TRICKS ... UND KEIN **ENERGIERING.** WIR BEIDE GEGENEINANDER ... *MANO A MANO.*
BIST DU IRRE?
NICHT MEHR ALS DU.
NEIN.
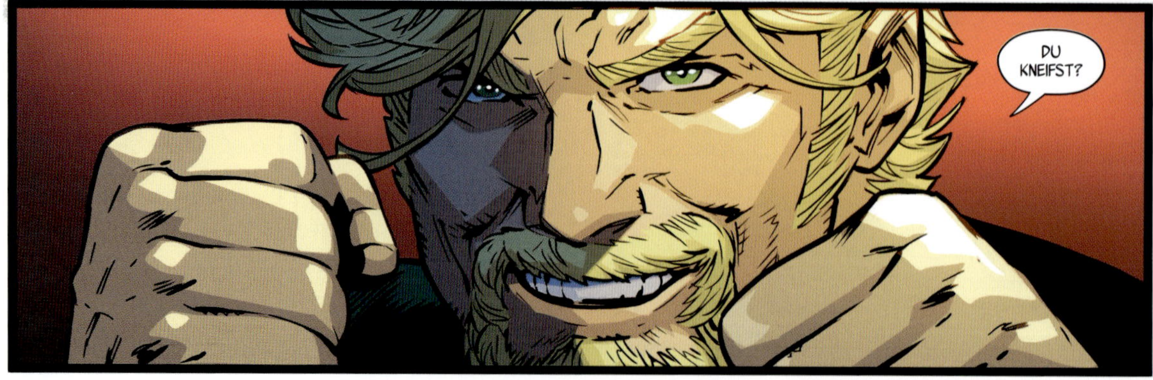
DU KNEIFST?

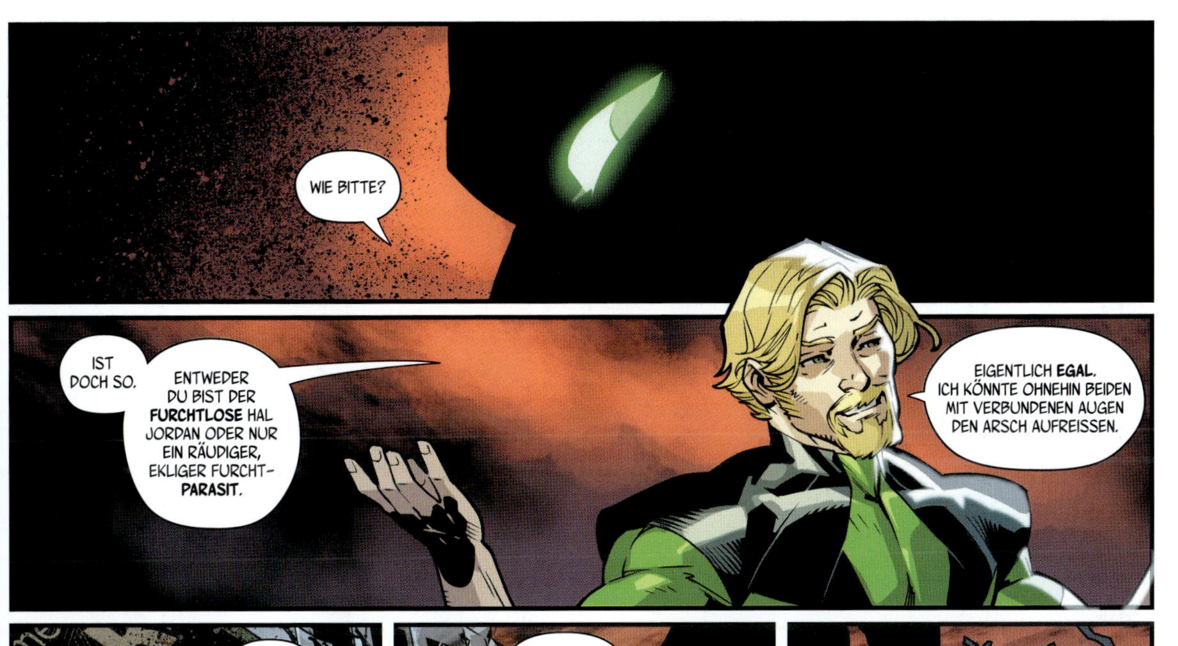
WIE BITTE?
IST DOCH SO.
ENTWEDER DU BIST DER **FURCHTLOSE** HAL JORDAN ODER NUR EIN RÄUDIGER, EKLIGER FURCHT-**PARASIT**.
EIGENTLICH **EGAL**. ICH KÖNNTE OHNEHIN BEIDEN MIT VERBUNDENEN AUGEN DEN ARSCH AUFREISSEN.

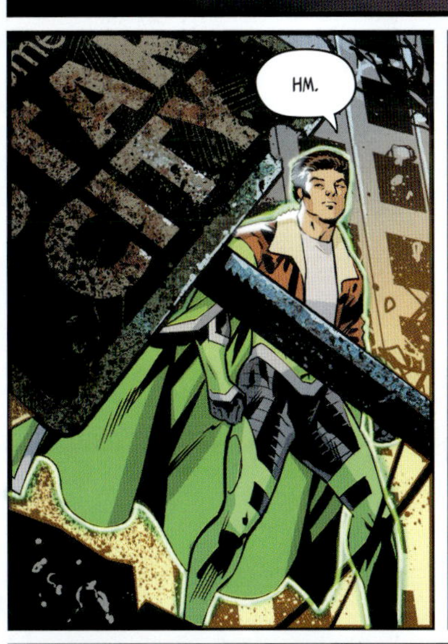
HM.

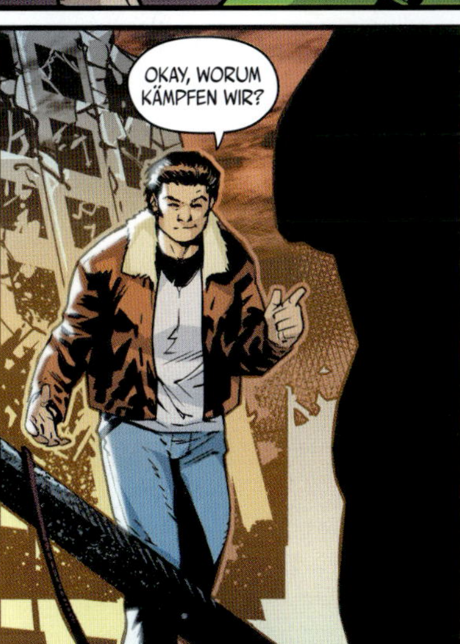
OKAY, WORUM KÄMPFEN WIR?

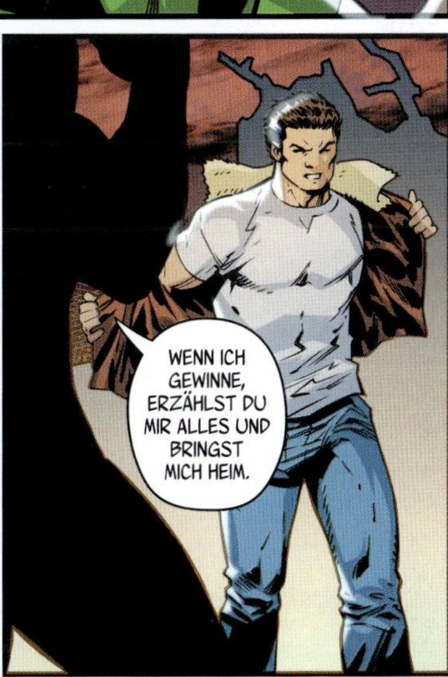
WENN ICH GEWINNE, ERZÄHLST DU MIR ALLES UND BRINGST MICH HEIM.

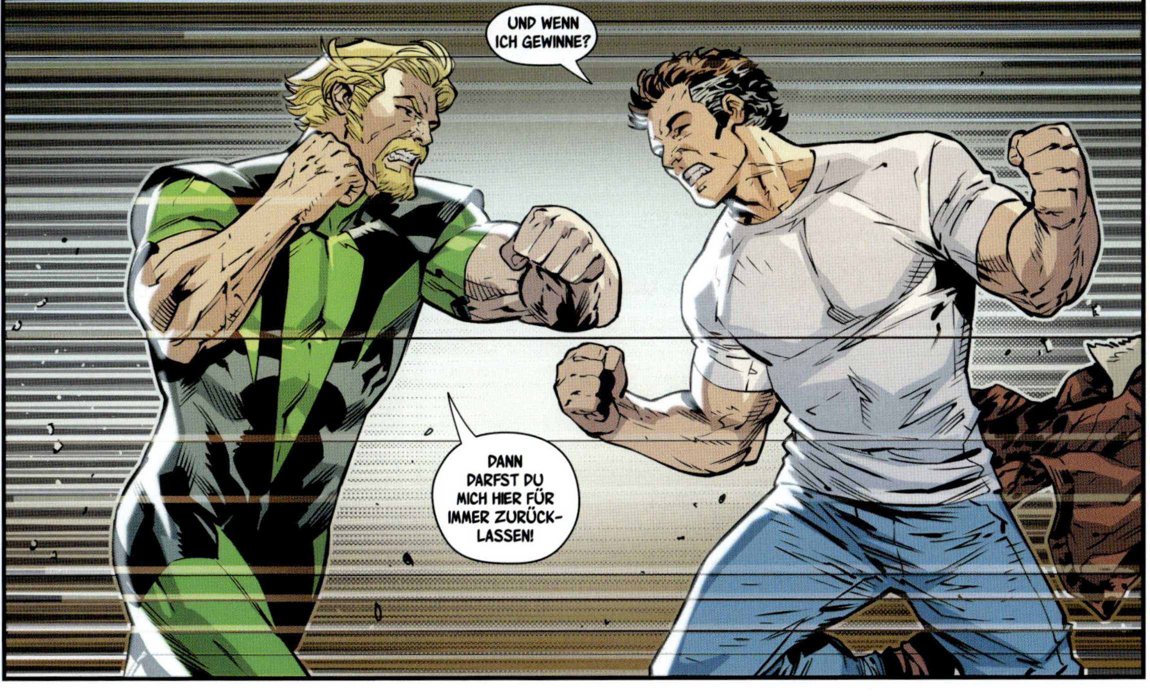
UND WENN ICH GEWINNE?
DANN DARFST DU MICH HIER FÜR IMMER ZURÜCK-LASSEN!

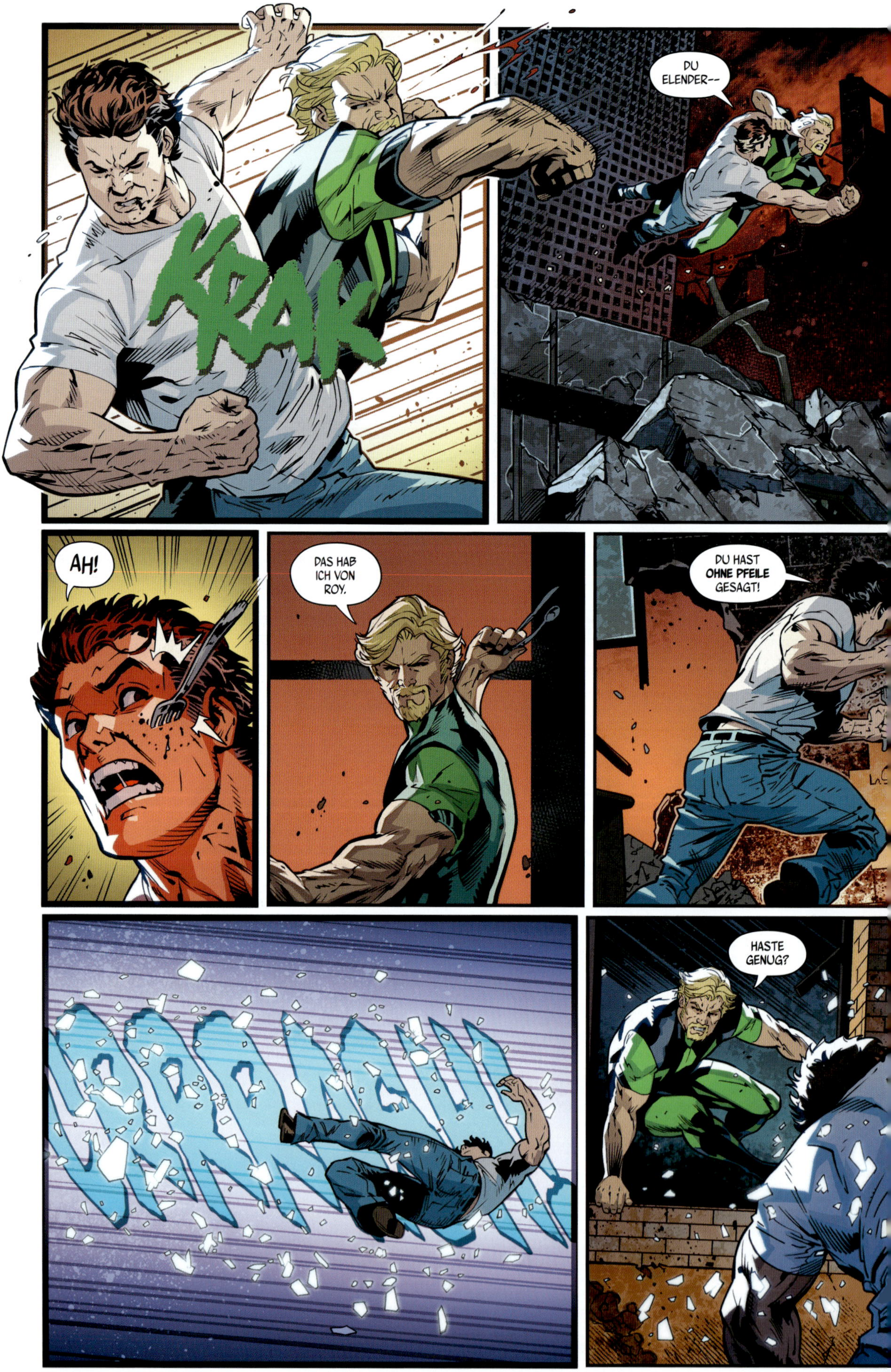

KRAK

DU ELENDER--

AH!

DAS HAB ICH VON ROY.

DU HAST **OHNE PFEILE** GESAGT!

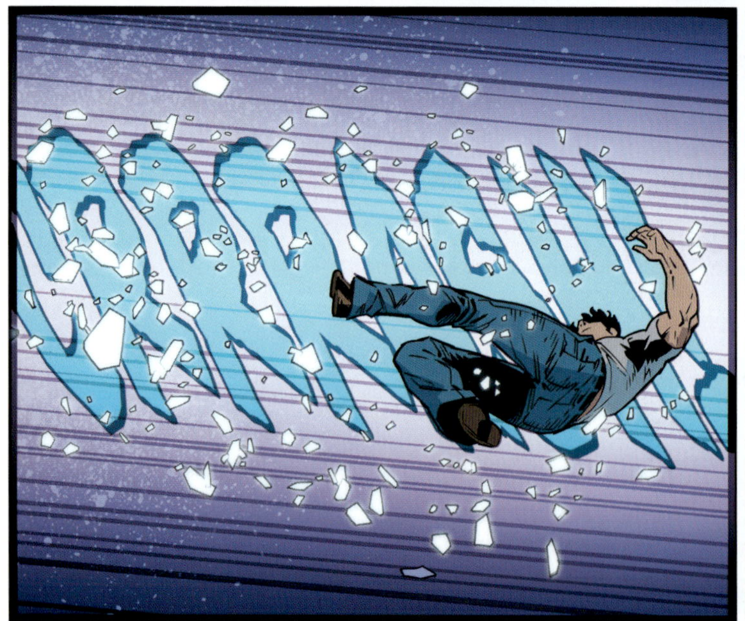

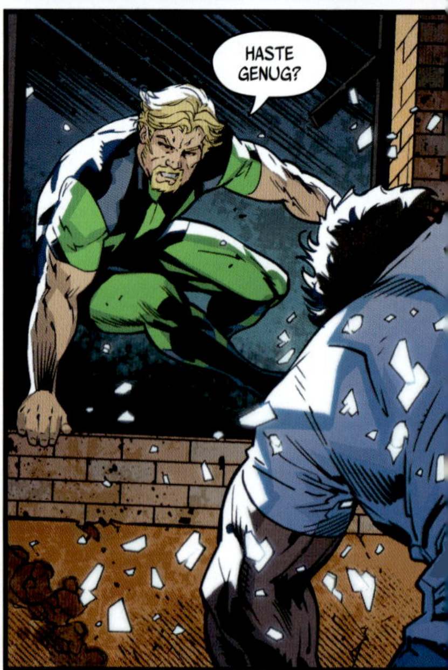

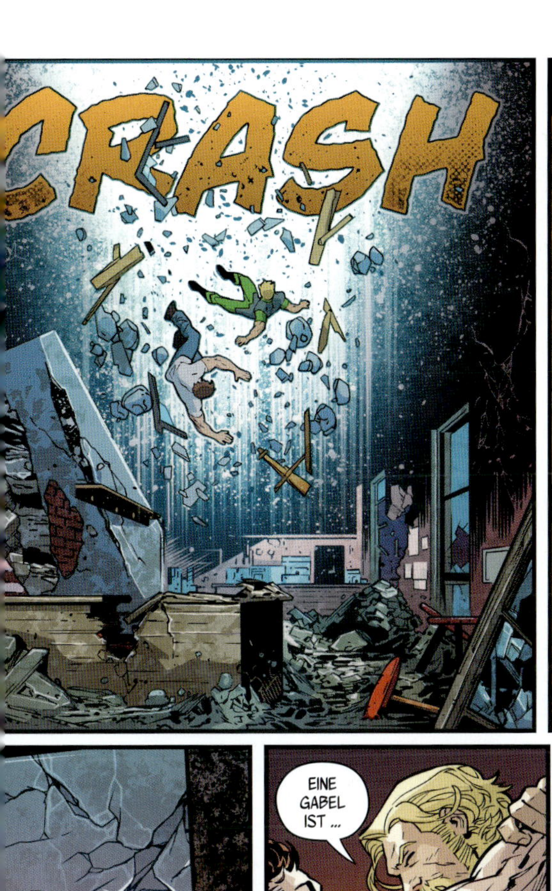
CRASH
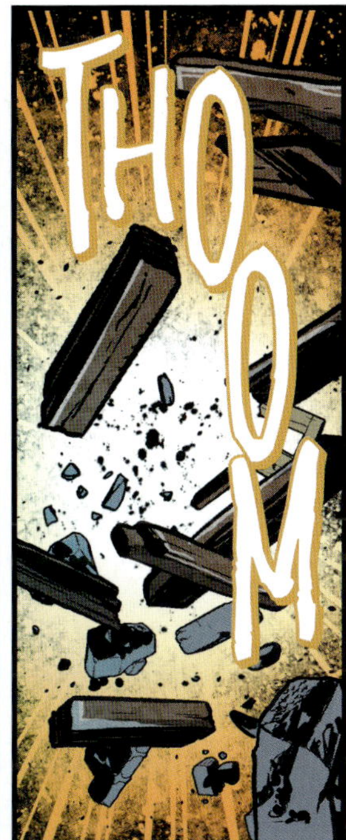
THOOOM
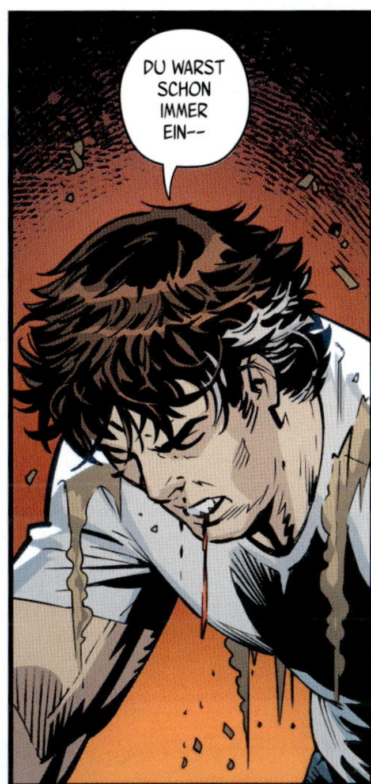
DU WARST SCHON IMMER EIN--
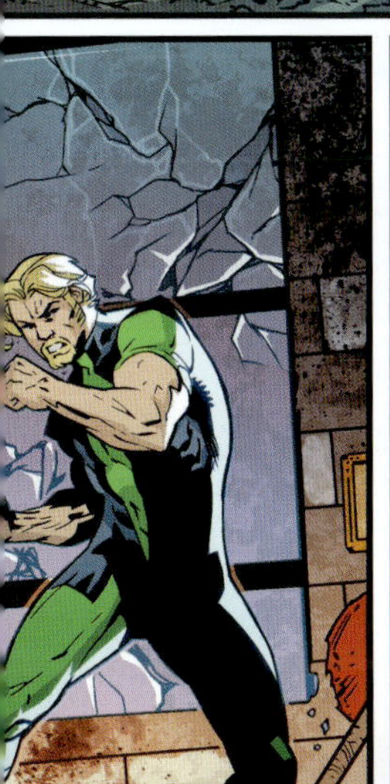
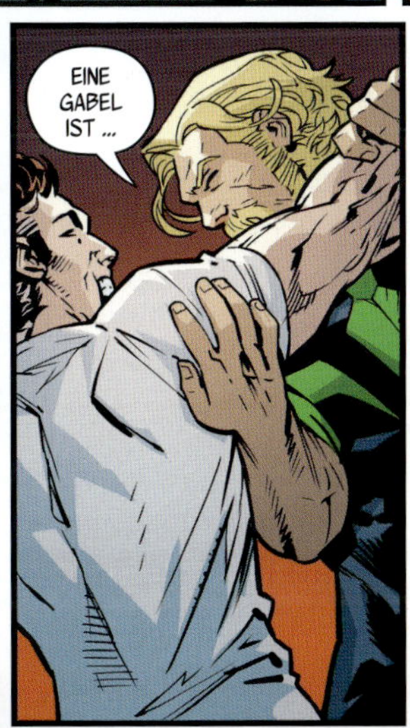
EINE GABEL IST ...
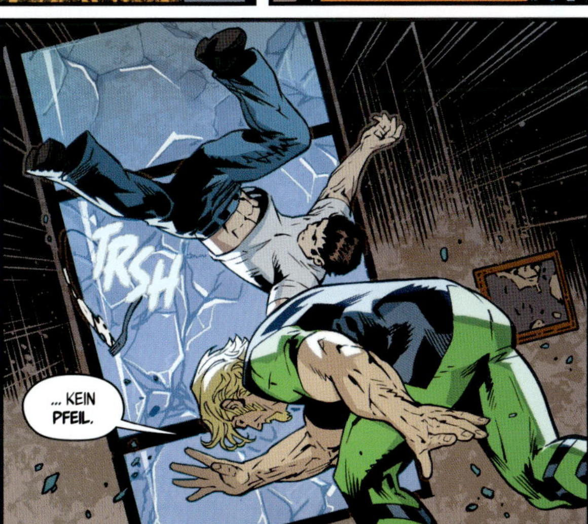
TRSH
... KEIN PFEIL.
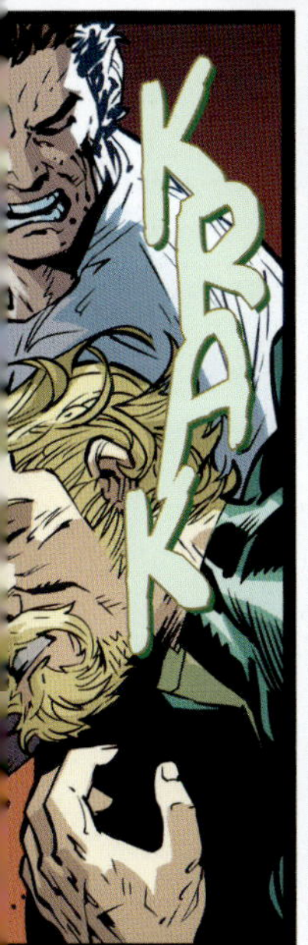
KRAK
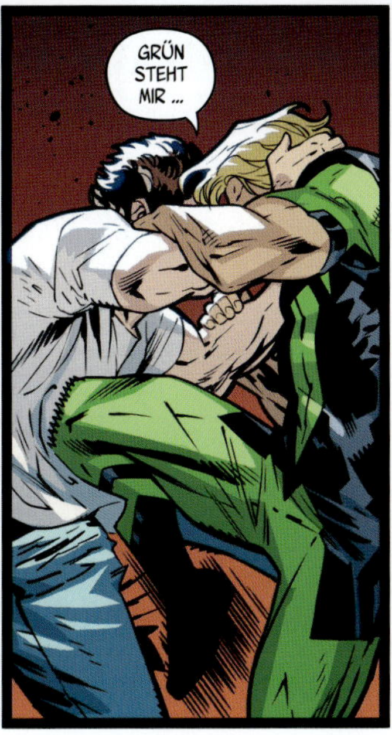
GRÜN STEHT MIR ...
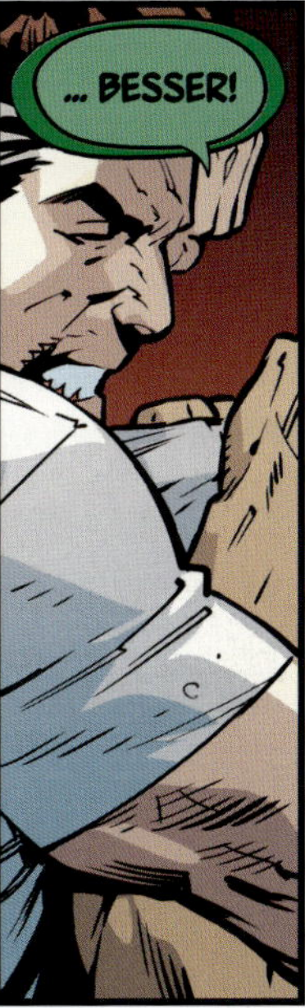
... BESSER!
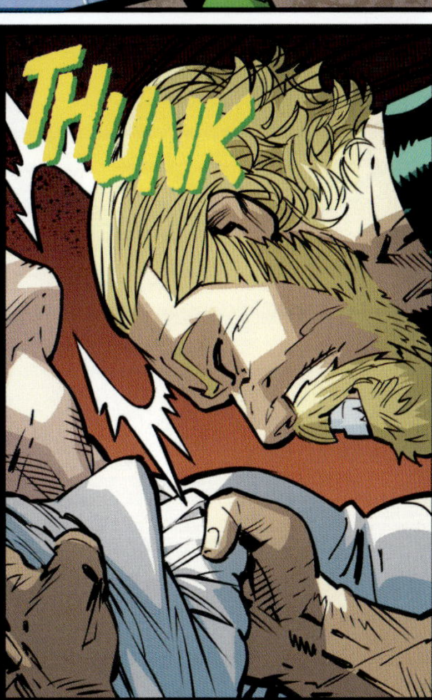
THUNK

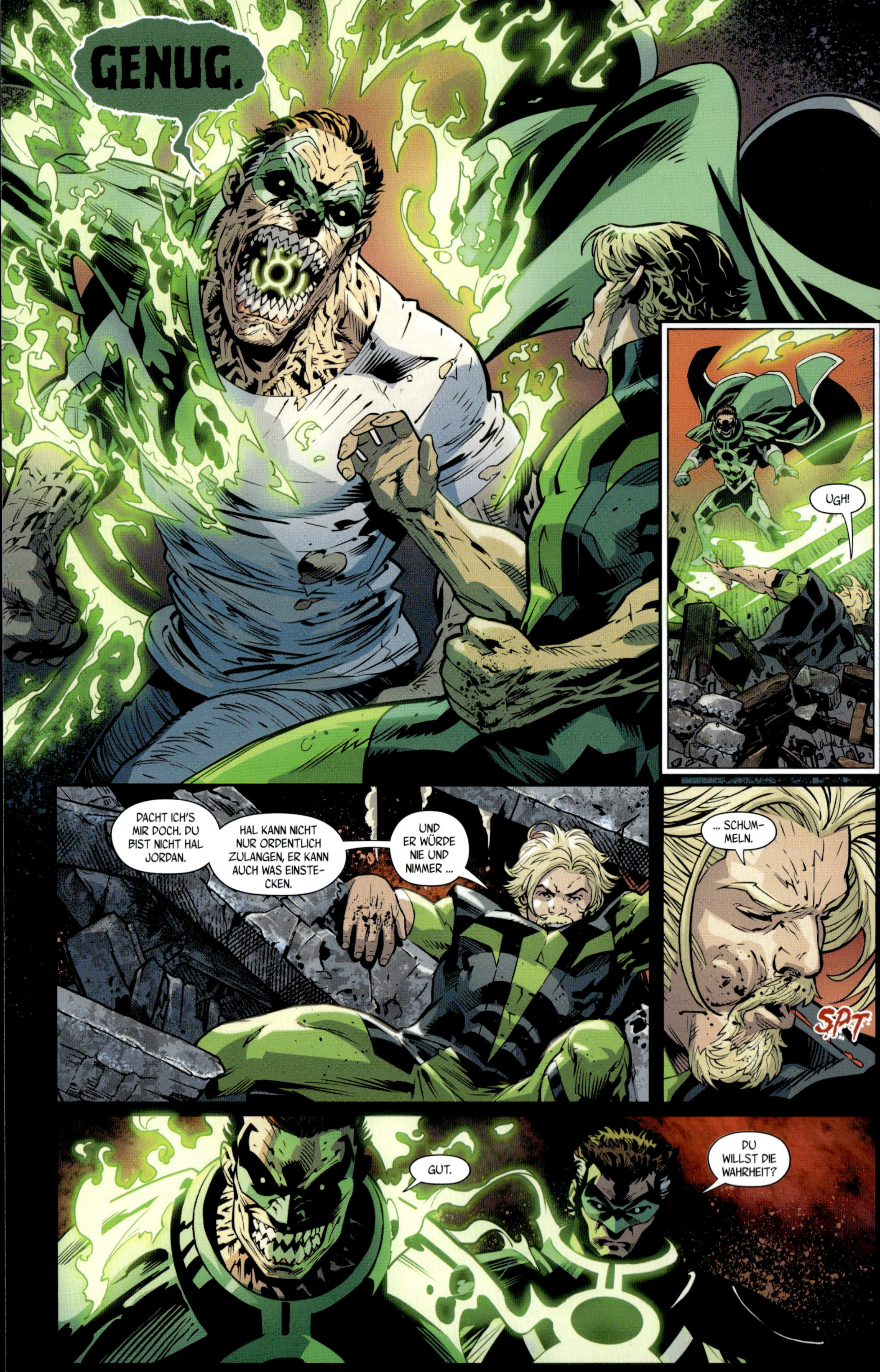
GENUG.
UGH!
DACHT ICH'S MIR DOCH. DU BIST NICHT HAL JORDAN.
HAL KANN NICHT NUR ORDENTLICH ZULANGEN, ER KANN AUCH WAS EINSTE-CKEN.
UND ER WÜRDE NIE UND NIMMER ...
... SCHUM-MELN.
SPT
GUT.
DU WILLST DIE WAHRHEIT?

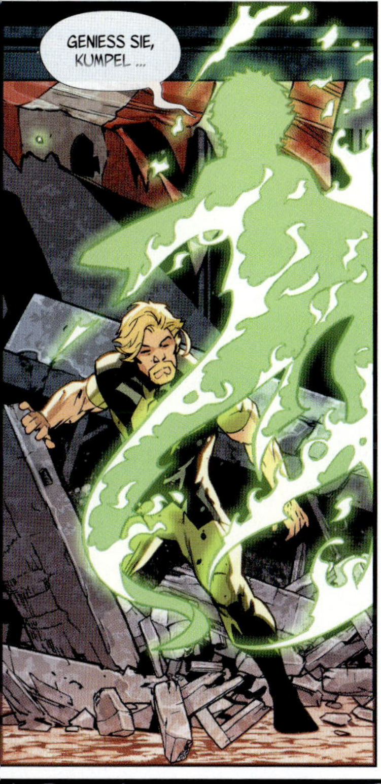
GENIESS SIE, KUMPEL ...

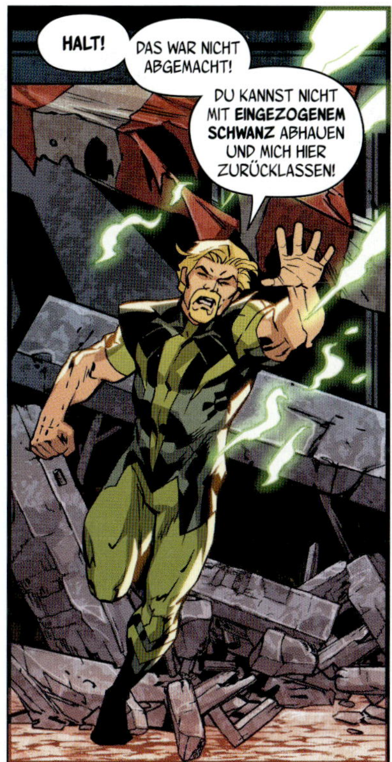
HALT!
DAS WAR NICHT ABGEMACHT!
DU KANNST NICHT MIT **EINGEZOGENEM SCHWANZ** ABHAUEN UND MICH HIER ZURÜCKLASSEN!

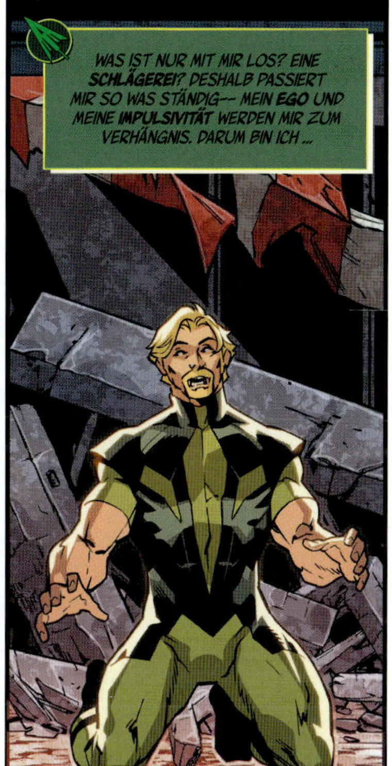
WAS IST NUR MIT MIR LOS? EINE **SCHLÄGEREI**? DESHALB PASSIERT MIR SO WAS STÄNDIG-- MEIN **EGO** UND MEINE **IMPULSIVITÄT** WERDEN MIR ZUM VERHÄNGNIS. DARUM BIN ICH ...

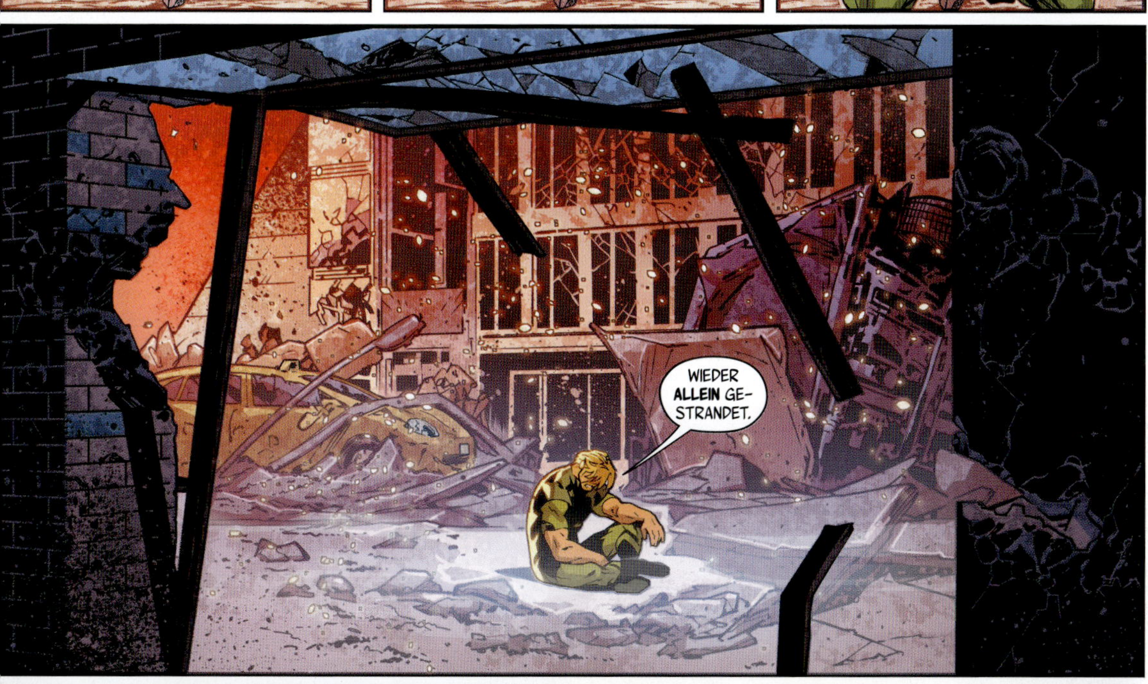
WIEDER **ALLEIN** GESTRANDET.

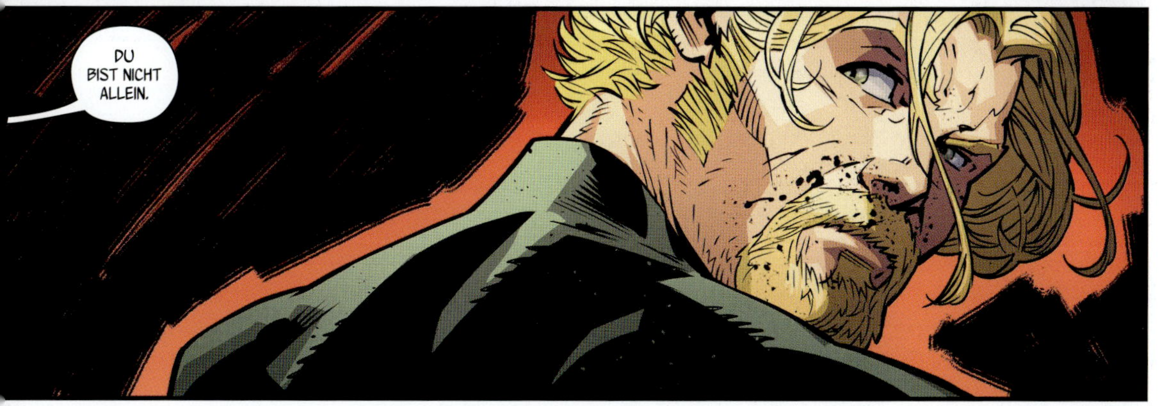
DU BIST NICHT ALLEIN.

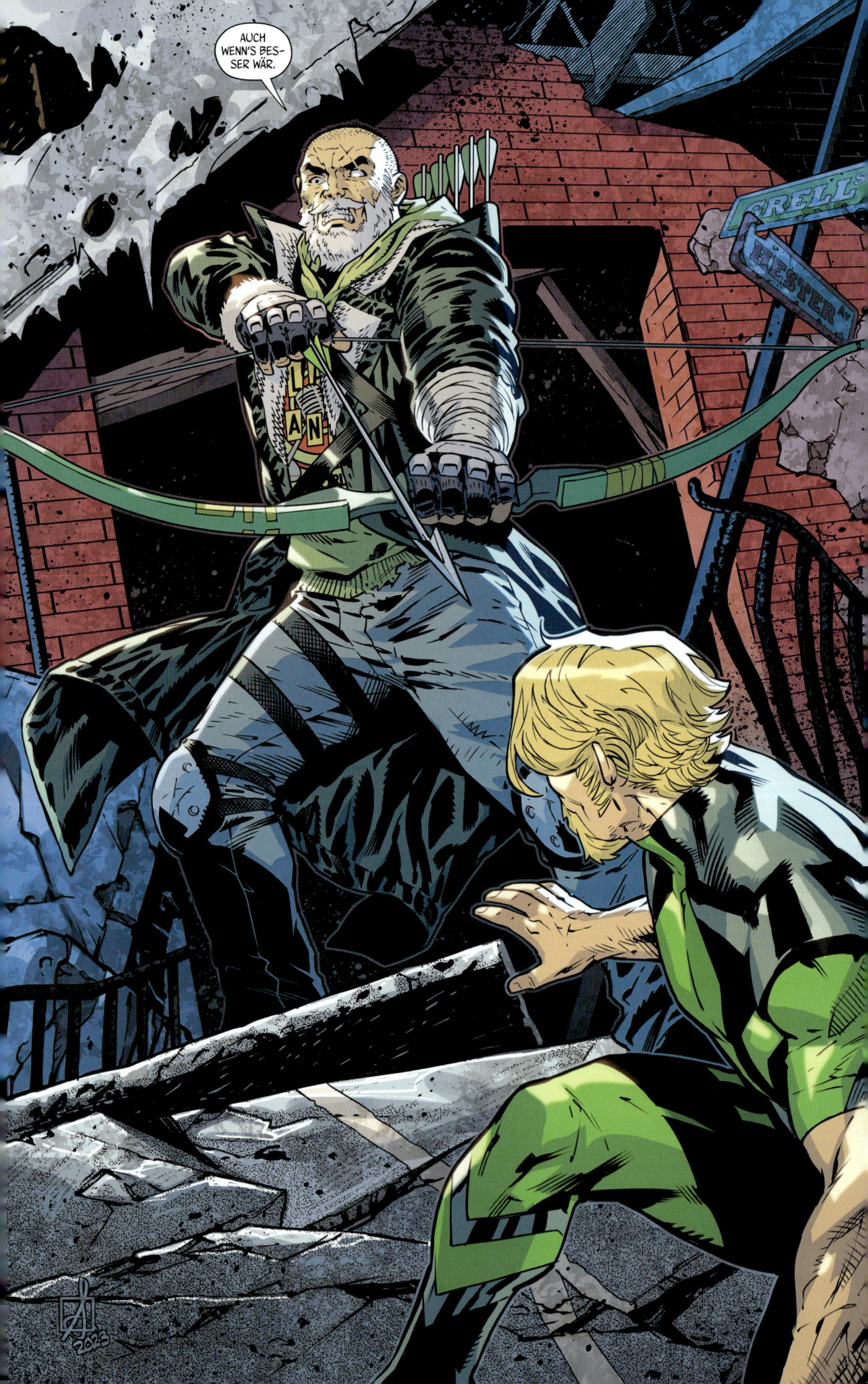
AUCH WENN'S BESSER WÄR.
CRELL
HESTER

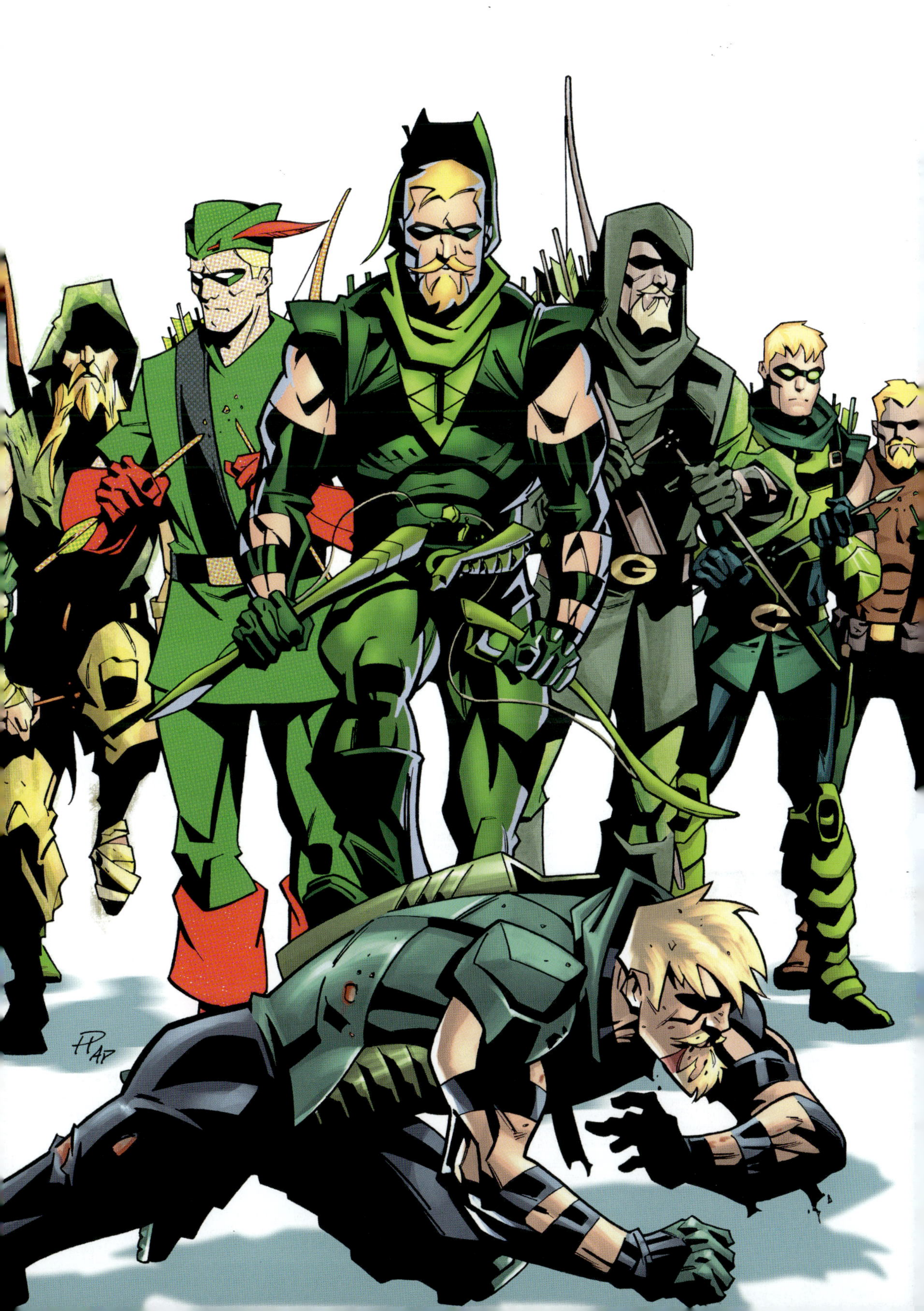

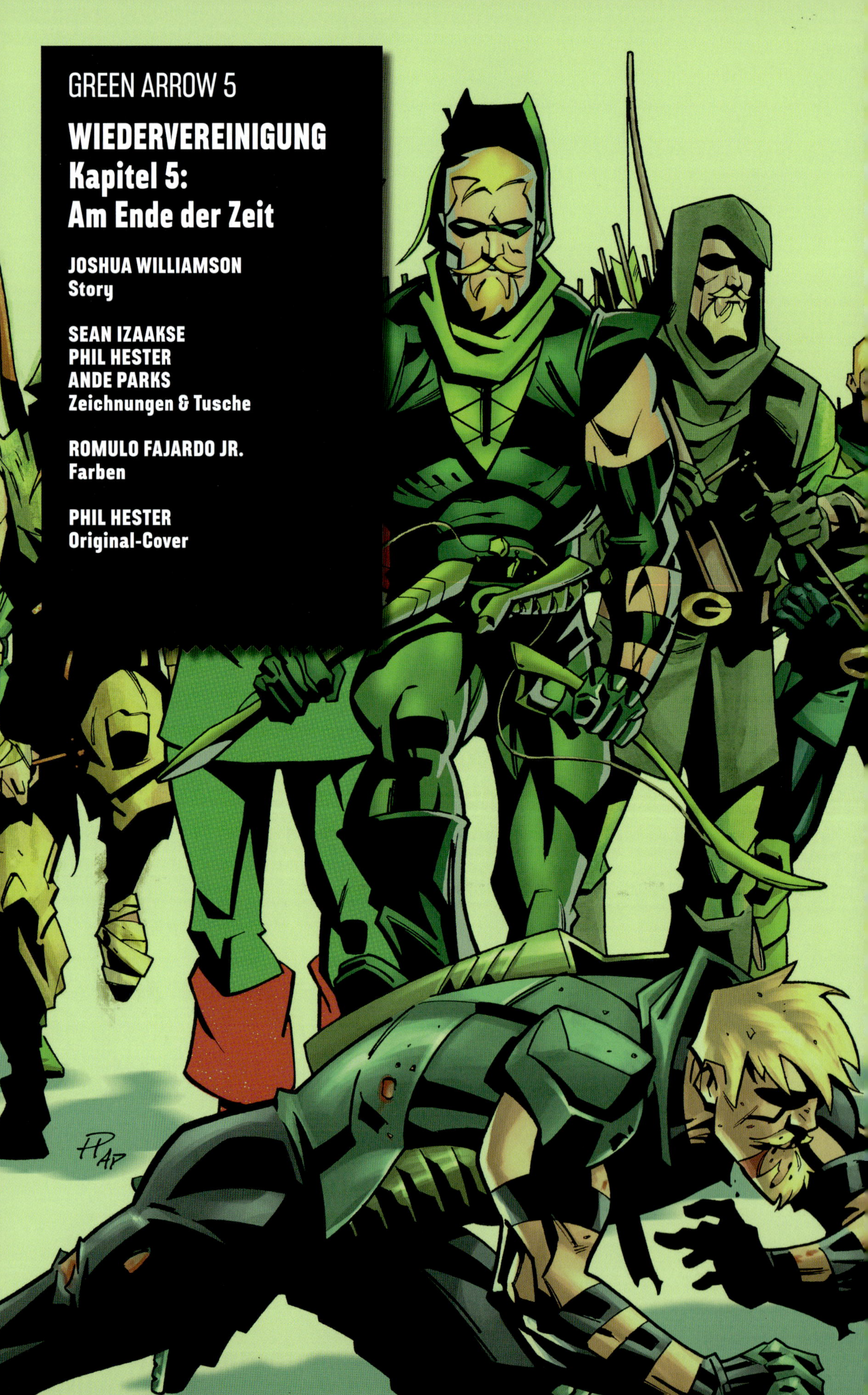

GREEN ARROW 5

WIEDERVEREINIGUNG
Kapitel 5:
Am Ende der Zeit

JOSHUA WILLIAMSON
Story

SEAN IZAAKSE
PHIL HESTER
ANDE PARKS
Zeichnungen & Tusche

ROMULO FAJARDO JR.
Farben

PHIL HESTER
Original-Cover

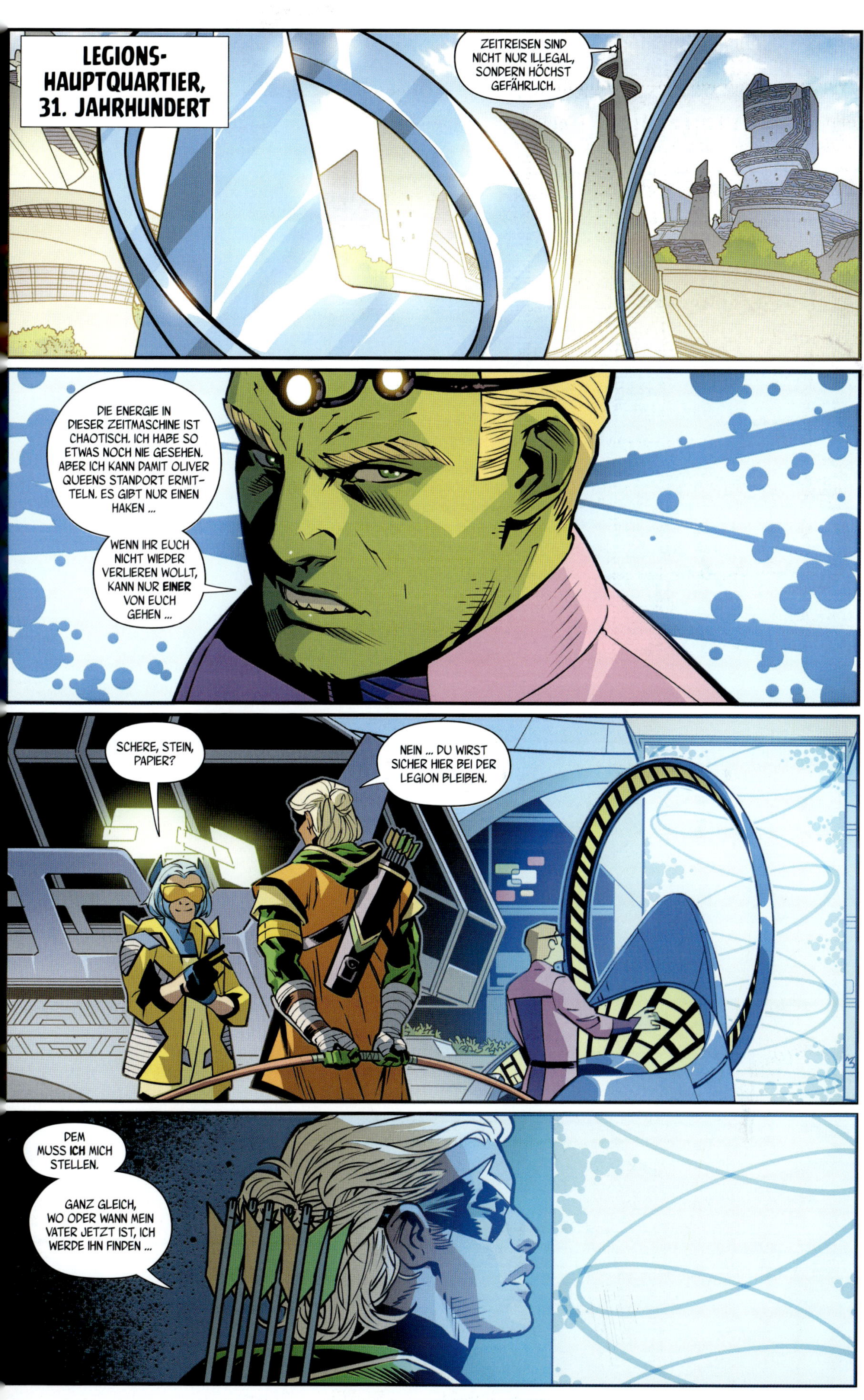
LEGIONS-HAUPTQUARTIER, 31. JAHRHUNDERT
ZEITREISEN SIND NICHT NUR ILLEGAL, SONDERN HÖCHST GEFÄHRLICH.
DIE ENERGIE IN DIESER ZEITMASCHINE IST CHAOTISCH. ICH HABE SO ETWAS NOCH NIE GESEHEN. ABER ICH KANN DAMIT OLIVER QUEENS STANDORT ERMITTELN. ES GIBT NUR EINEN HAKEN ...
WENN IHR EUCH NICHT WIEDER VERLIEREN WOLLT, KANN NUR **EINER** VON EUCH GEHEN ...
SCHERE, STEIN, PAPIER?
NEIN ... DU WIRST SICHER HIER BEI DER LEGION BLEIBEN.
DEM MUSS **ICH** MICH STELLEN.
GANZ GLEICH, WO ODER WANN MEIN VATER JETZT IST, ICH WERDE IHN FINDEN ...

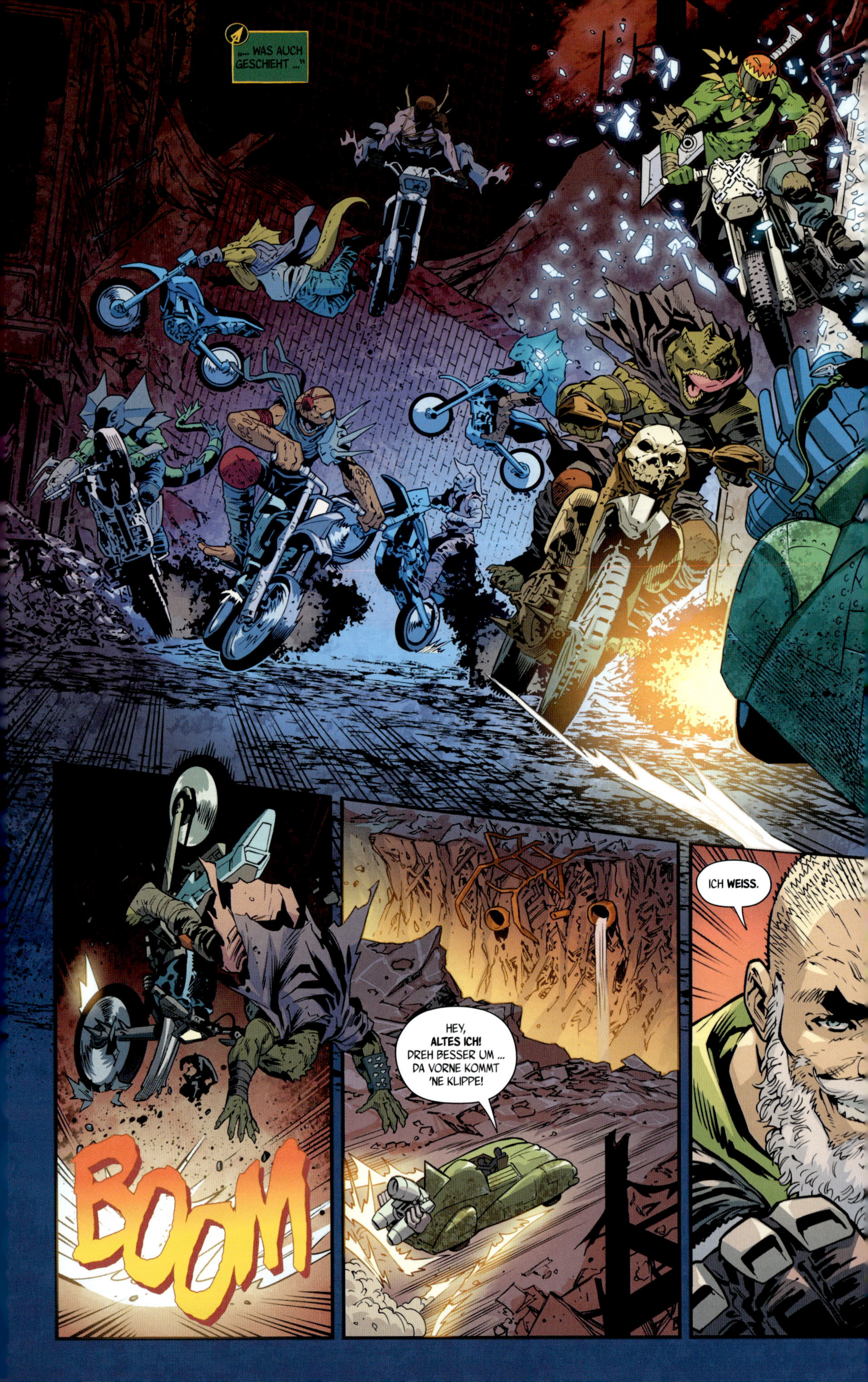
„... WAS AUCH GESCHIEHT ...“
BOOM
HEY, ALTES ICH! DREH BESSER UM ... DA VORNE KOMMT 'NE KLIPPE!
ICH WEISS.

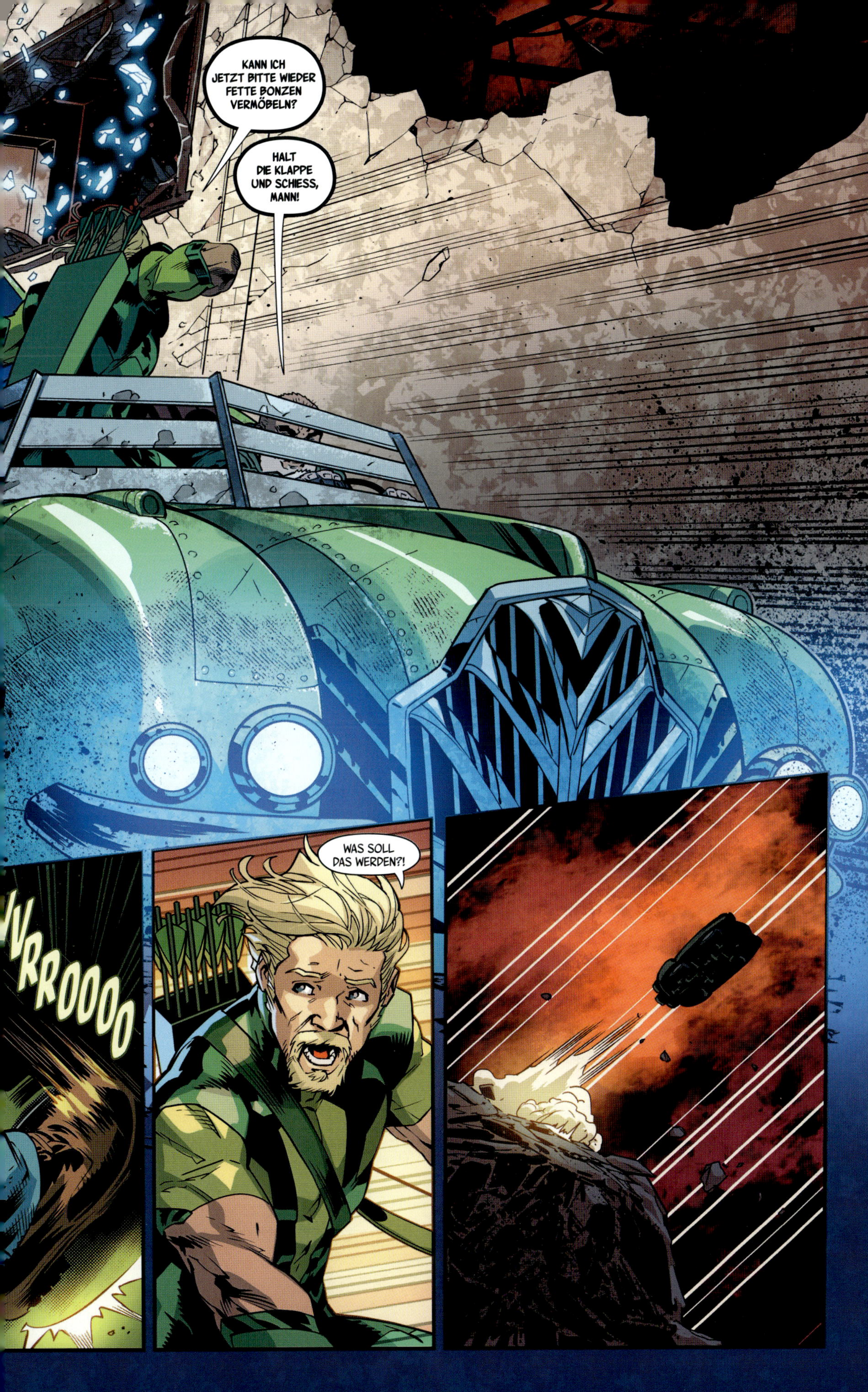
KANN ICH JETZT BITTE WIEDER FETTE BONZEN VERMÖBELN?
HALT DIE KLAPPE UND SCHIESS, MANN!
VRROOOO
WAS SOLL DAS WERDEN?!

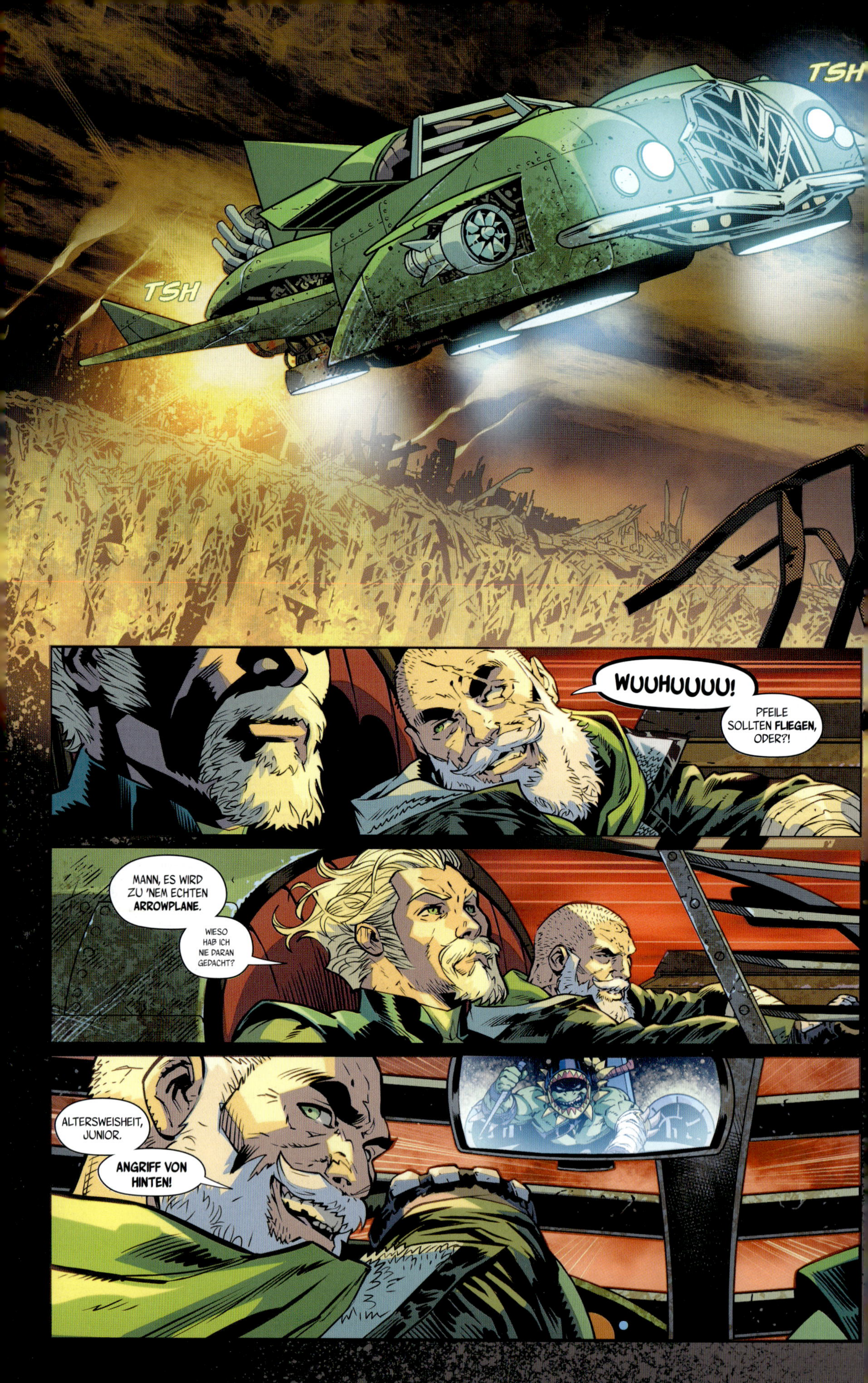
TSH
TSH
WUUHUUUU!
PFEILE SOLLTEN FLIEGEN, ODER?!
MANN, ES WIRD ZU 'NEM ECHTEN ARROWPLANE.
WIESO HAB ICH NIE DARAN GEDACHT?
ALTERSWEISHEIT, JUNIOR.
ANGRIFF VON HINTEN!

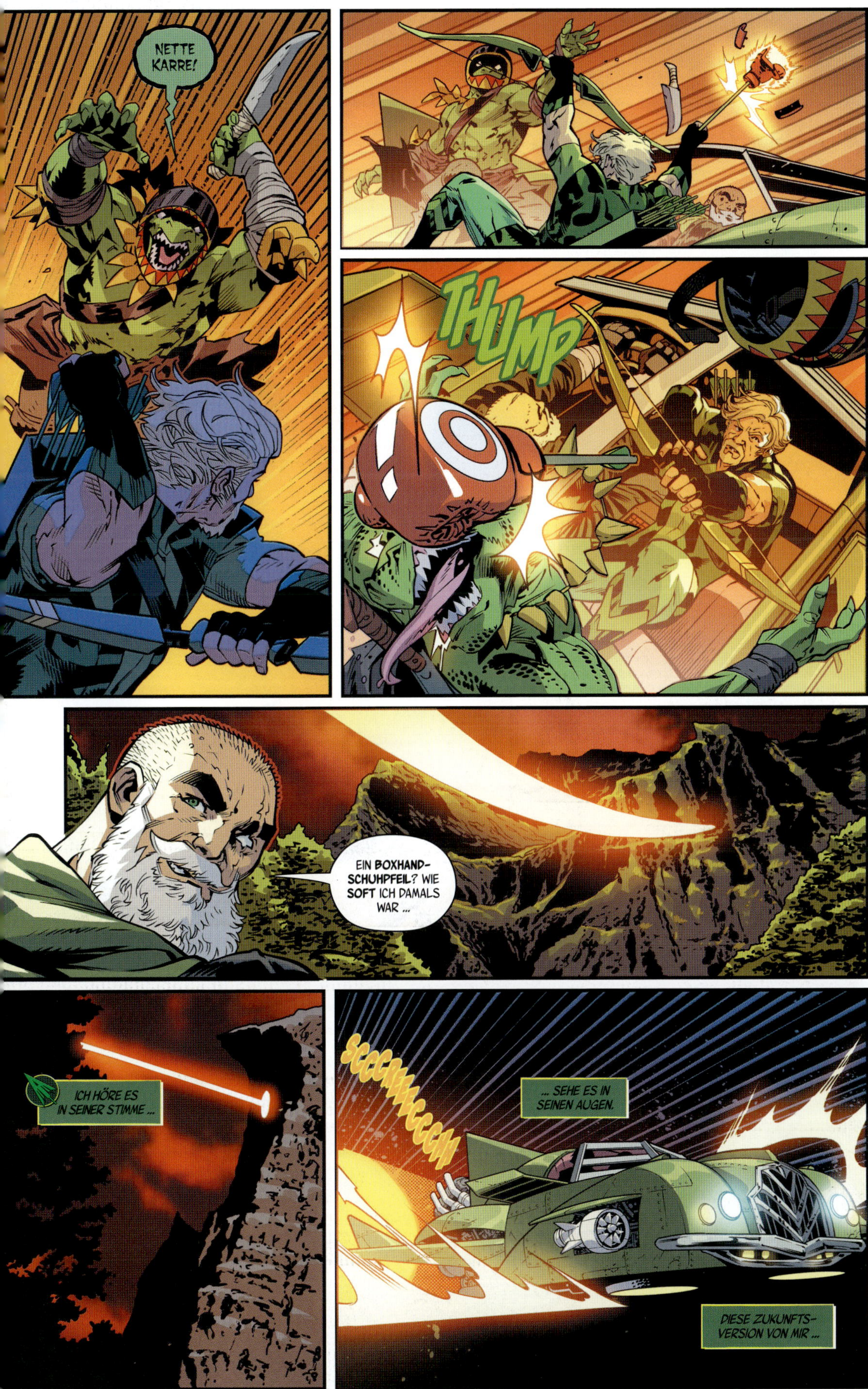
NETTE KARRE!
THUMP
EIN BOXHAND-SCHUHPFEIL? WIE SOFT ICH DAMALS WAR ...
ICH HÖRE ES IN SEINER STIMME ...
SCCCRRRCCCH
... SEHE ES IN SEINEN AUGEN.
DIESE ZUKUNFTS-VERSION VON MIR ...

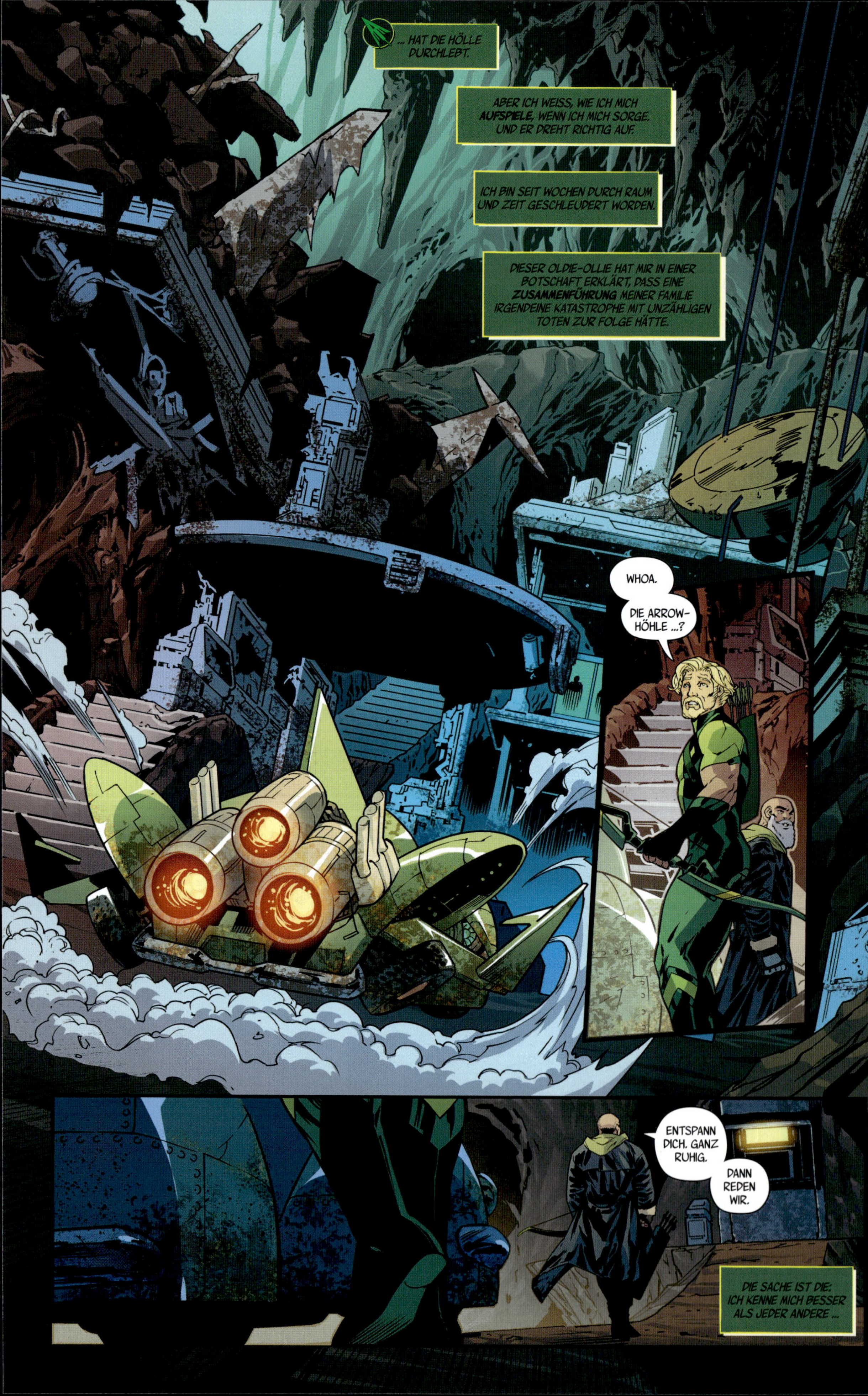
... HAT DIE HÖLLE DURCHLEBT.
ABER ICH WEISS, WIE ICH MICH **AUFSPIELE**, WENN ICH MICH SORGE. UND ER DREHT RICHTIG AUF.
ICH BIN SEIT WOCHEN DURCH RAUM UND ZEIT GESCHLEUDERT WORDEN.
DIESER OLDIE-OLLIE HAT MIR IN EINER BOTSCHAFT ERKLÄRT, DASS EINE **ZUSAMMENFÜHRUNG** MEINER FAMILIE IRGENDEINE KATASTROPHE MIT UNZÄHLIGEN TOTEN ZUR FOLGE HÄTTE.
WHOA.
DIE ARROW-HÖHLE ...?
ENTSPANN DICH. GANZ RUHIG.
DANN REDEN WIR.
DIE SACHE IST DIE: ICH KENNE MICH BESSER ALS JEDER ANDERE ...

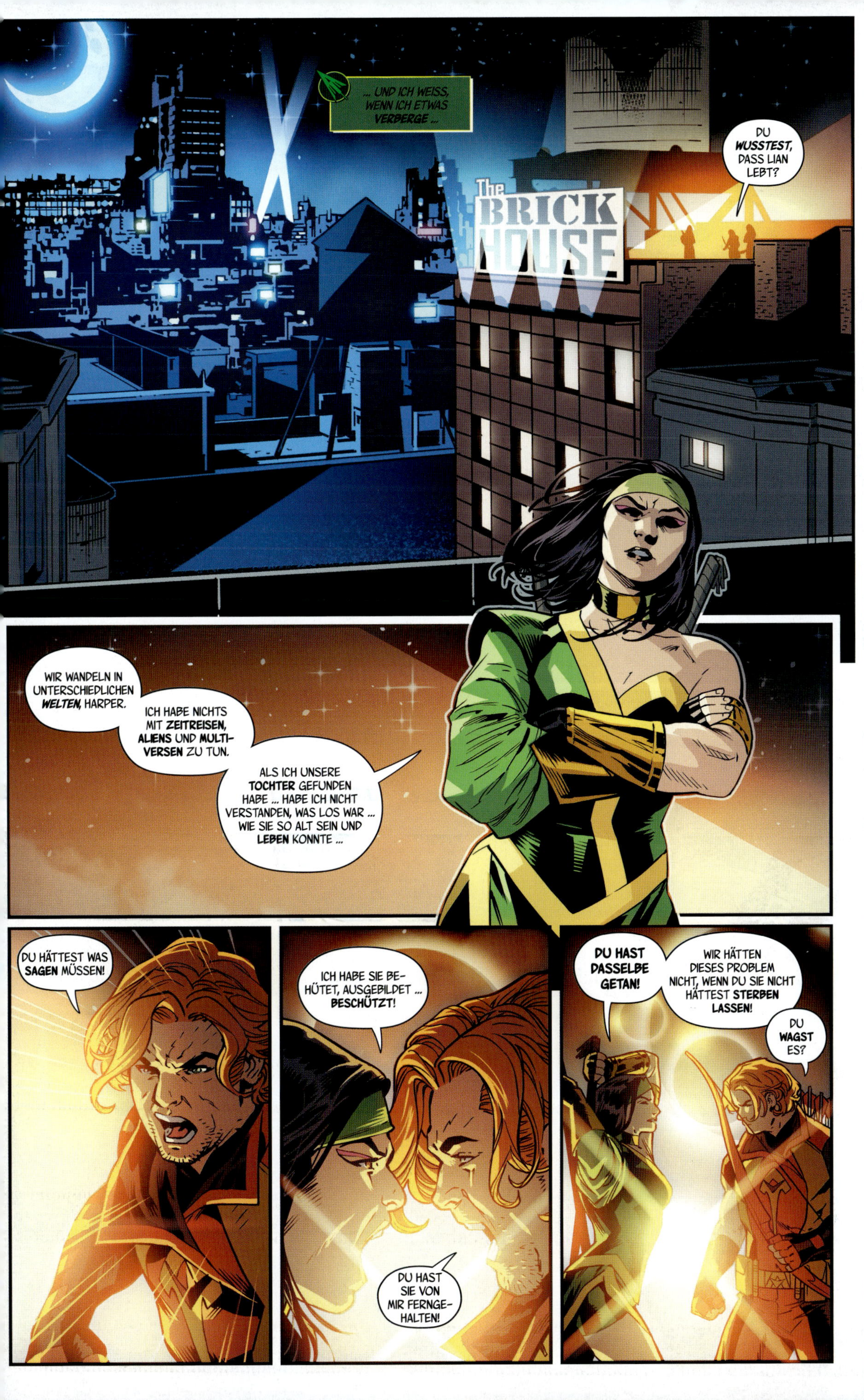
... UND ICH WEISS, WENN ICH ETWAS VERBERGE ...
The BRICK HOUSE
DU WUSSTEST, DASS LIAN LEBT?
WIR WANDELN IN UNTERSCHIEDLICHEN WELTEN, HARPER.
ICH HABE NICHTS MIT ZEITREISEN, ALIENS UND MULTIVERSEN ZU TUN.
ALS ICH UNSERE TOCHTER GEFUNDEN HABE ... HABE ICH NICHT VERSTANDEN, WAS LOS WAR ... WIE SIE SO ALT SEIN UND LEBEN KONNTE ...
DU HÄTTEST WAS SAGEN MÜSSEN!
ICH HABE SIE BEHÜTET, AUSGEBILDET ... BESCHÜTZT!
DU HAST SIE VON MIR FERNGEHALTEN!
DU HAST DASSELBE GETAN!
WIR HÄTTEN DIESES PROBLEM NICHT, WENN DU SIE NICHT HÄTTEST STERBEN LASSEN!
DU WAGST ES?

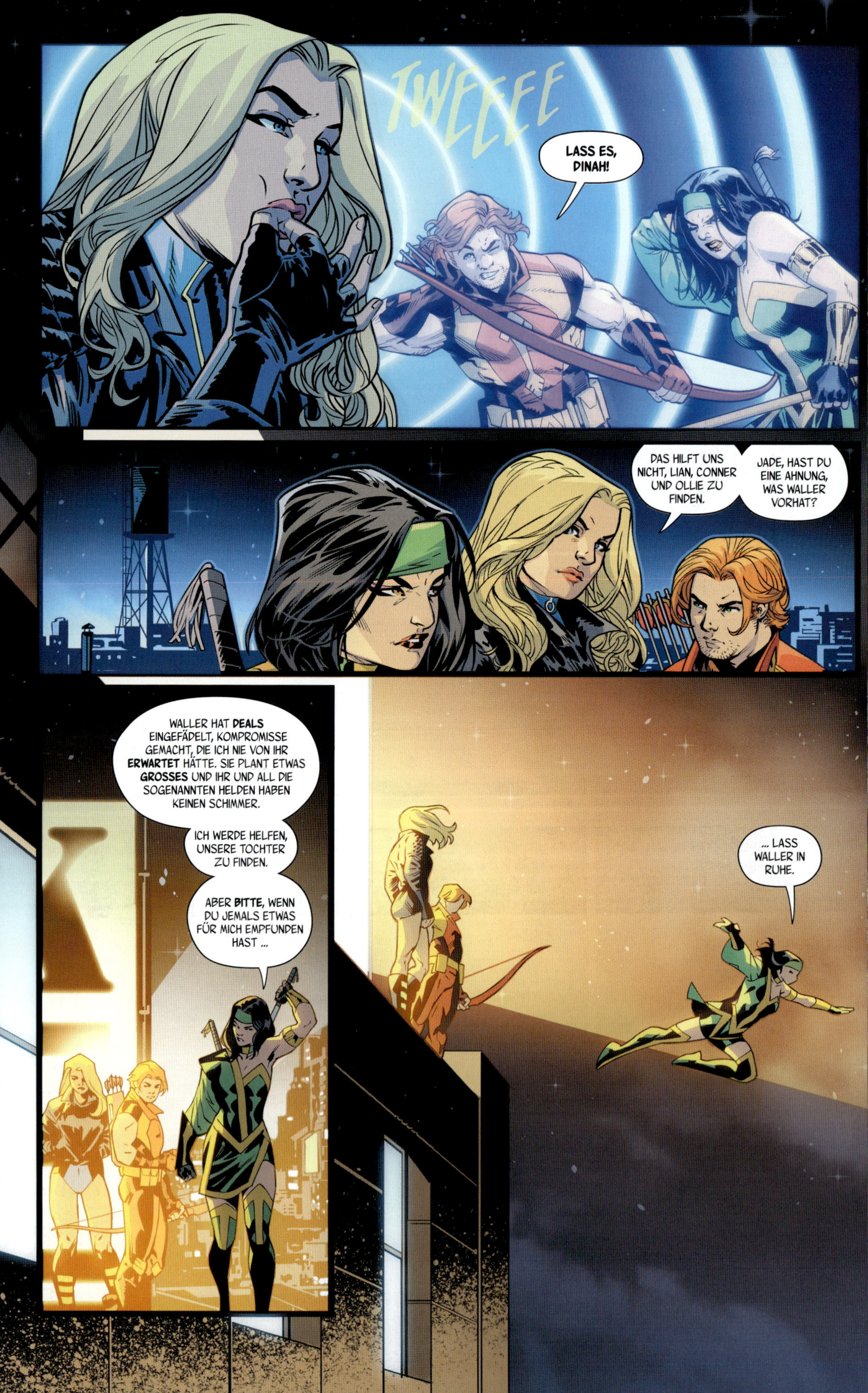
TWEEEE
LASS ES, DINAH!
DAS HILFT UNS NICHT, LIAN, CONNER UND OLLIE ZU FINDEN.
JADE, HAST DU EINE AHNUNG, WAS WALLER VORHAT?
WALLER HAT **DEALS** EINGEFÄDELT, KOMPROMISSE GEMACHT, DIE ICH NIE VON IHR **ERWARTET** HÄTTE. SIE PLANT ETWAS **GROSSES** UND IHR UND ALL DIE SOGENANNTEN HELDEN HABEN KEINEN SCHIMMER.
ICH WERDE HELFEN, UNSERE TOCHTER ZU FINDEN.
ABER **BITTE**, WENN DU JEMALS ETWAS FÜR MICH EMPFUNDEN HAST ...
... LASS WALLER IN RUHE.

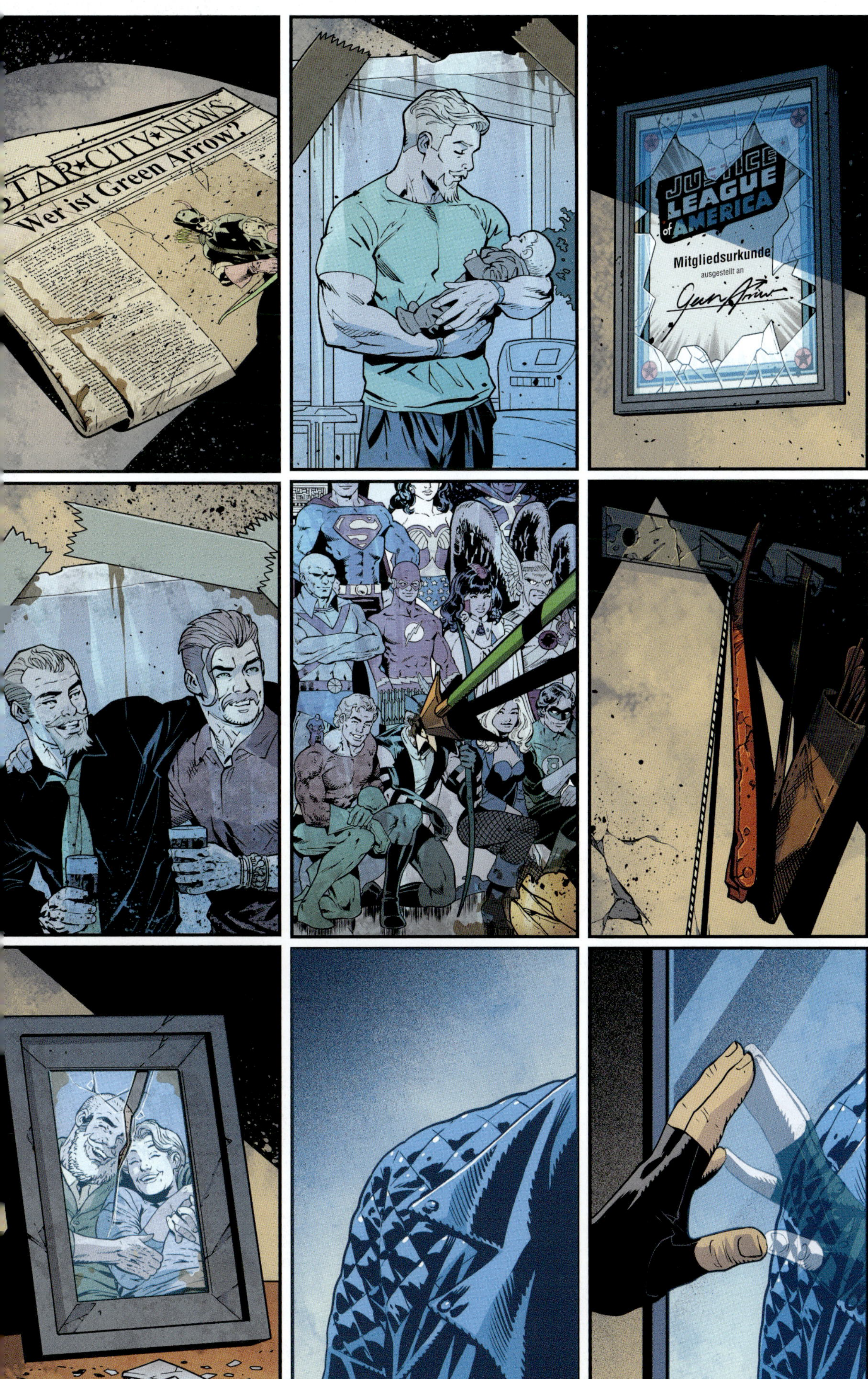
STAR★CITY★NEWS
Wer ist Green Arrow?
JUSTICE LEAGUE of AMERICA
Mitgliedsurkunde
ausgestellt an
Green Arrow

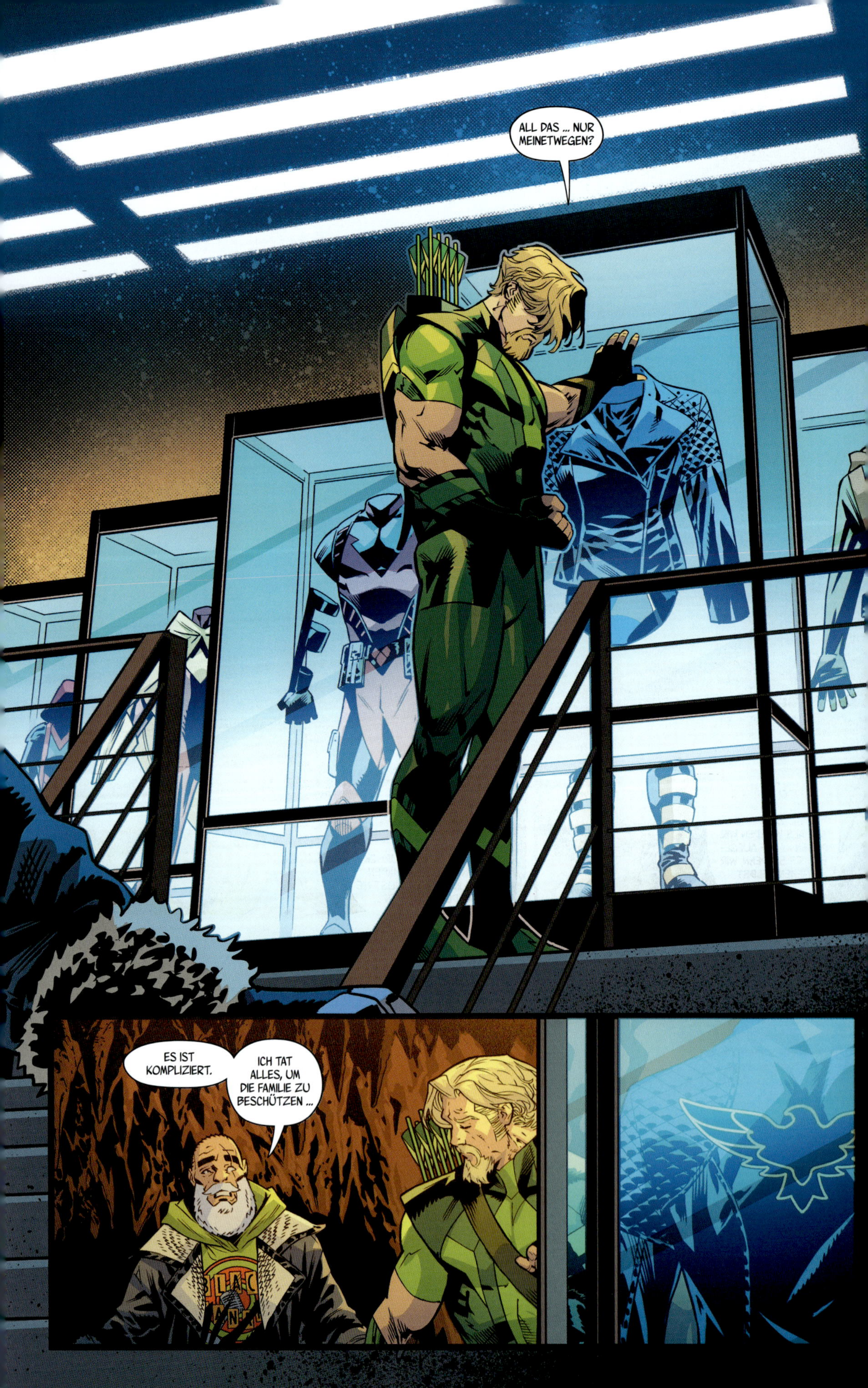
ALL DAS ... NUR MEINETWEGEN?
ES IST KOMPLIZIERT.
ICH TAT ALLES, UM DIE FAMILIE ZU BESCHÜTZEN ...

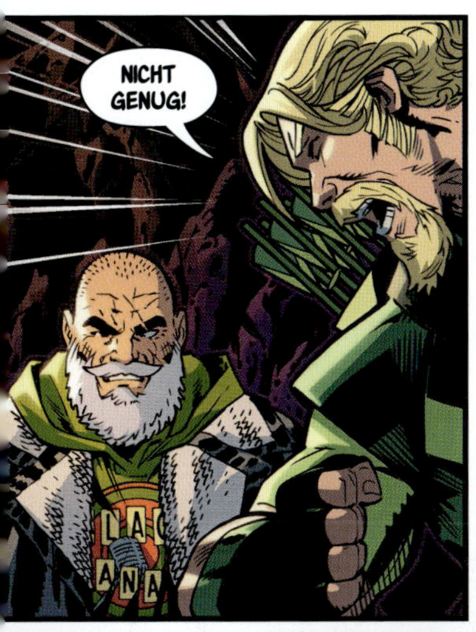
NICHT GENUG!

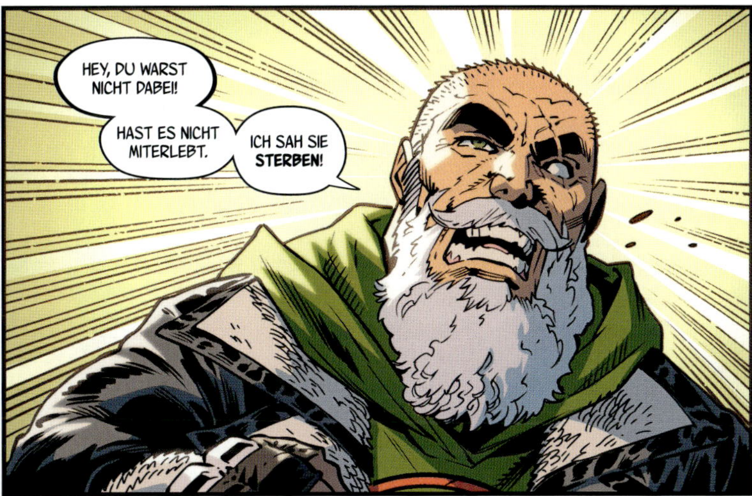
HEY, DU WARST NICHT DABEI!
HAST ES NICHT MITERLEBT.
ICH SAH SIE **STERBEN!**

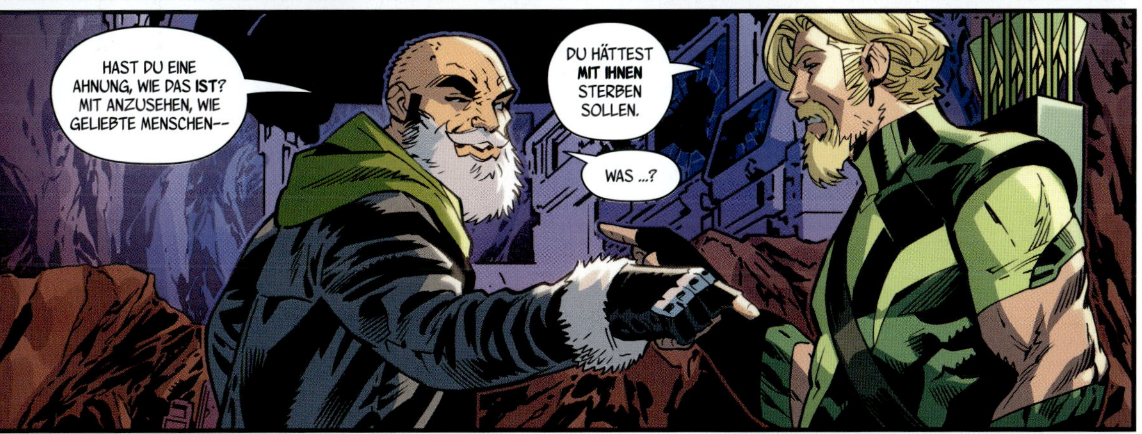
HAST DU EINE AHNUNG, WIE DAS **IST**? MIT ANZUSEHEN, WIE GELIEBTE MENSCHEN--
DU HÄTTEST **MIT IHNEN** STERBEN SOLLEN.
WAS ...?

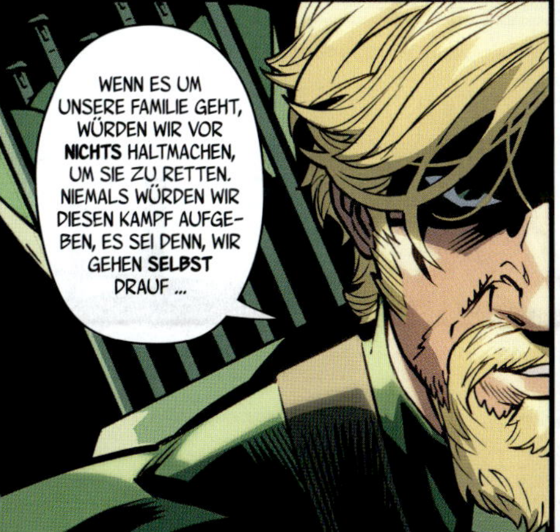
WENN ES UM UNSERE FAMILIE GEHT, WÜRDEN WIR VOR **NICHTS** HALTMACHEN, UM SIE ZU RETTEN. NIEMALS WÜRDEN WIR DIESEN KAMPF AUFGEBEN, ES SEI DENN, WIR GEHEN **SELBST** DRAUF ...

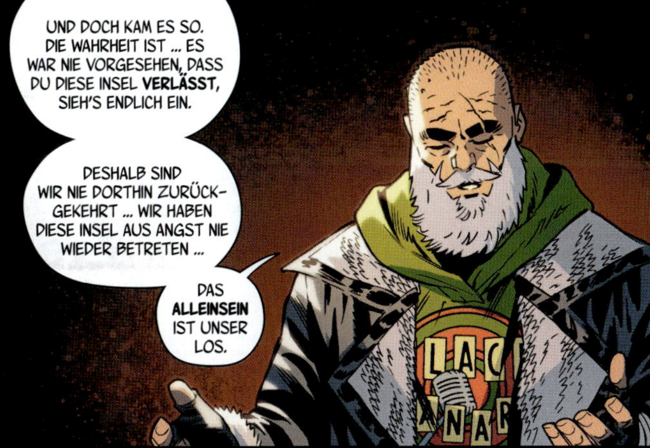
UND DOCH KAM ES SO. DIE WAHRHEIT IST ... ES WAR NIE VORGESEHEN, DASS DU DIESE INSEL **VERLÄSST**, SIEH'S ENDLICH EIN.
DESHALB SIND WIR NIE DORTHIN ZURÜCKGEKEHRT ... WIR HABEN DIESE INSEL AUS ANGST NIE WIEDER BETRETEN ...
DAS **ALLEINSEIN** IST UNSER LOS.

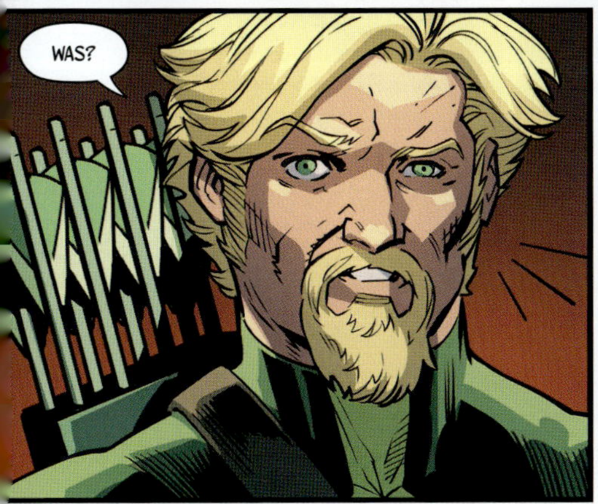
WAS?

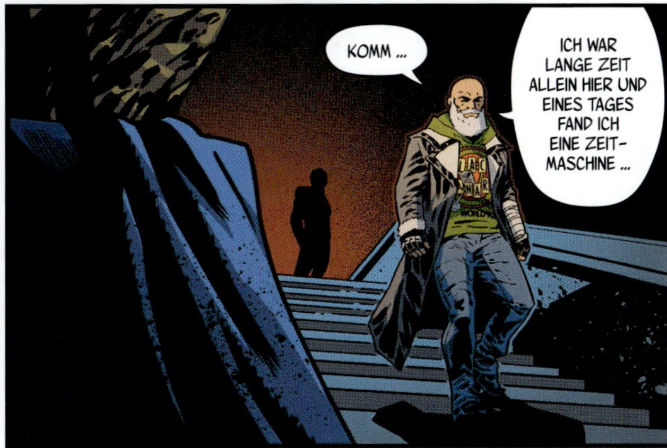
KOMM ...
ICH WAR LANGE ZEIT ALLEIN HIER UND EINES TAGES FAND ICH EINE ZEITMASCHINE ...

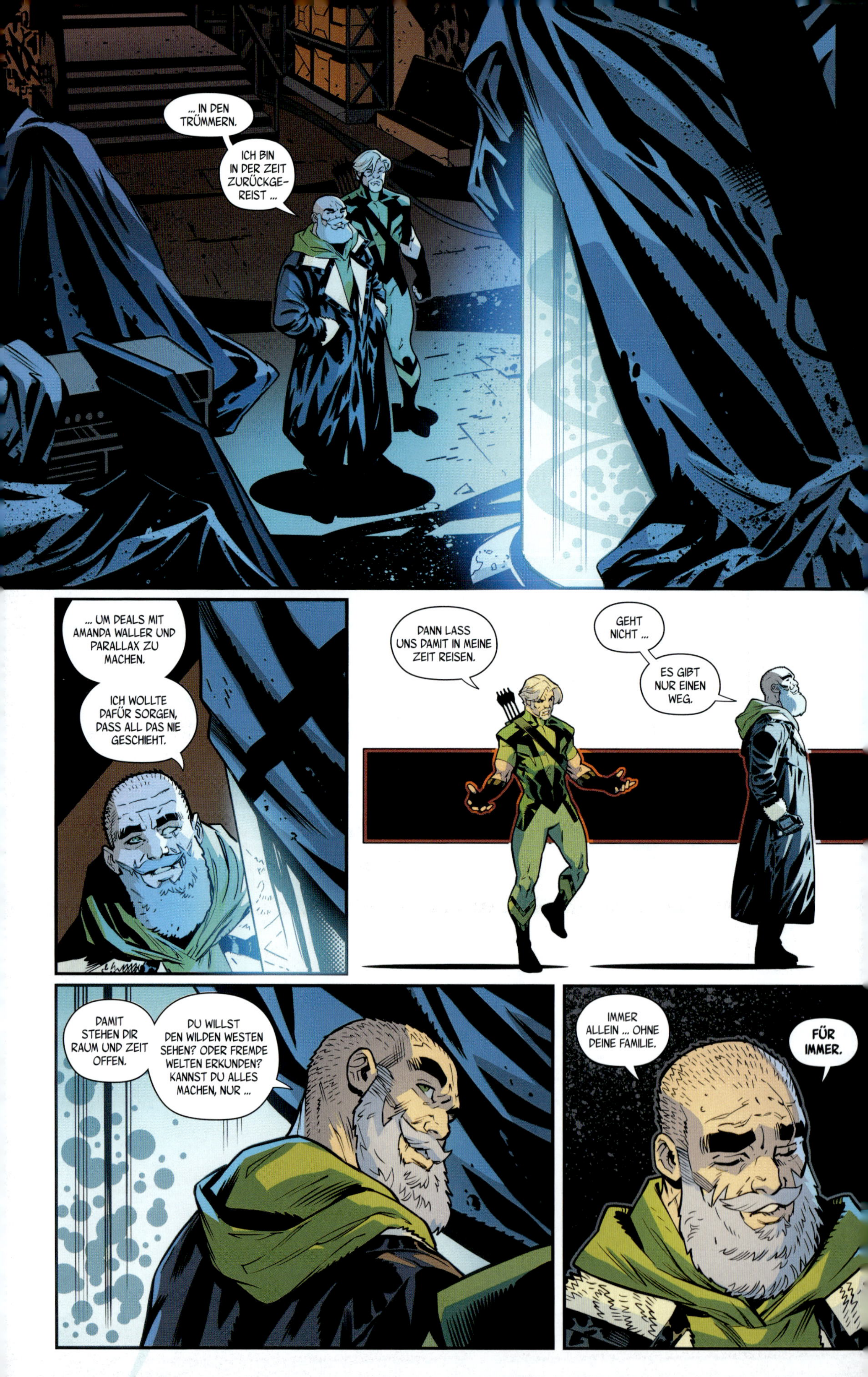

... IN DEN TRÜMMERN.
ICH BIN IN DER ZEIT ZURÜCKGE-REIST ...

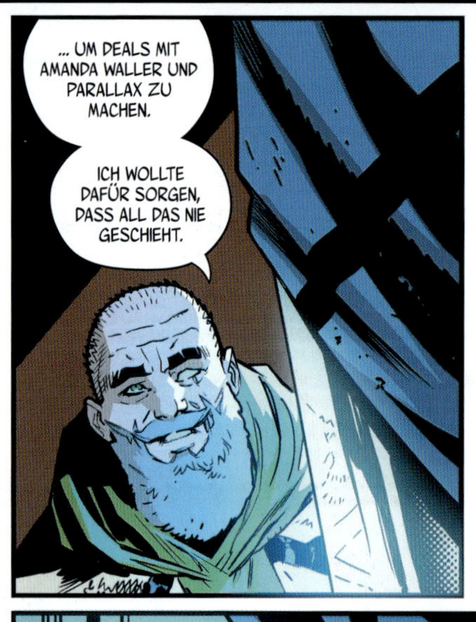

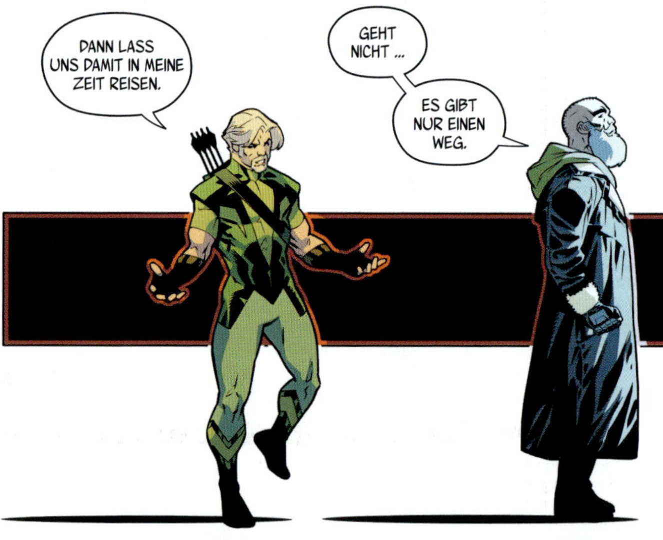

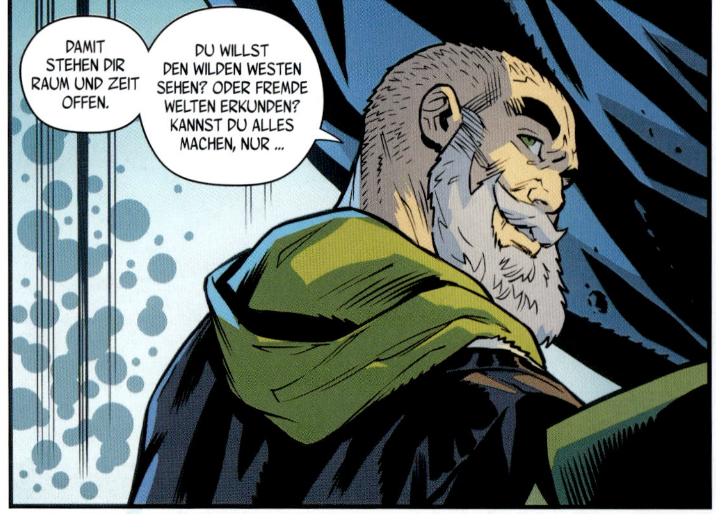

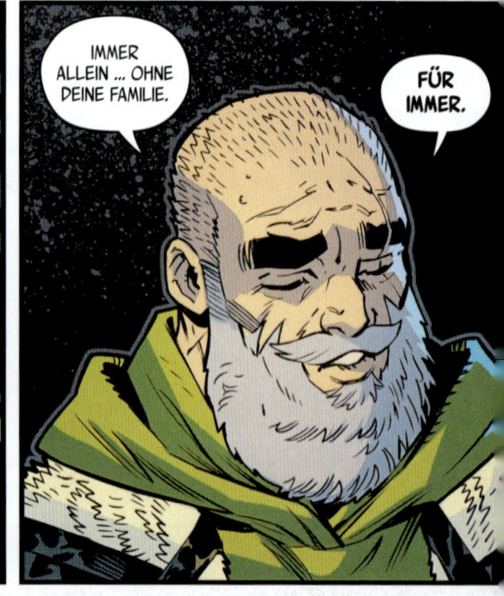

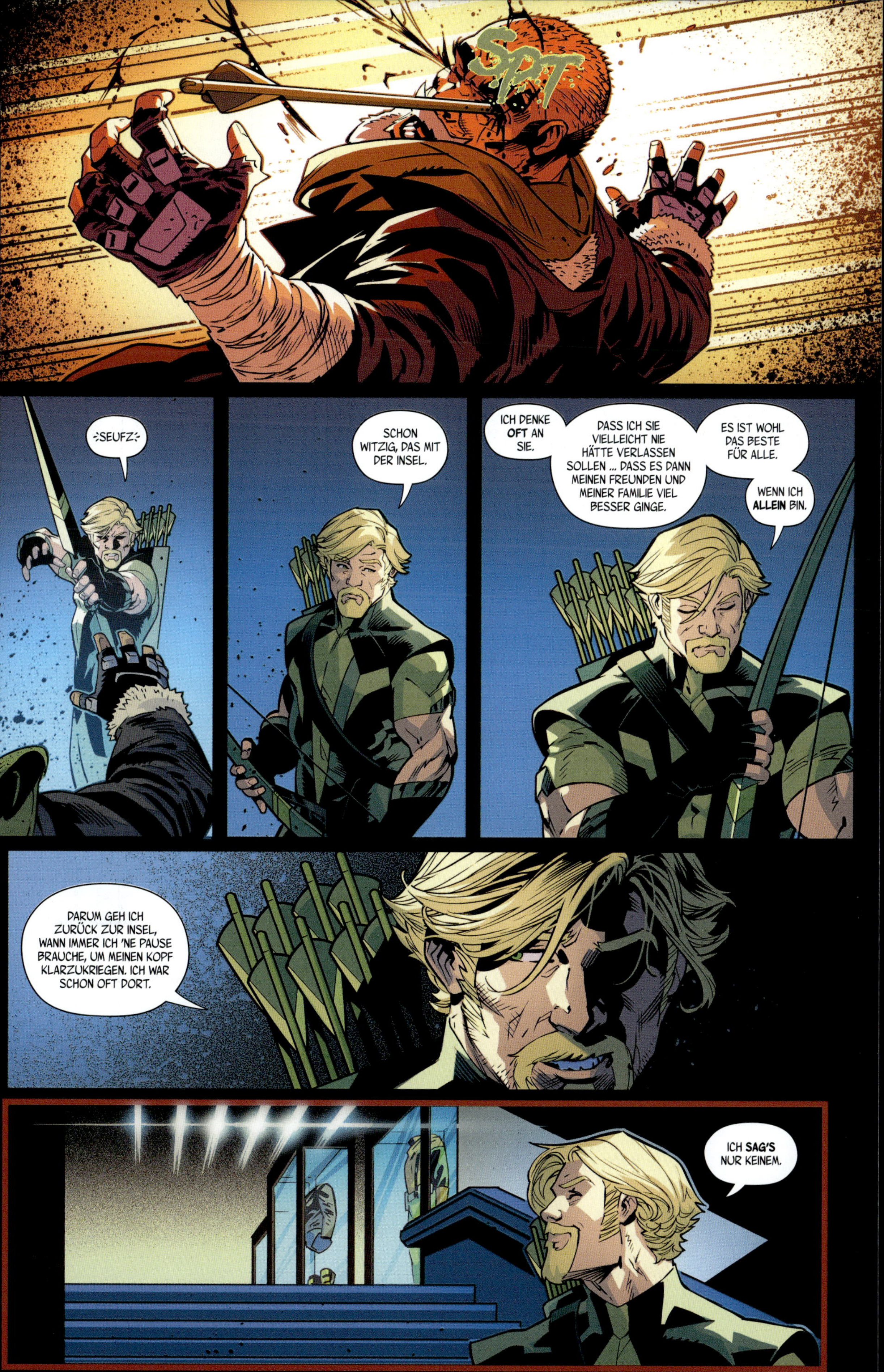

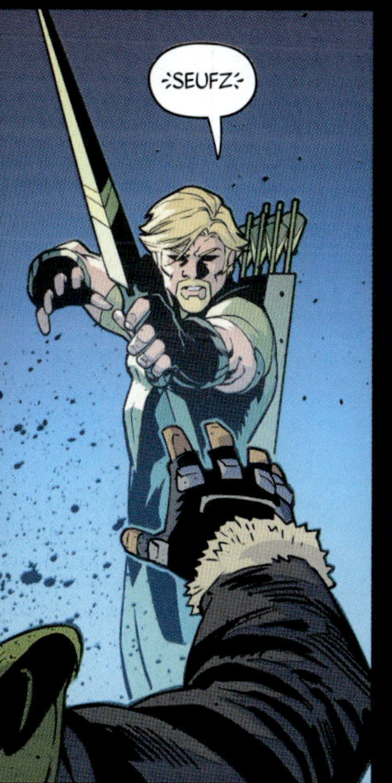
-SEUFZ-

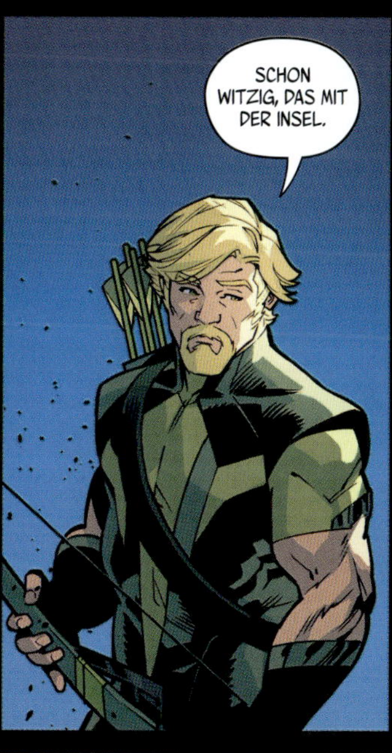
SCHON WITZIG, DAS MIT DER INSEL.

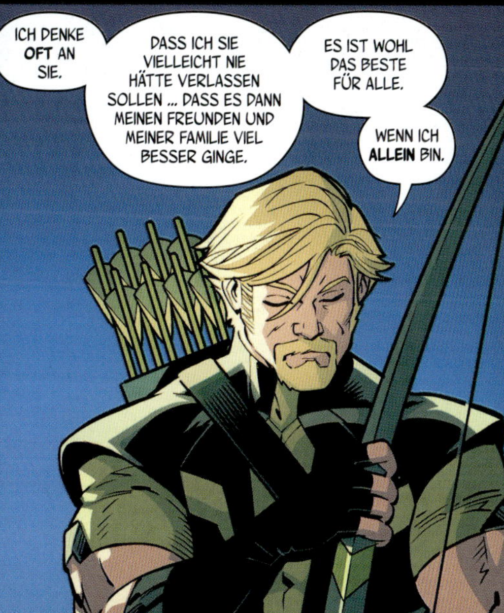
ICH DENKE **OFT** AN SIE.
DASS ICH SIE VIELLEICHT NIE HÄTTE VERLASSEN SOLLEN ... DASS ES DANN MEINEN FREUNDEN UND MEINER FAMILIE VIEL BESSER GINGE.
ES IST WOHL DAS BESTE FÜR ALLE.
WENN ICH **ALLEIN** BIN.

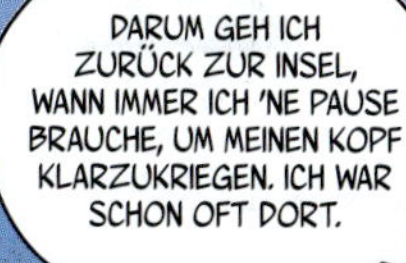
DARUM GEH ICH ZURÜCK ZUR INSEL, WANN IMMER ICH 'NE PAUSE BRAUCHE, UM MEINEN KOPF KLARZUKRIEGEN. ICH WAR SCHON OFT DORT.

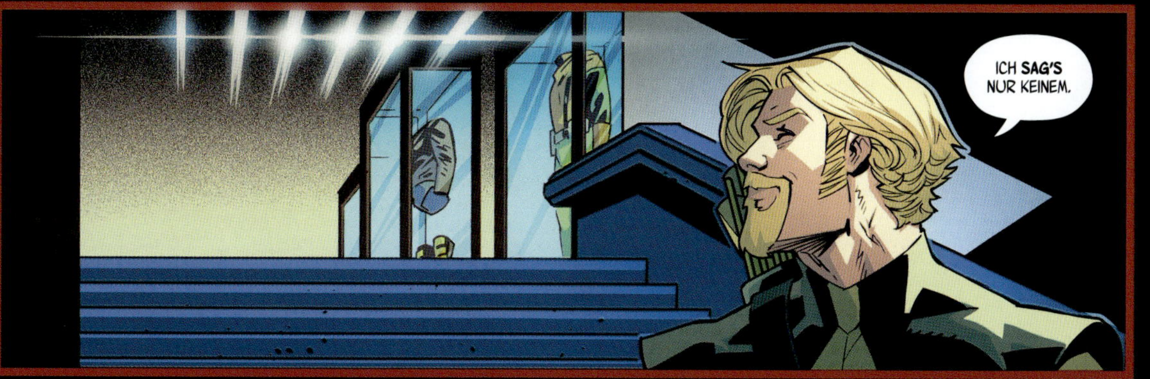
ICH **SAG'S** NUR KEINEM.

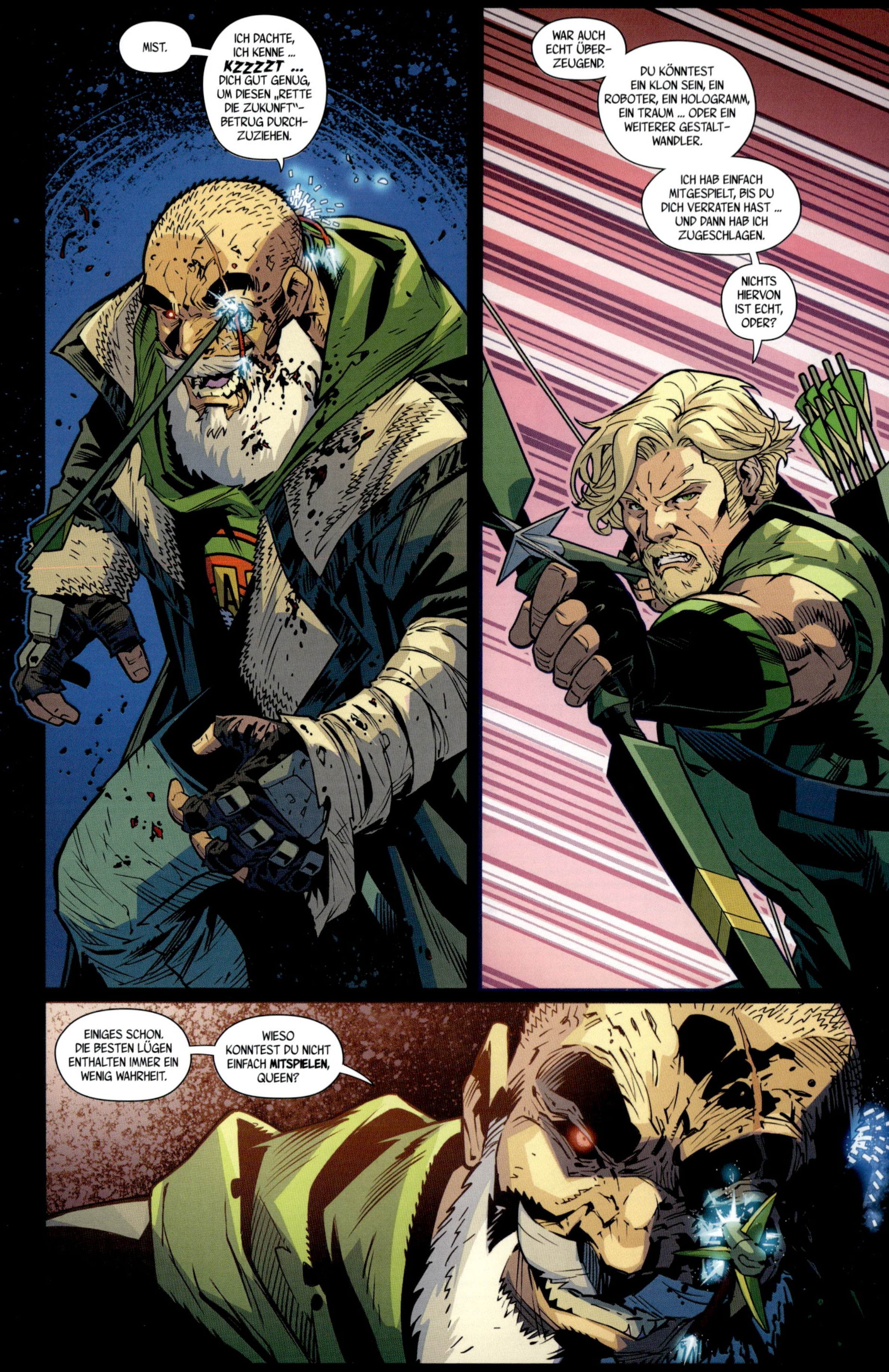
MIST.
ICH DACHTE, ICH KENNE ... KZZZZT ... DICH GUT GENUG, UM DIESEN „RETTE DIE ZUKUNFT"-BETRUG DURCHZUZIEHEN.
WAR AUCH ECHT ÜBERZEUGEND.
DU KÖNNTEST EIN KLON SEIN, EIN ROBOTER, EIN HOLOGRAMM, EIN TRAUM ... ODER EIN WEITERER GESTALTWANDLER.
ICH HAB EINFACH MITGESPIELT, BIS DU DICH VERRATEN HAST ... UND DANN HAB ICH ZUGESCHLAGEN.
NICHTS HIERVON IST ECHT, ODER?
EINIGES SCHON. DIE BESTEN LÜGEN ENTHALTEN IMMER EIN WENIG WAHRHEIT.
WIESO KONNTEST DU NICHT EINFACH MITSPIELEN, QUEEN?

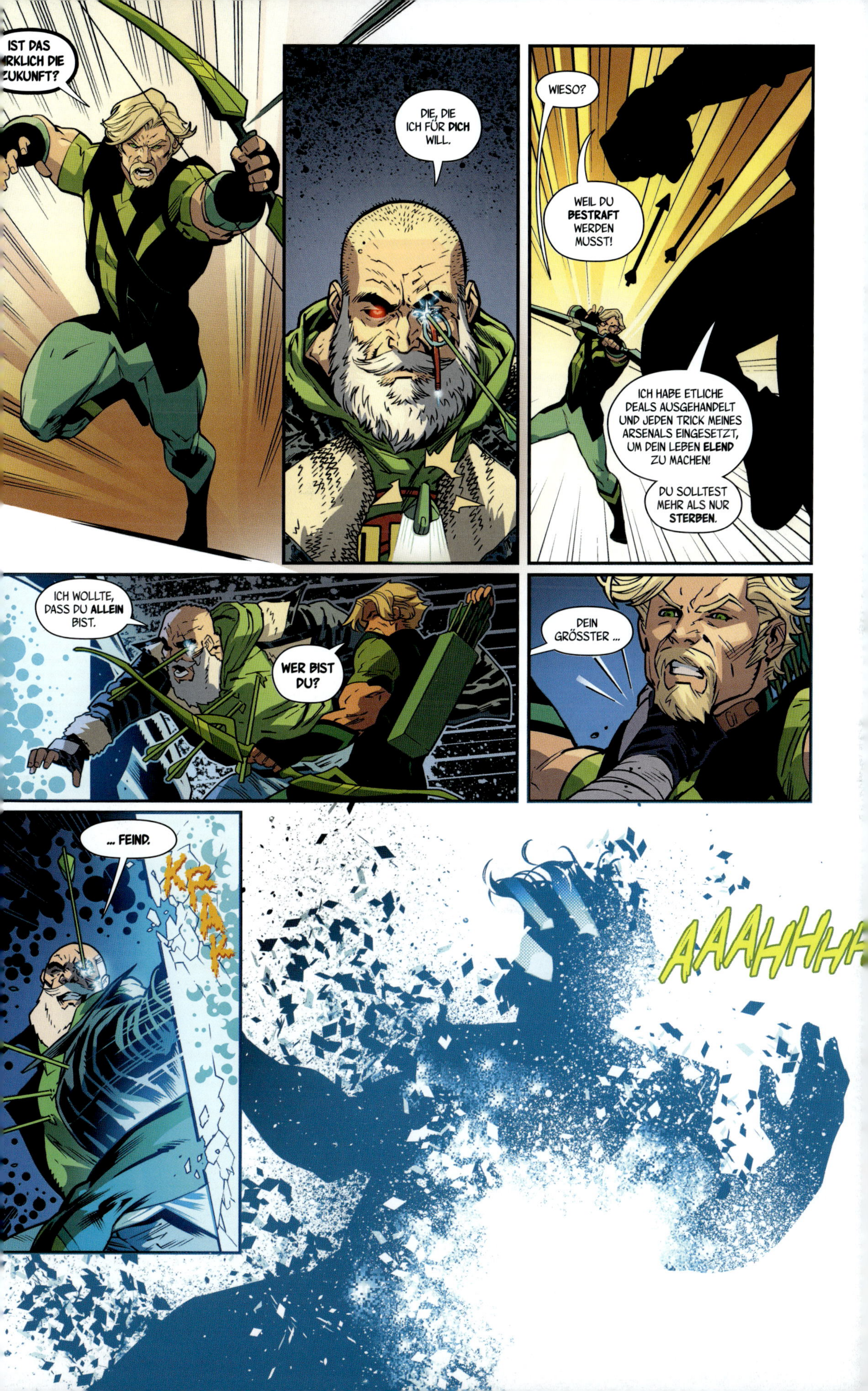
IST DAS RKLICH DIE ZUKUNFT?
DIE, DIE ICH FÜR **DICH** WILL.
WIESO?
WEIL DU **BESTRAFT** WERDEN MUSST!
ICH HABE ETLICHE DEALS AUSGEHANDELT UND JEDEN TRICK MEINES ARSENALS EINGESETZT, UM DEIN LEBEN **ELEND** ZU MACHEN!
DU SOLLTEST MEHR ALS NUR **STERBEN.**
ICH WOLLTE, DASS DU **ALLEIN** BIST.
WER BIST DU?
DEIN GRÖSSTER ...
... FEIND.
KRAK
AAAHHH

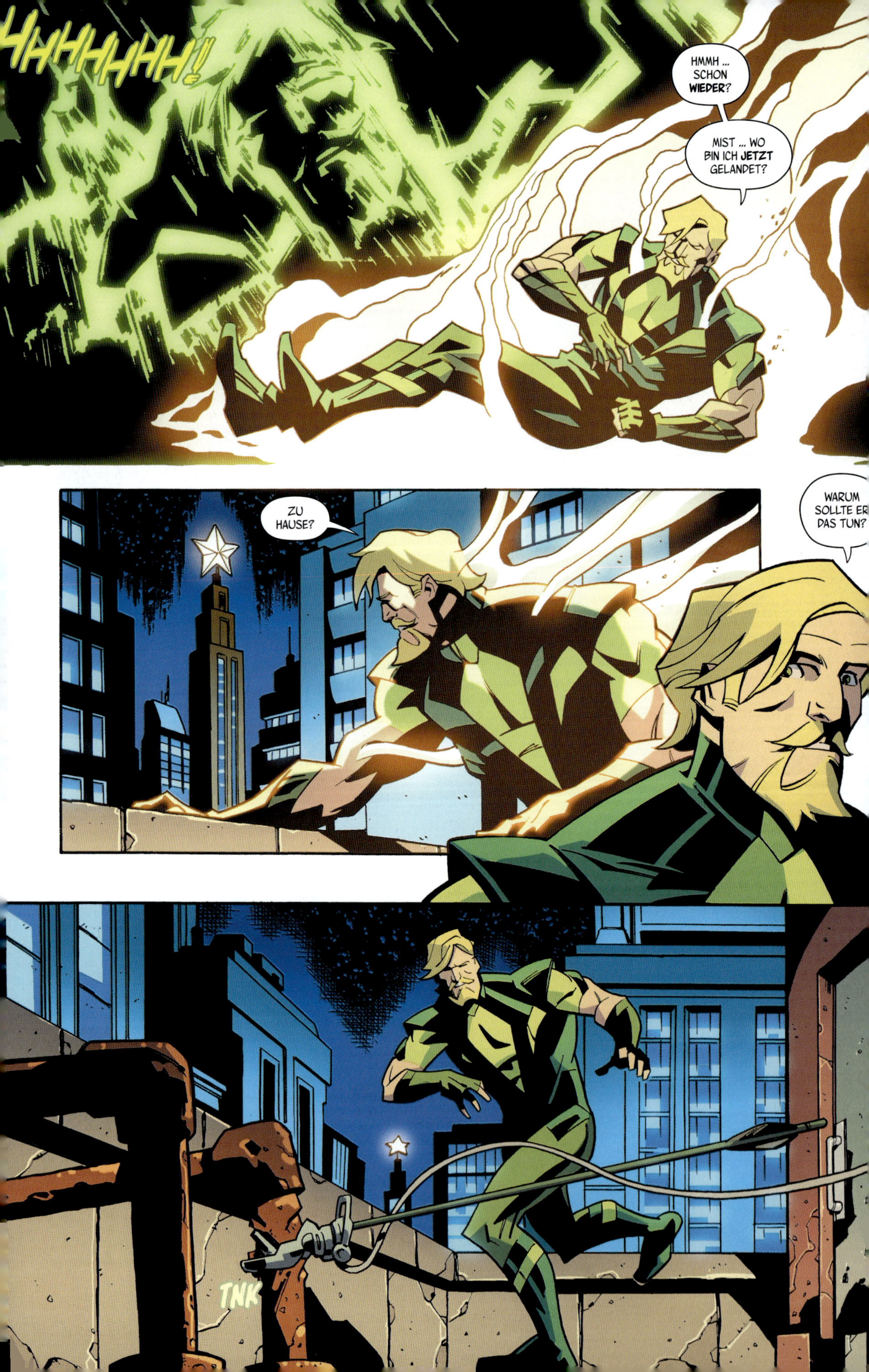
HHHHHHH!
HMMH ... SCHON **WIEDER**?
MIST ... WO BIN ICH **JETZT** GELANDET?
ZU HAUSE?
WARUM SOLLTE ER DAS TUN?
TNK

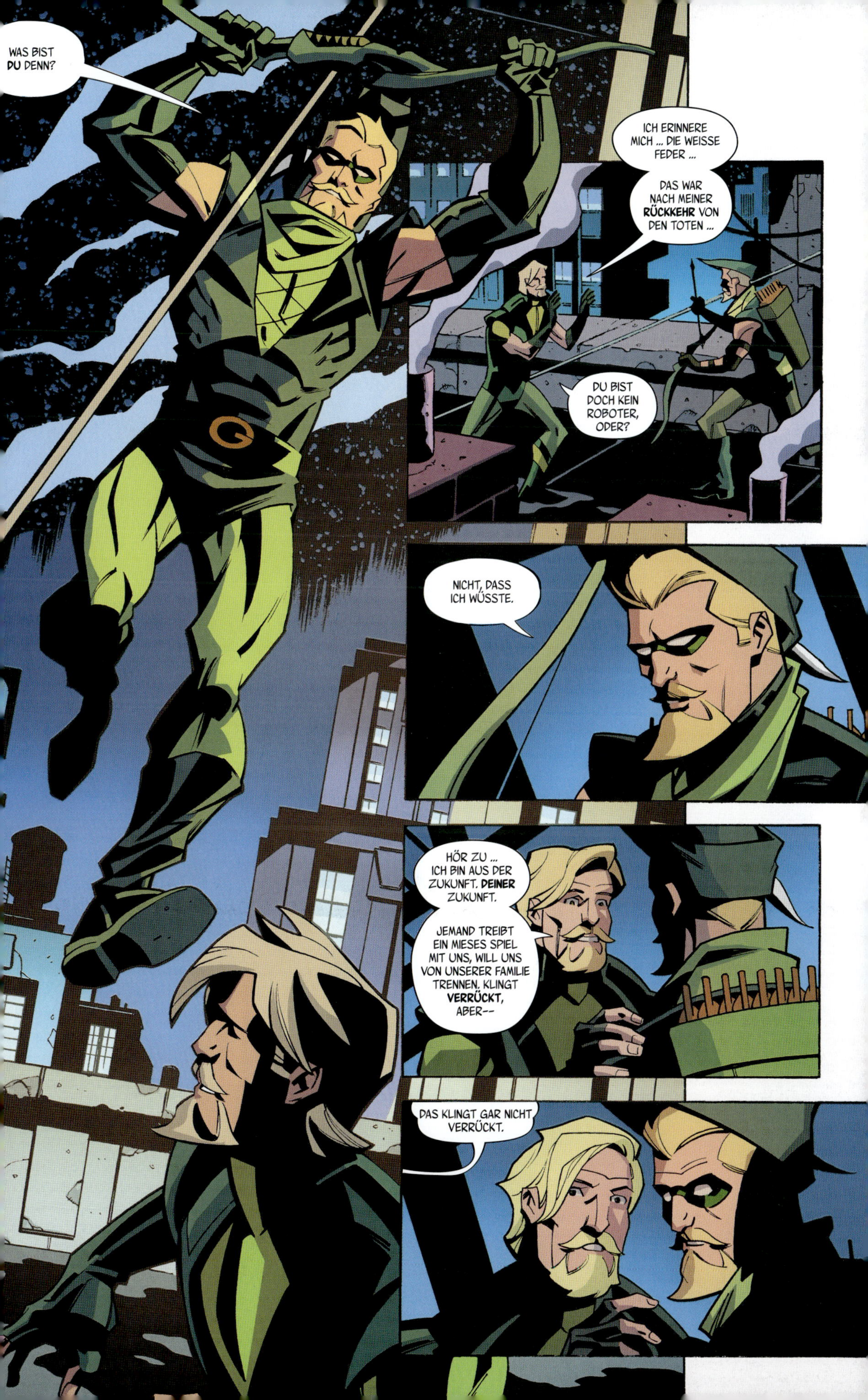
WAS BIST DU DENN?
ICH ERINNERE MICH ... DIE WEISSE FEDER ...
DAS WAR NACH MEINER RÜCKKEHR VON DEN TOTEN ...
DU BIST DOCH KEIN ROBOTER, ODER?
NICHT, DASS ICH WÜSSTE.
HÖR ZU ... ICH BIN AUS DER ZUKUNFT. DEINER ZUKUNFT.
JEMAND TREIBT EIN MIESES SPIEL MIT UNS, WILL UNS VON UNSERER FAMILIE TRENNEN. KLINGT VERRÜCKT, ABER--
DAS KLINGT GAR NICHT VERRÜCKT.

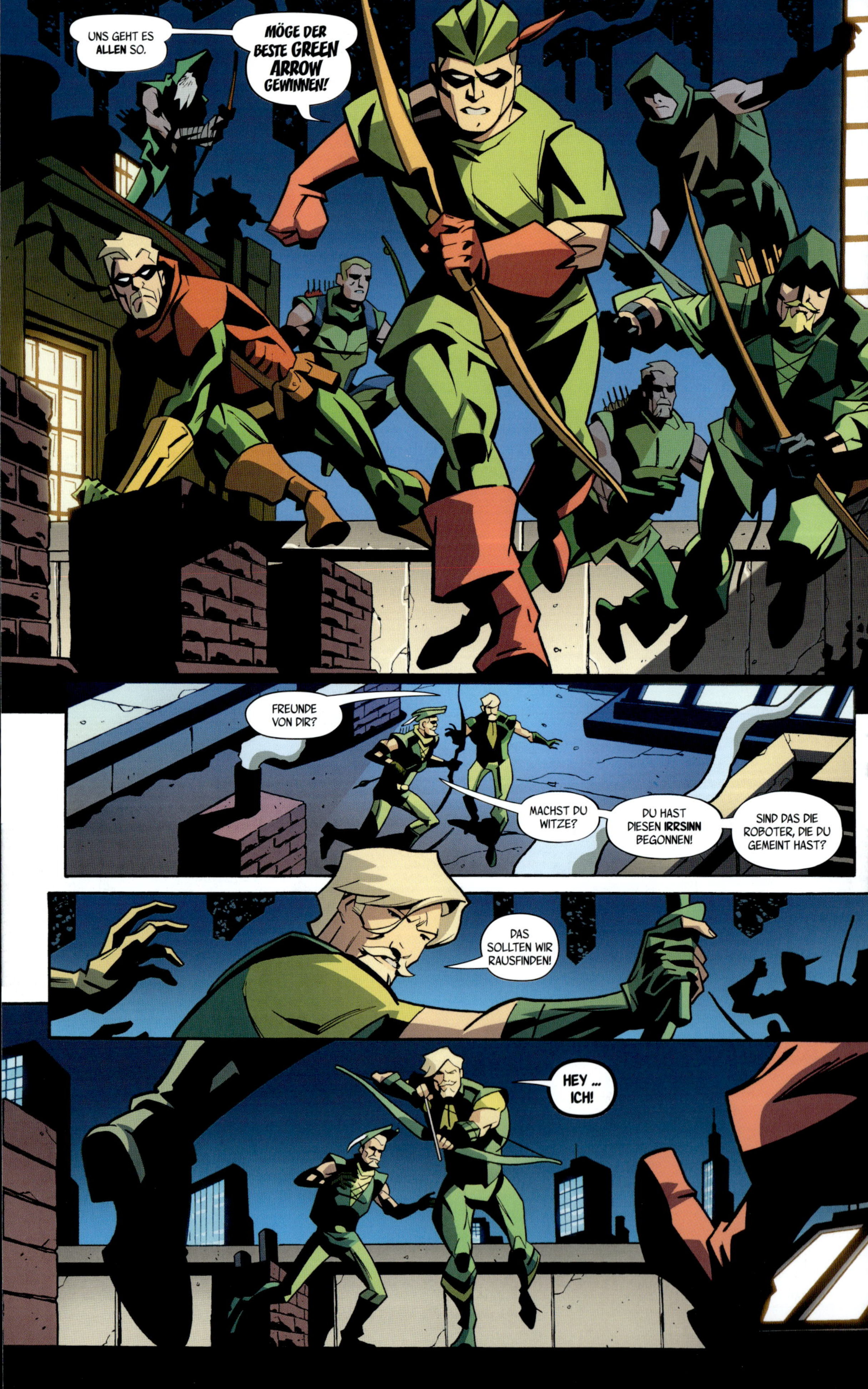
UNS GEHT ES ALLEN SO.
MÖGE DER BESTE GREEN ARROW GEWINNEN!
FREUNDE VON DIR?
MACHST DU WITZE?
DU HAST DIESEN IRRSINN BEGONNEN!
SIND DAS DIE ROBOTER, DIE DU GEMEINT HAST?
DAS SOLLTEN WIR RAUSFINDEN!
HEY ... ICH!

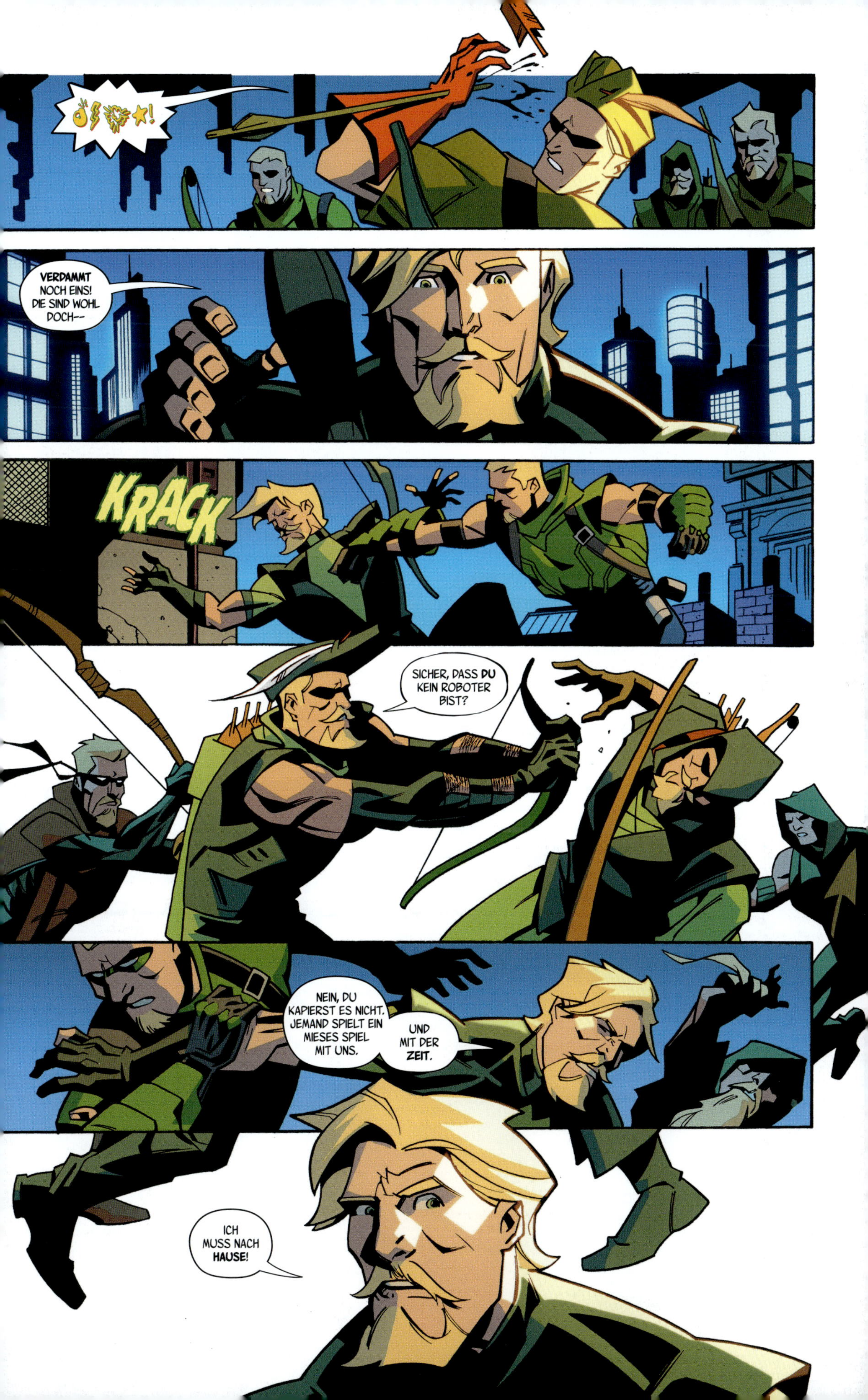
VERDAMMT NOCH EINS! DIE SIND WOHL DOCH--
KRACK
SICHER, DASS DU KEIN ROBOTER BIST?
NEIN, DU KAPIERST ES NICHT. JEMAND SPIELT EIN MIESES SPIEL MIT UNS.
UND MIT DER ZEIT.
ICH MUSS NACH HAUSE!

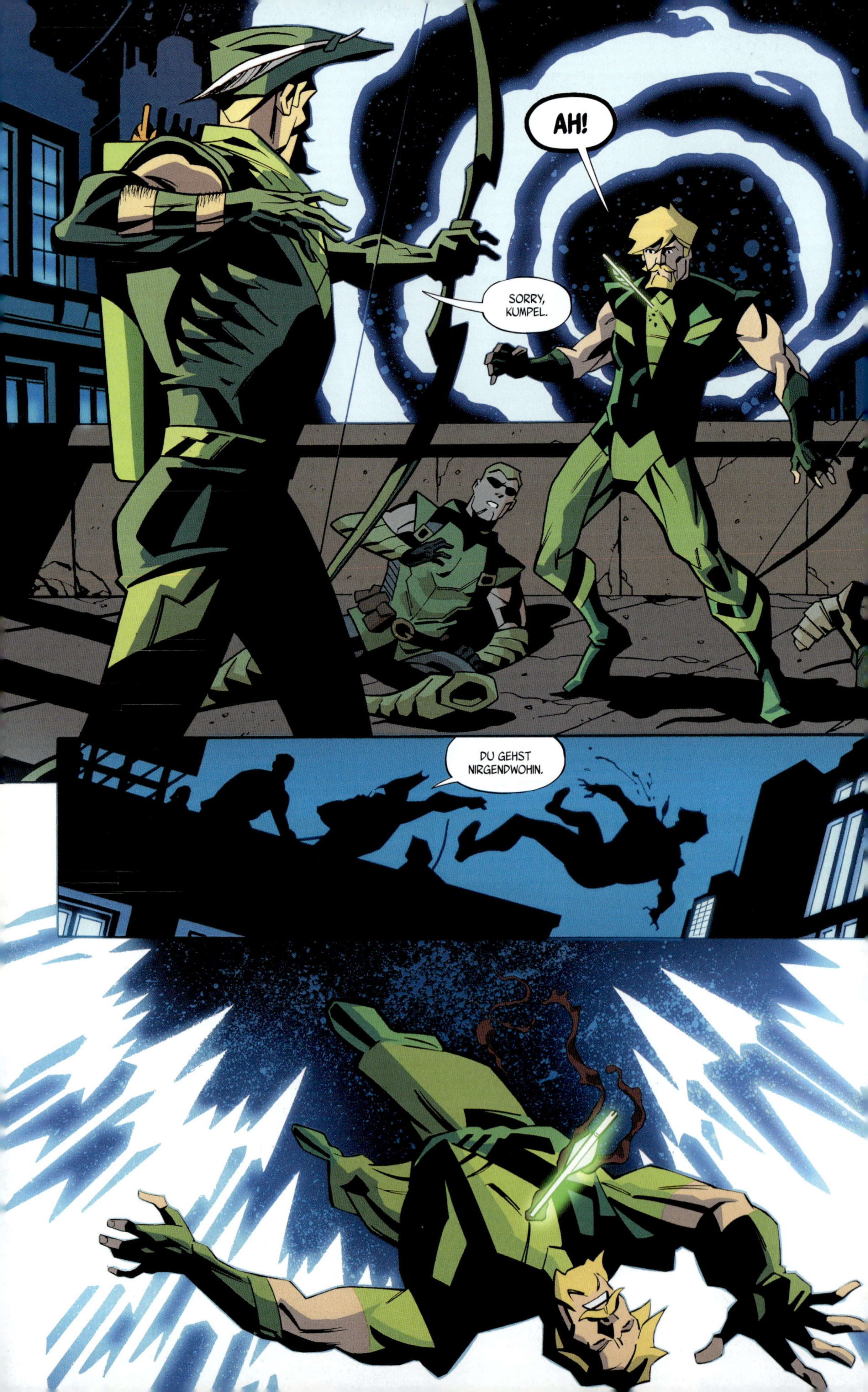
AH!
SORRY, KUMPEL.
DU GEHST NIRGENDWOHIN.

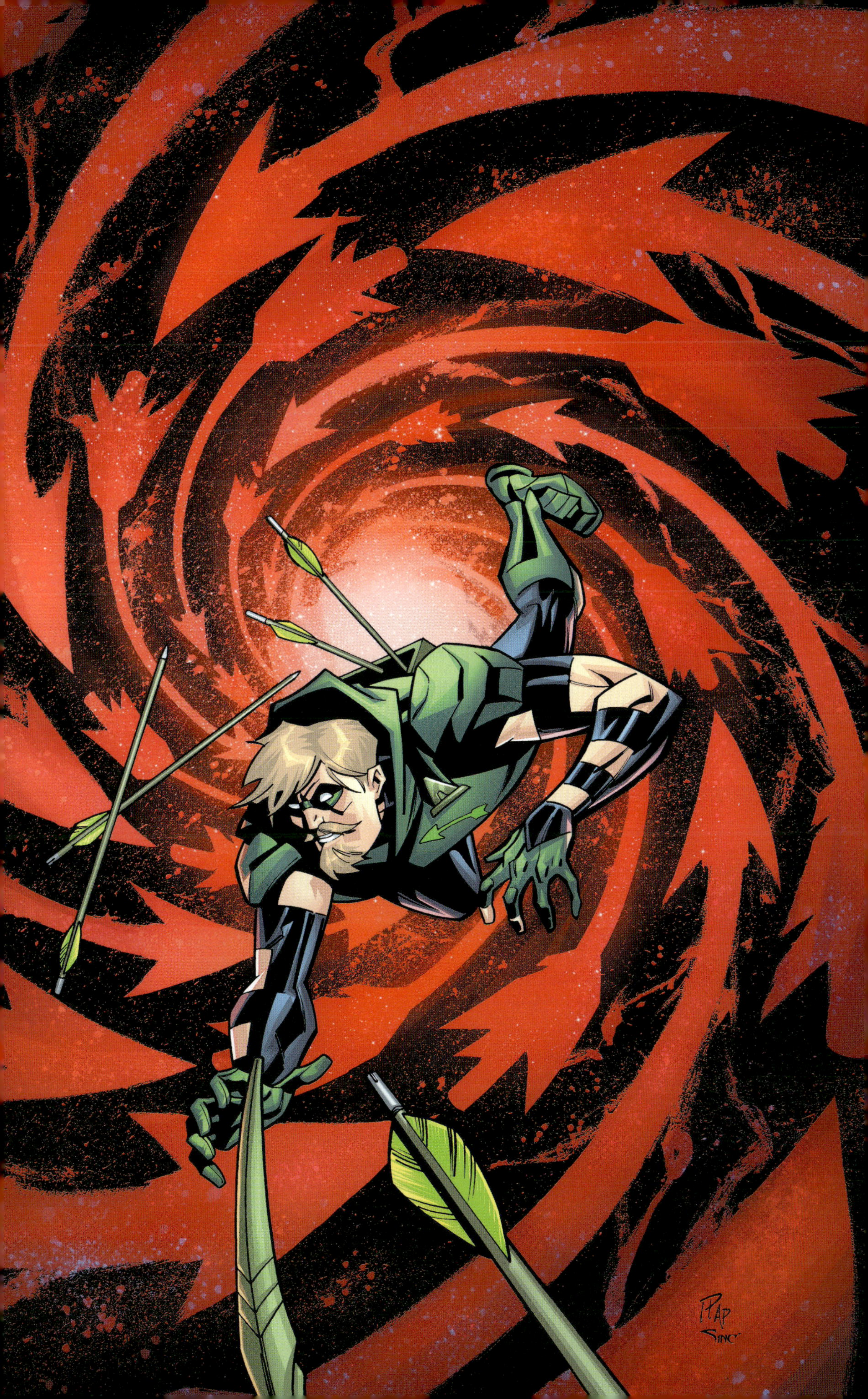

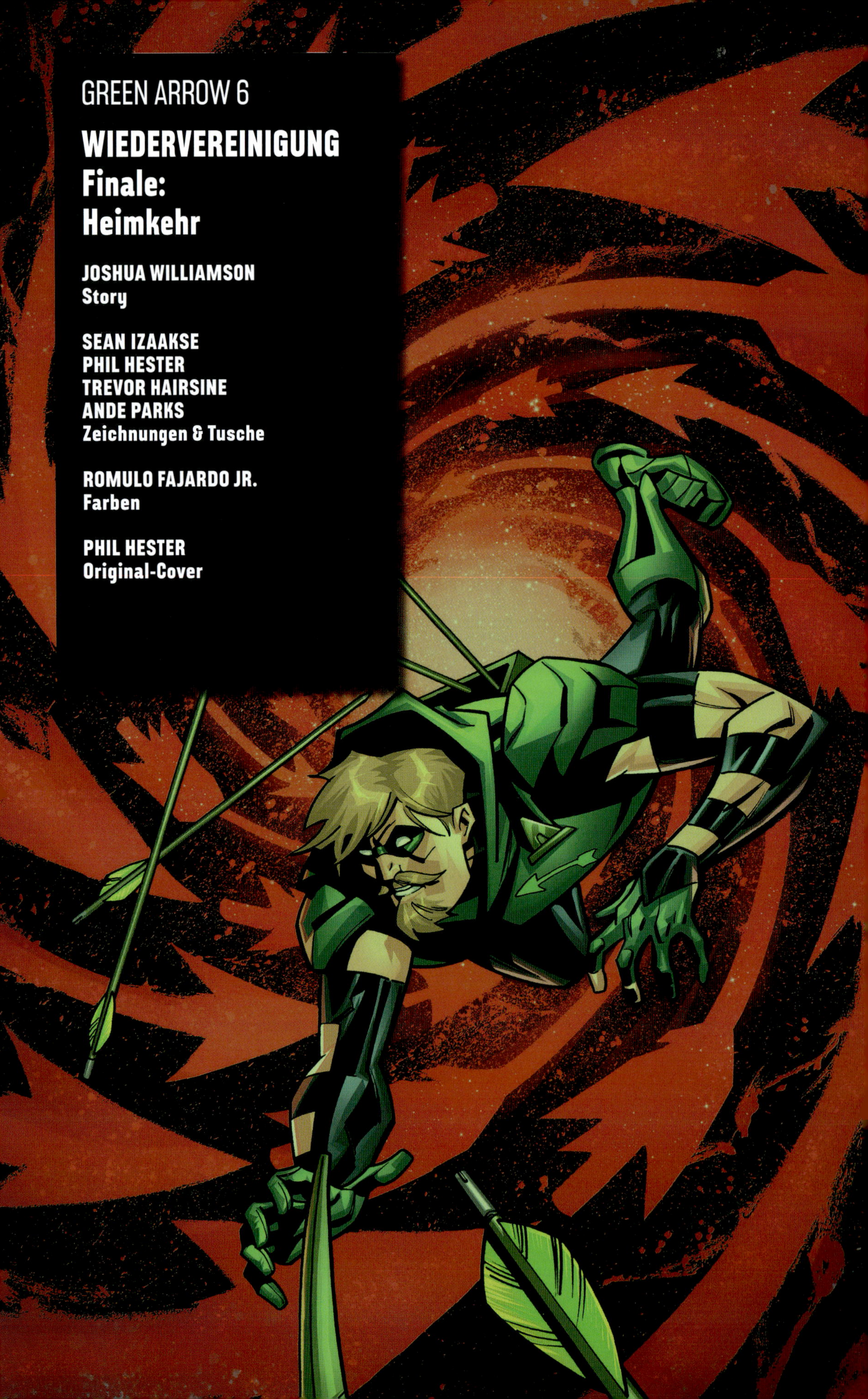

GREEN ARROW 6

WIEDERVEREINIGUNG
Finale:
Heimkehr

JOSHUA WILLIAMSON
Story

SEAN IZAAKSE
PHIL HESTER
TREVOR HAIRSINE
ANDE PARKS
Zeichnungen & Tusche

ROMULO FAJARDO JR.
Farben

PHIL HESTER
Original-Cover

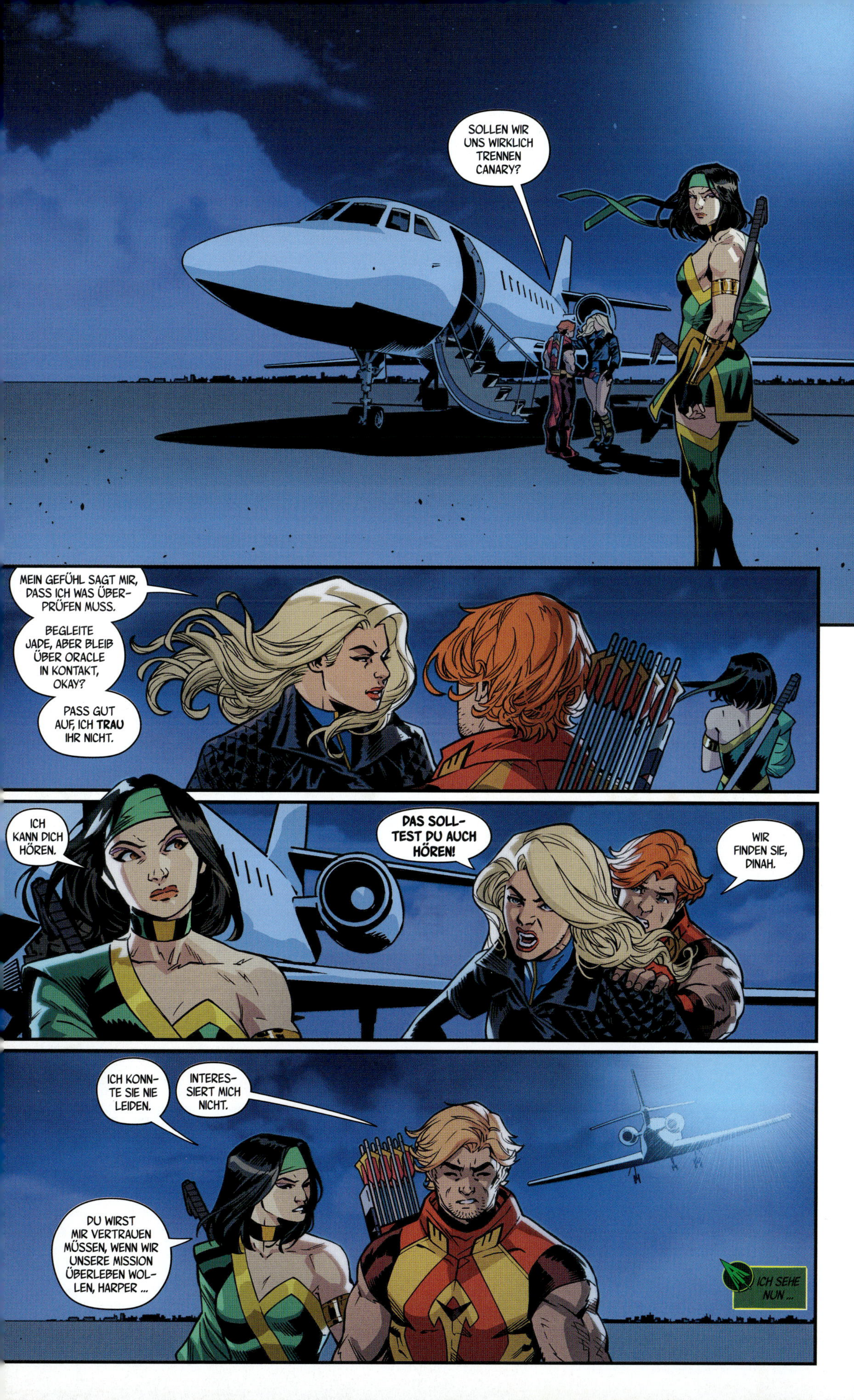
SOLLEN WIR UNS WIRKLICH TRENNEN CANARY?
MEIN GEFÜHL SAGT MIR, DASS ICH WAS ÜBERPRÜFEN MUSS.
BEGLEITE JADE, ABER BLEIB ÜBER ORACLE IN KONTAKT, OKAY?
PASS GUT AUF, ICH TRAU IHR NICHT.
ICH KANN DICH HÖREN.
DAS SOLLTEST DU AUCH HÖREN!
WIR FINDEN SIE, DINAH.
ICH KONNTE SIE NIE LEIDEN.
INTERESSIERT MICH NICHT.
DU WIRST MIR VERTRAUEN MÜSSEN, WENN WIR UNSERE MISSION ÜBERLEBEN WOLLEN, HARPER ...
ICH SEHE NUN ...

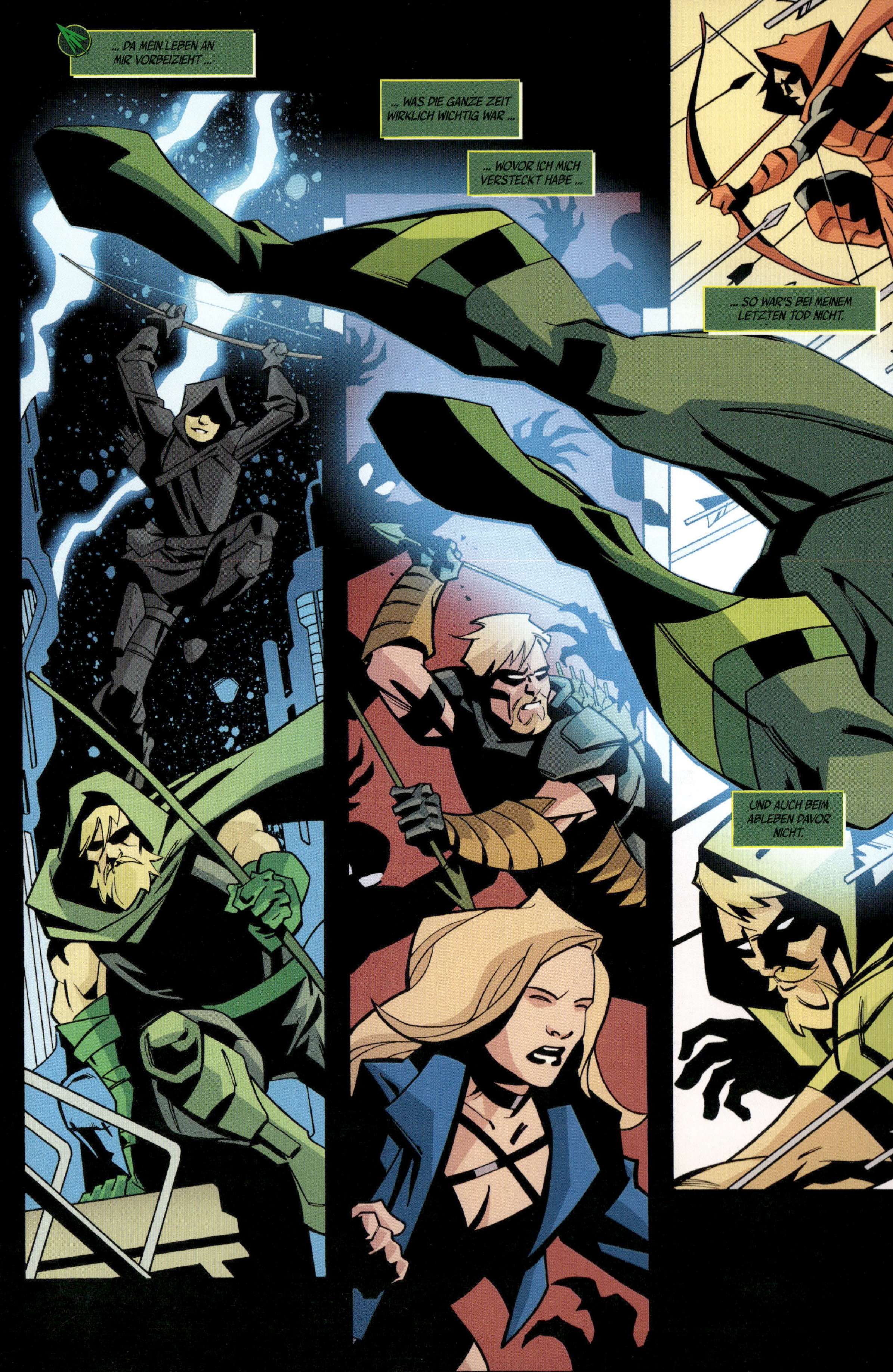
... DA MEIN LEBEN AN MIR VORBEIZIEHT ...
... WAS DIE GANZE ZEIT WIRKLICH WICHTIG WAR ...
... WOVOR ICH MICH VERSTECKT HABE ...
... SO WAR'S BEI MEINEM LETZTEN TOD NICHT.
UND AUCH BEIM ABLEBEN DAVOR NICHT.

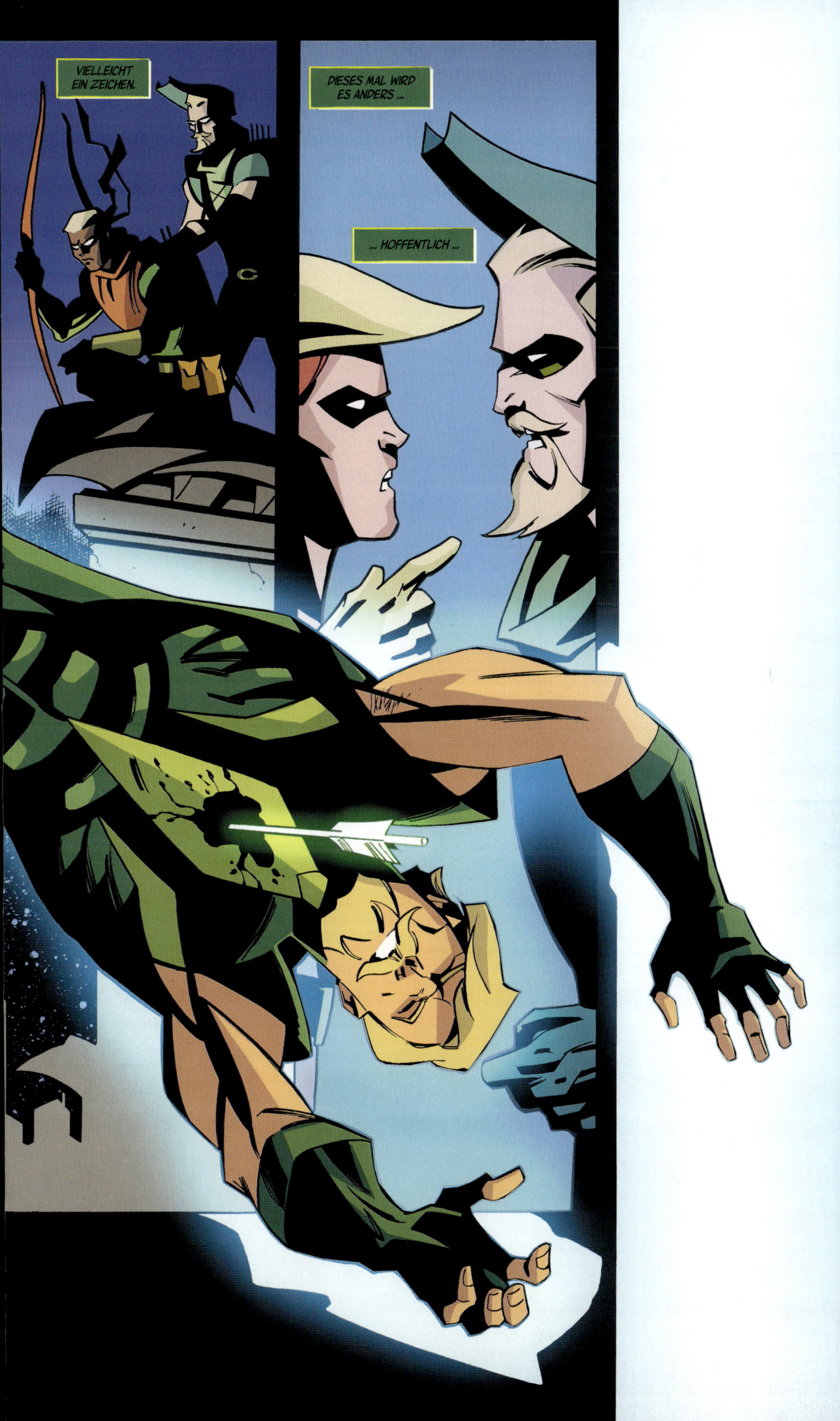
VIELLEICHT EIN ZEICHEN.
DIESES MAL WIRD ES ANDERS ...
... HOFFENTLICH ...

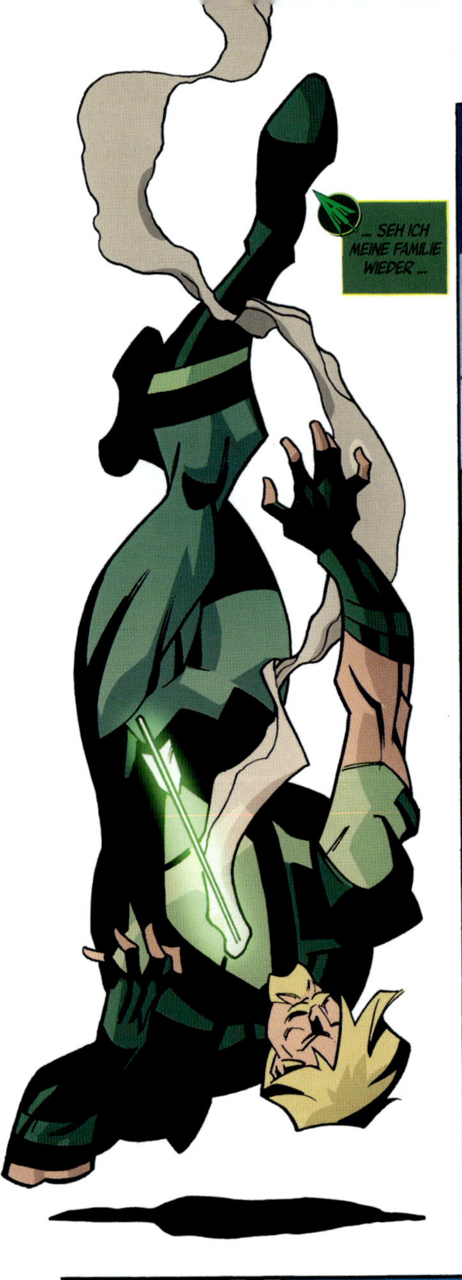
... SEH ICH MEINE FAMILIE WIEDER ...

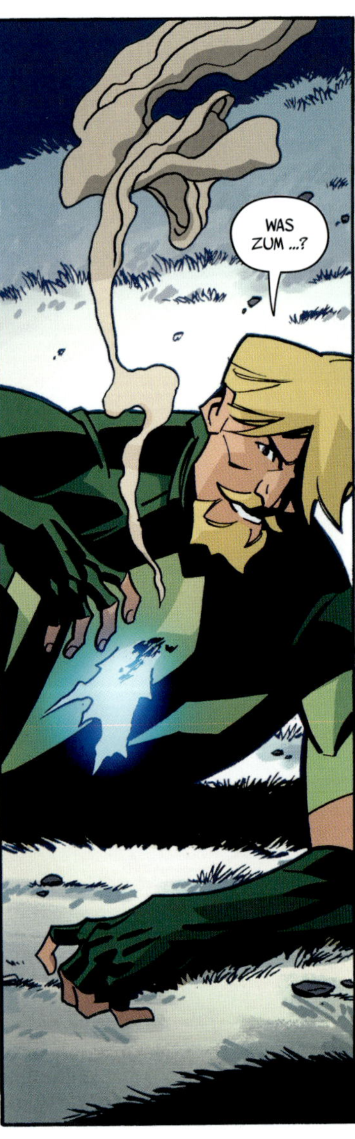
WAS ZUM ...?

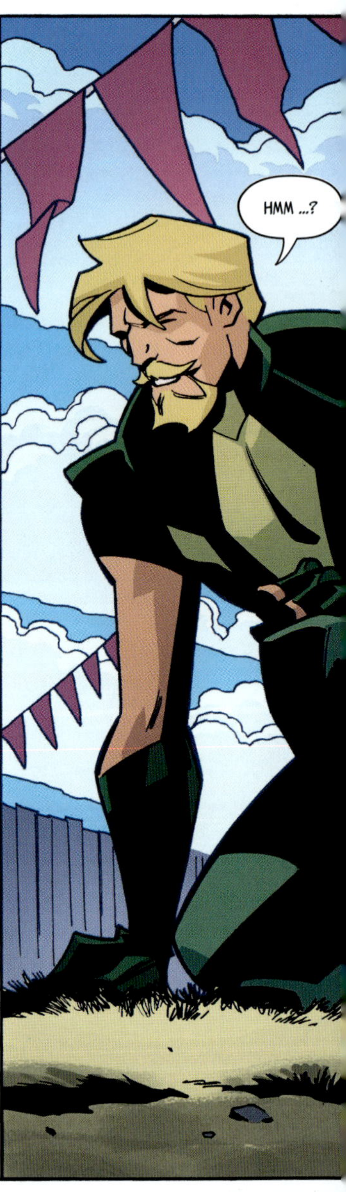
HMM ...?

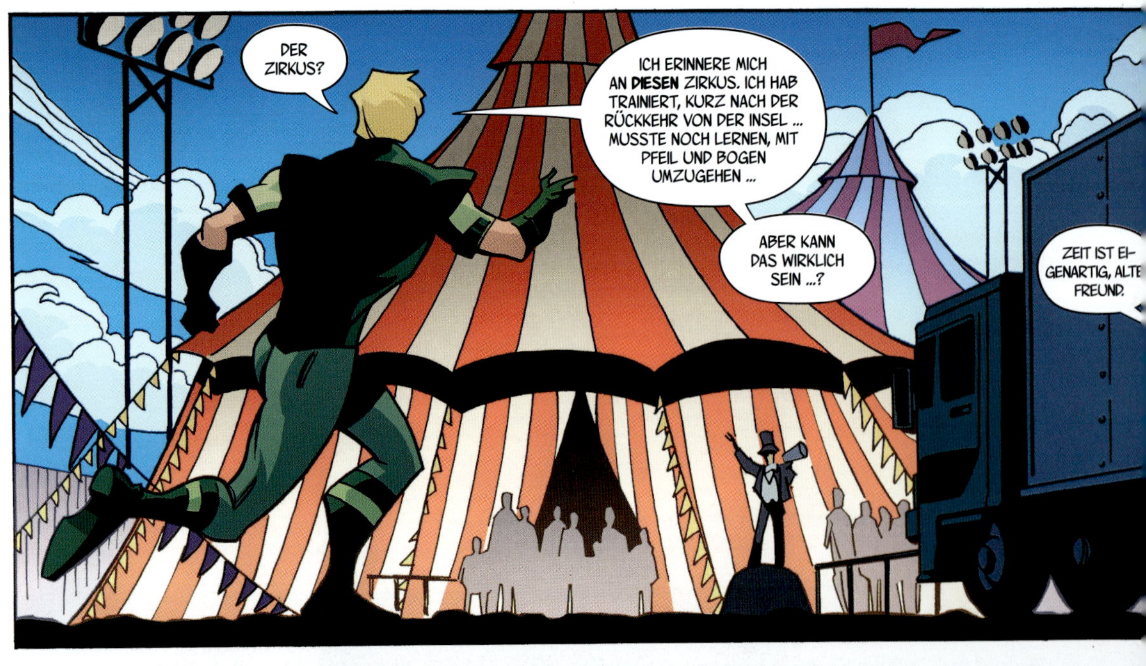
DER ZIRKUS?
ICH ERINNERE MICH AN **DIESEN** ZIRKUS. ICH HAB TRAINIERT, KURZ NACH DER RÜCKKEHR VON DER INSEL ... MUSSTE NOCH LERNEN, MIT PFEIL UND BOGEN UMZUGEHEN ...
ABER KANN DAS WIRKLICH SEIN ...?
ZEIT IST EIGENARTIG, ALTER FREUND.

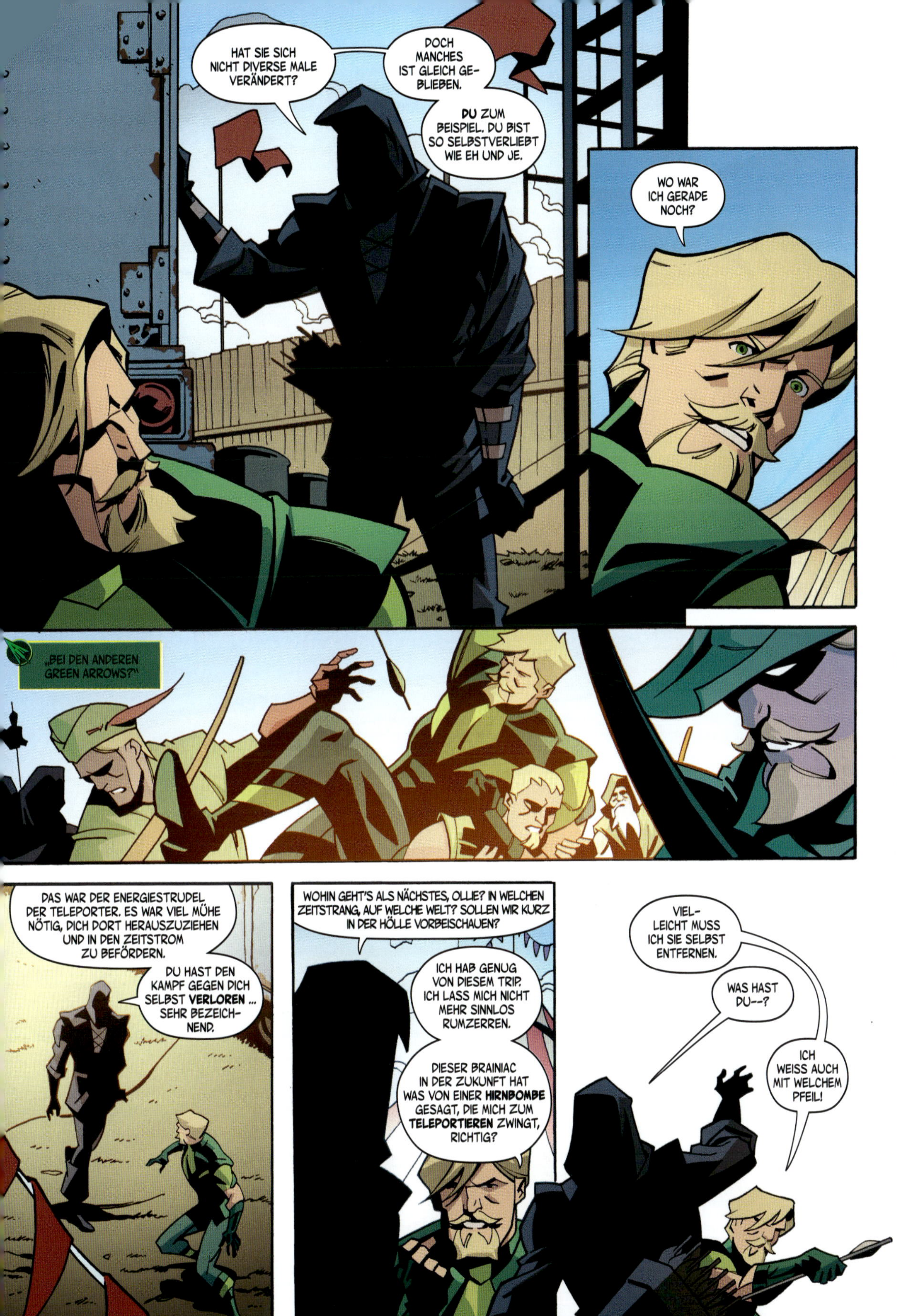
HAT SIE SICH NICHT DIVERSE MALE VERÄNDERT?
DOCH MANCHES IST GLEICH GE-BLIEBEN.
DU ZUM BEISPIEL. DU BIST SO SELBSTVERLIEBT WIE EH UND JE.
WO WAR ICH GERADE NOCH?
„BEI DEN ANDEREN GREEN ARROWS?"
DAS WAR DER ENERGIESTRUDEL DER TELEPORTER. ES WAR VIEL MÜHE NÖTIG, DICH DORT HERAUSZUZIEHEN UND IN DEN ZEITSTROM ZU BEFÖRDERN.
DU HAST DEN KAMPF GEGEN DICH SELBST VERLOREN ... SEHR BEZEICH-NEND.
WOHIN GEHT'S ALS NÄCHSTES, OLLIE? IN WELCHEN ZEITSTRANG, AUF WELCHE WELT? SOLLEN WIR KURZ IN DER HÖLLE VORBEISCHAUEN?
ICH HAB GENUG VON DIESEM TRIP. ICH LASS MICH NICHT MEHR SINNLOS RUMZERREN.
DIESER BRAINIAC IN DER ZUKUNFT HAT WAS VON EINER HIRNBOMBE GESAGT, DIE MICH ZUM TELEPORTIEREN ZWINGT, RICHTIG?
VIEL-LEICHT MUSS ICH SIE SELBST ENTFERNEN.
WAS HAST DU--?
ICH WEISS AUCH MIT WELCHEM PFEIL!

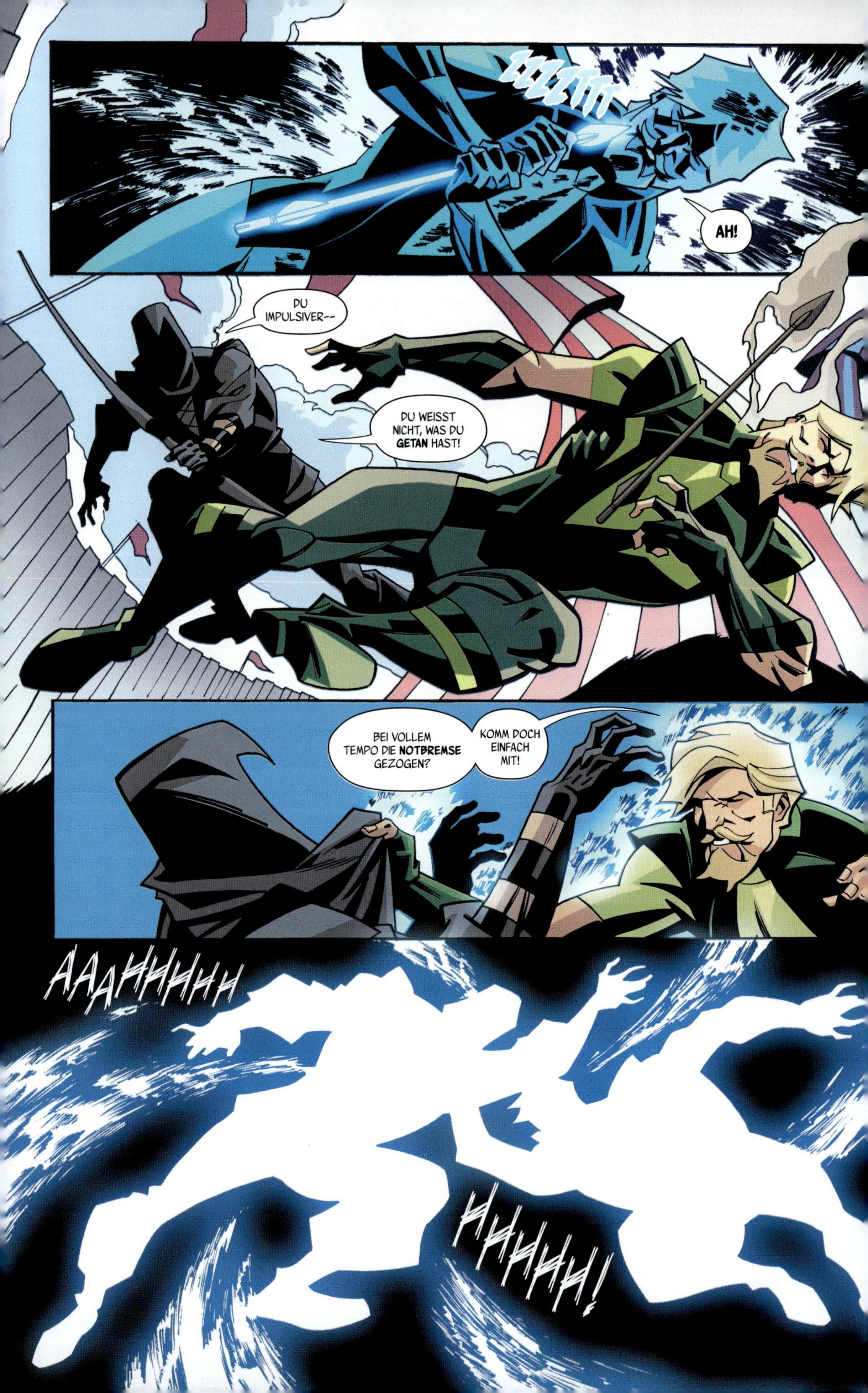
ZZZZTTT
AH!
DU IMPULSIVER--
DU WEISST NICHT, WAS DU **GETAN** HAST!
BEI VOLLEM TEMPO DIE **NOTBREMSE** GEZOGEN?
KOMM DOCH EINFACH MIT!
AAAHHHHHH
HHHHHH!

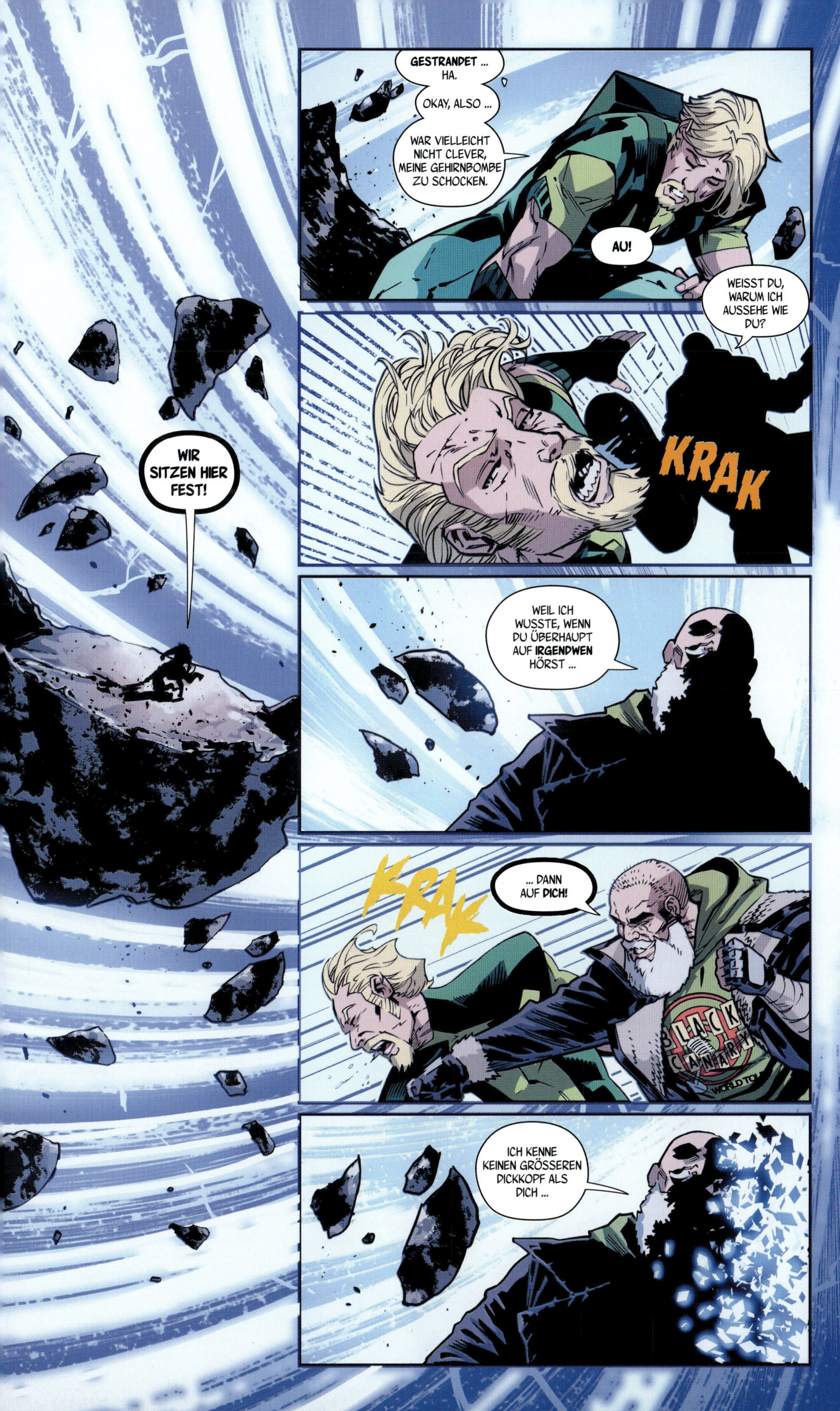
GESTRANDET ... HA.
OKAY, ALSO ...
WAR VIELLEICHT NICHT CLEVER, MEINE GEHIRNBOMBE ZU SCHOCKEN.
AU!
WIR SITZEN HIER FEST!
WEISST DU, WARUM ICH AUSSEHE WIE DU?
KRAK
WEIL ICH WUSSTE, WENN DU ÜBERHAUPT AUF IRGENDWEN HÖRST ...
KRAK
... DANN AUF DICH!
ICH KENNE KEINEN GRÖSSEREN DICKKOPF ALS DICH ...

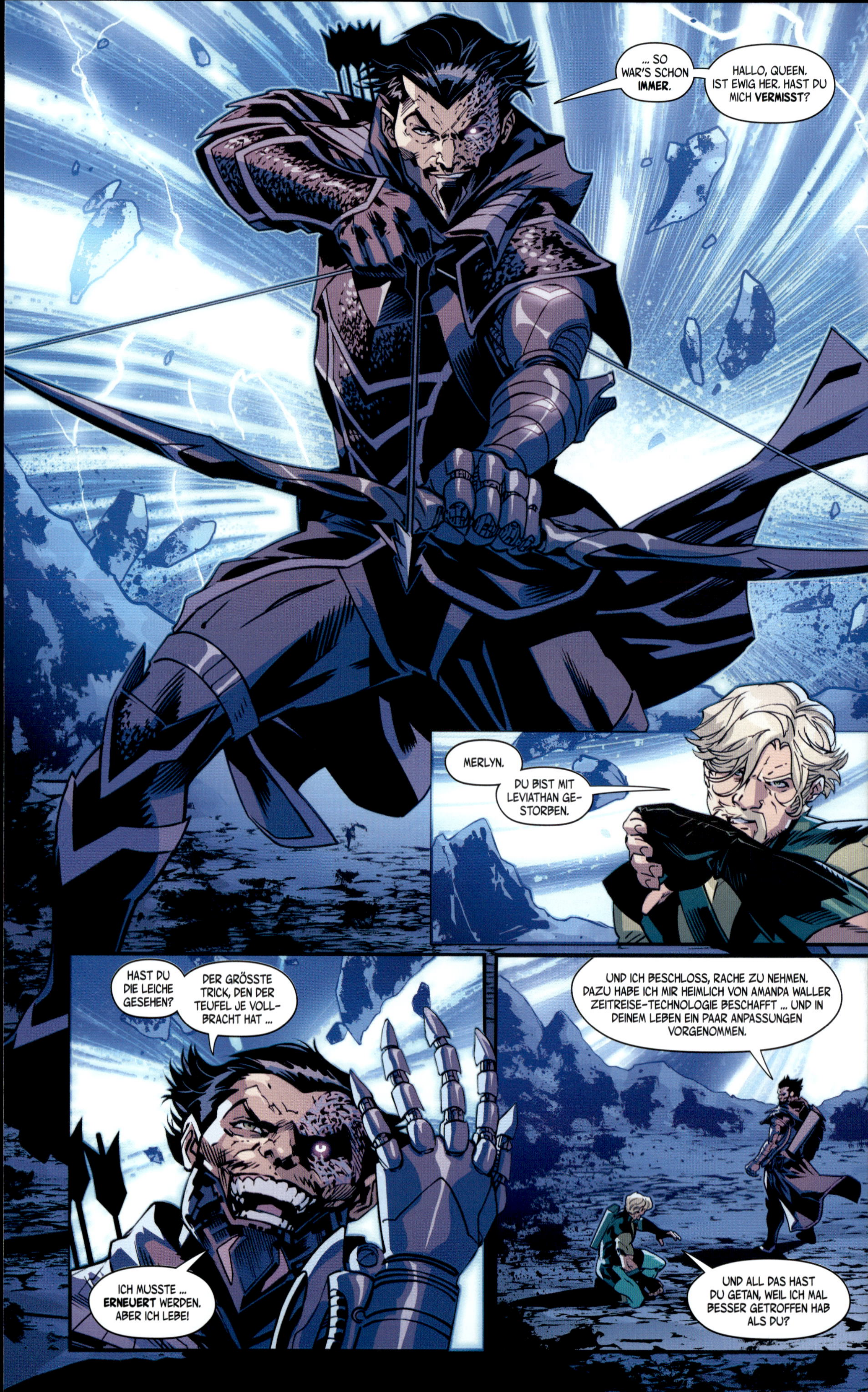
... SO WAR'S SCHON **IMMER**.
HALLO, QUEEN. IST EWIG HER. HAST DU MICH **VERMISST**?
MERLYN.
DU BIST MIT LEVIATHAN GESTORBEN.
HAST DU DIE LEICHE GESEHEN?
DER GRÖSSTE TRICK, DEN DER TEUFEL JE VOLLBRACHT HAT ...
ICH MUSSTE ... **ERNEUERT** WERDEN. ABER ICH LEBE!
UND ICH BESCHLOSS, RACHE ZU NEHMEN. DAZU HABE ICH MIR HEIMLICH VON AMANDA WALLER ZEITREISE-TECHNOLOGIE BESCHAFFT ... UND IN DEINEM LEBEN EIN PAAR ANPASSUNGEN VORGENOMMEN.
UND ALL DAS HAST DU GETAN, WEIL ICH MAL BESSER GETROFFEN HAB ALS DU?

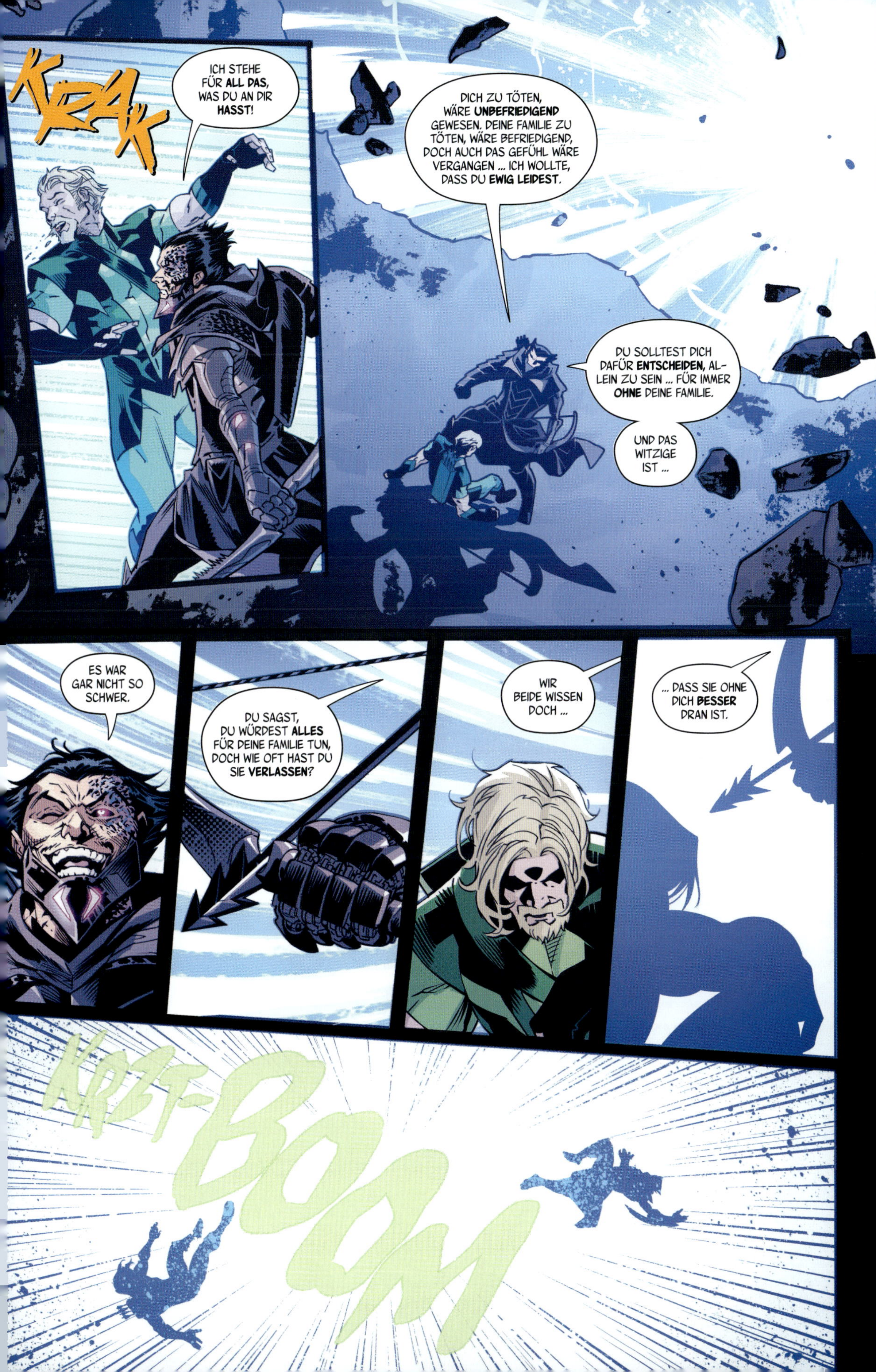
KRAK
ICH STEHE FÜR **ALL DAS,** WAS DU AN DIR **HASST!**
DICH ZU TÖTEN, WÄRE **UNBEFRIEDIGEND** GEWESEN. DEINE FAMILIE ZU TÖTEN, WÄRE BEFRIEDIGEND, DOCH AUCH DAS GEFÜHL WÄRE VERGANGEN ... ICH WOLLTE, DASS DU **EWIG LEIDEST.**
DU SOLLTEST DICH DAFÜR **ENTSCHEIDEN,** ALLEIN ZU SEIN ... FÜR IMMER **OHNE** DEINE FAMILIE.
UND DAS WITZIGE IST ...
ES WAR GAR NICHT SO SCHWER.
DU SAGST, DU WÜRDEST **ALLES** FÜR DEINE FAMILIE TUN, DOCH WIE OFT HAST DU SIE **VERLASSEN?**
WIR BEIDE WISSEN DOCH ...
... DASS SIE OHNE DICH **BESSER** DRAN IST.
KRZT-BOOM

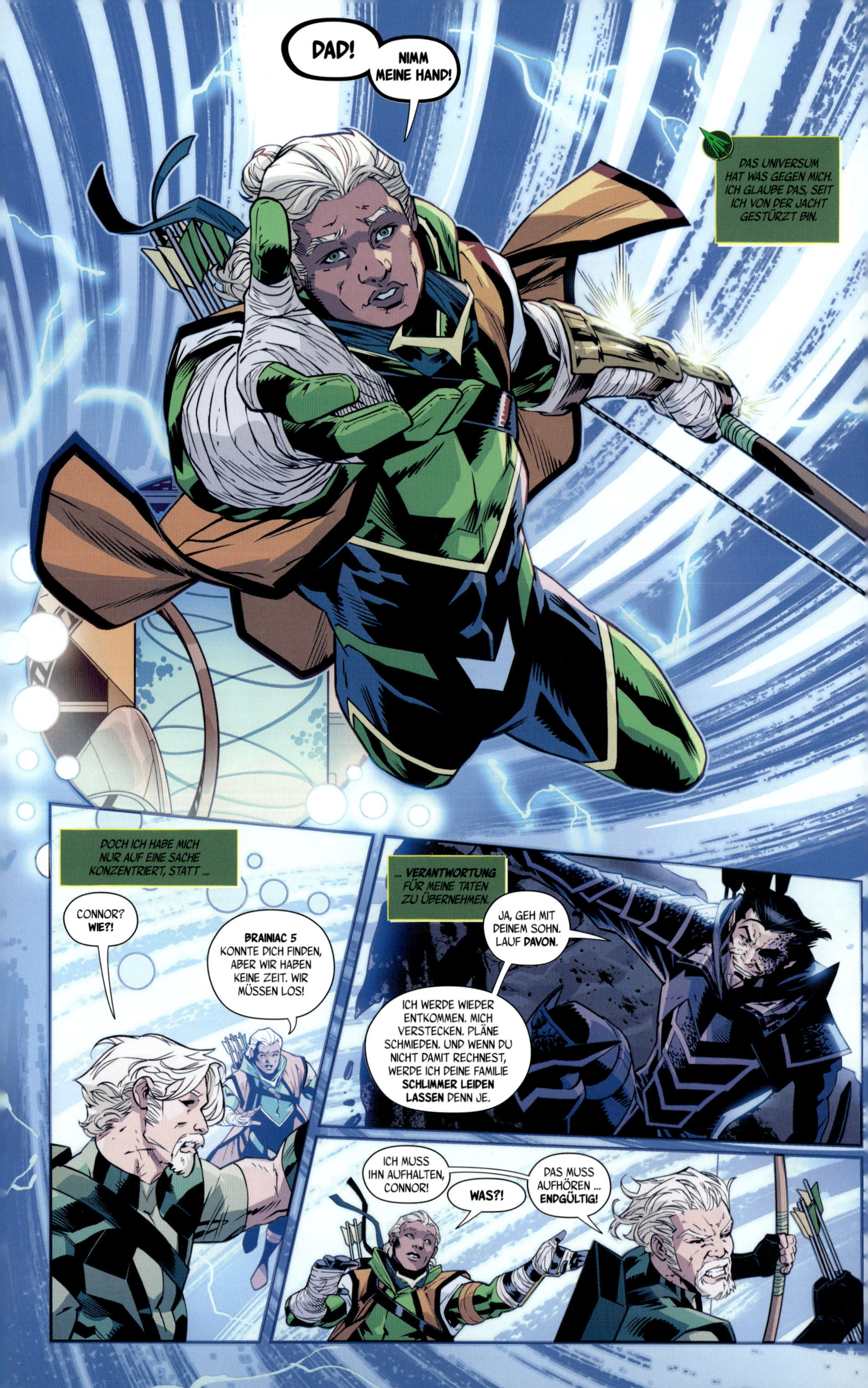
DAD!
NIMM MEINE HAND!
DAS UNIVERSUM HAT WAS GEGEN MICH. ICH GLAUBE DAS, SEIT ICH VON DER JACHT GESTÜRZT BIN.
DOCH ICH HABE MICH NUR AUF EINE SACHE KONZENTRIERT, STATT ...
CONNOR? WIE?!
BRAINIAC 5 KONNTE DICH FINDEN, ABER WIR HABEN KEINE ZEIT. WIR MÜSSEN LOS!
... VERANTWORTUNG FÜR MEINE TATEN ZU ÜBERNEHMEN.
JA, GEH MIT DEINEM SOHN. LAUF DAVON.
ICH WERDE WIEDER ENTKOMMEN. MICH VERSTECKEN. PLÄNE SCHMIEDEN. UND WENN DU NICHT DAMIT RECHNEST, WERDE ICH DEINE FAMILIE SCHLIMMER LEIDEN LASSEN DENN JE.
ICH MUSS IHN AUFHALTEN, CONNOR!
WAS?!
DAS MUSS AUFHÖREN ... ENDGÜLTIG!

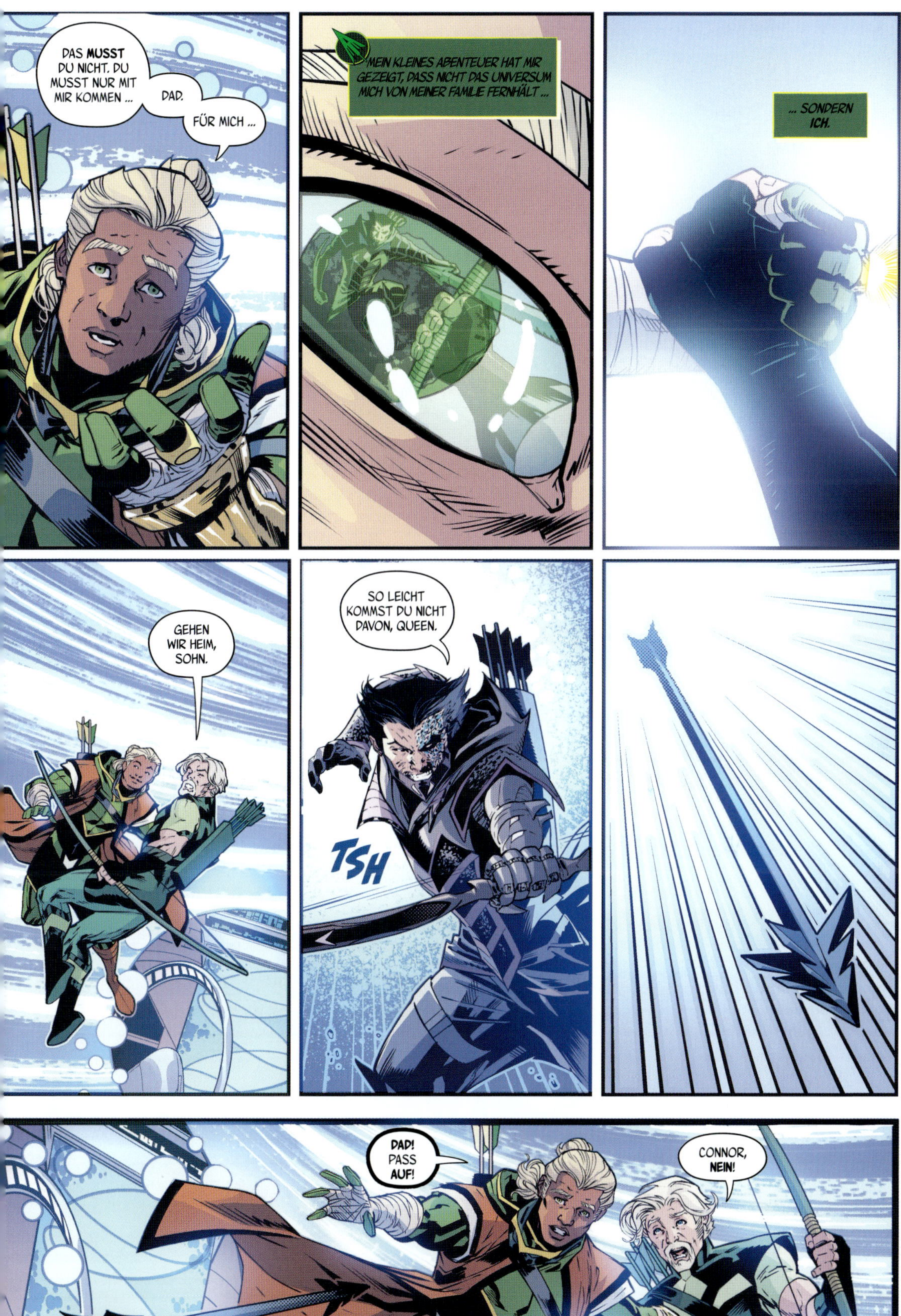
DAS **MUSST** DU NICHT. DU MUSST NUR MIT MIR KOMMEN ...
DAD.
FÜR MICH ...
MEIN KLEINES ABENTEUER HAT MIR GEZEIGT, DASS NICHT DAS UNIVERSUM MICH VON MEINER FAMILIE FERNHÄLT ...
... SONDERN ICH.
GEHEN WIR HEIM, SOHN.
SO LEICHT KOMMST DU NICHT DAVON, QUEEN.
TSH
DAD! PASS **AUF!**
CONNOR, **NEIN!**

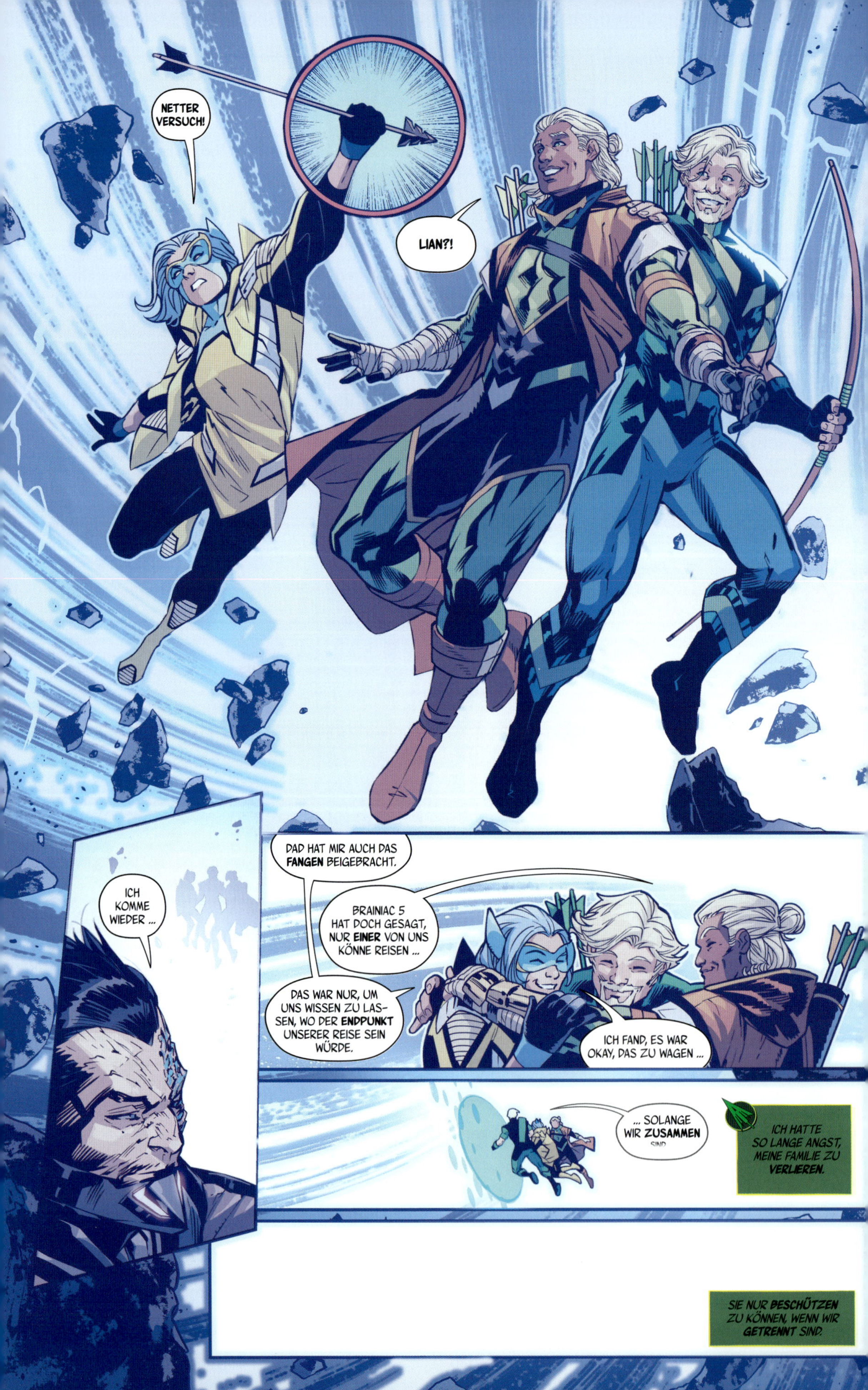
NETTER VERSUCH!
LIAN?!
ICH KOMME WIEDER ...
DAD HAT MIR AUCH DAS FANGEN BEIGEBRACHT.
BRAINIAC 5 HAT DOCH GESAGT, NUR EINER VON UNS KÖNNE REISEN ...
DAS WAR NUR, UM UNS WISSEN ZU LASSEN, WO DER ENDPUNKT UNSERER REISE SEIN WÜRDE.
ICH FAND, ES WAR OKAY, DAS ZU WAGEN ...
... SOLANGE WIR ZUSAMMEN SIND.
ICH HATTE SO LANGE ANGST, MEINE FAMILIE ZU VERLIEREN.
SIE NUR BESCHÜTZEN ZU KÖNNEN, WENN WIR GETRENNT SIND.

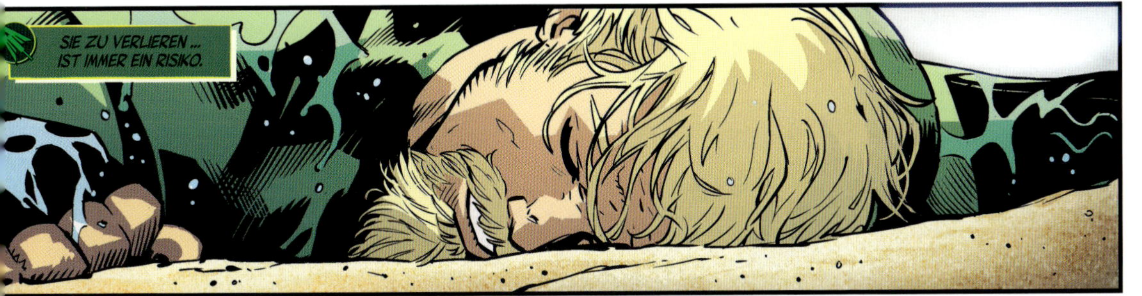
SIE ZU VERLIEREN ...
IST IMMER EIN RISIKO.

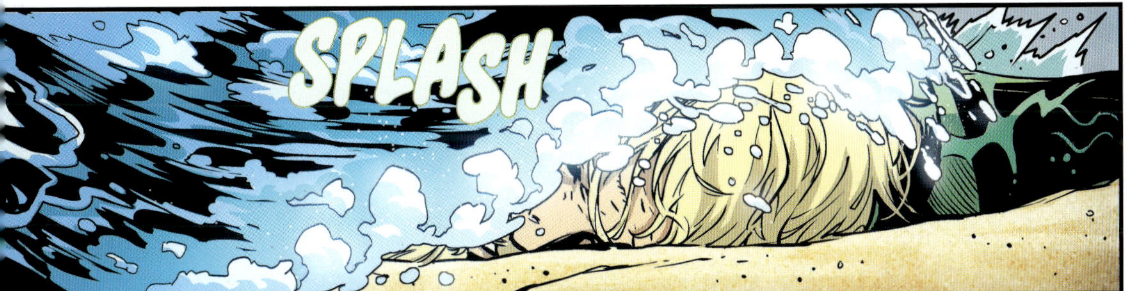
SPLASH

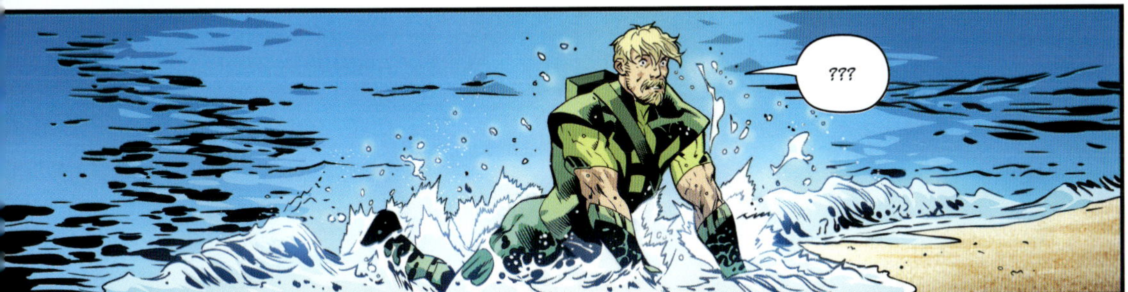
???

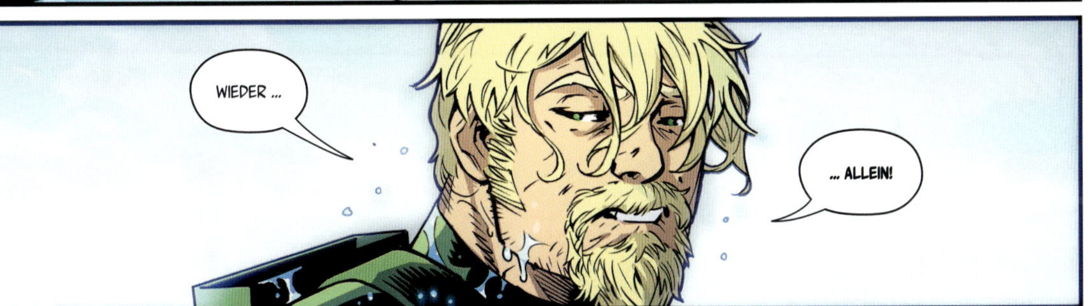
WIEDER ...
... ALLEIN!

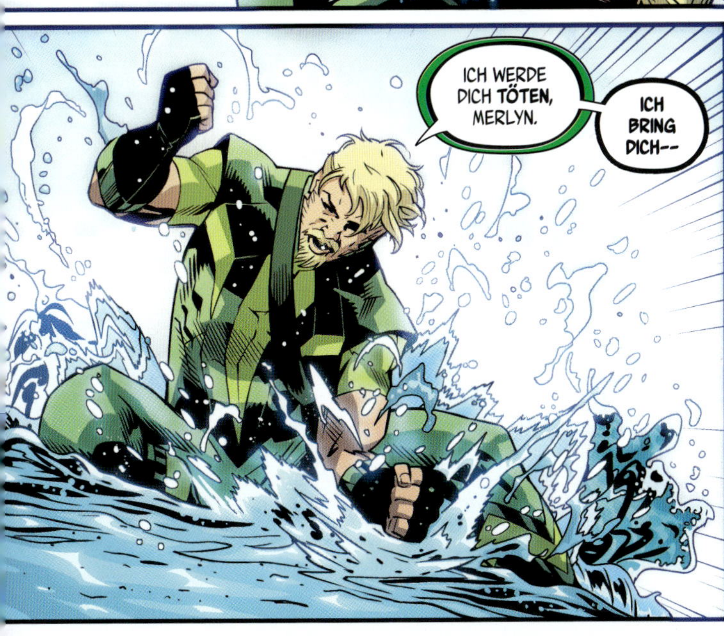
ICH WERDE DICH TÖTEN, MERLYN.
ICH BRING DICH--

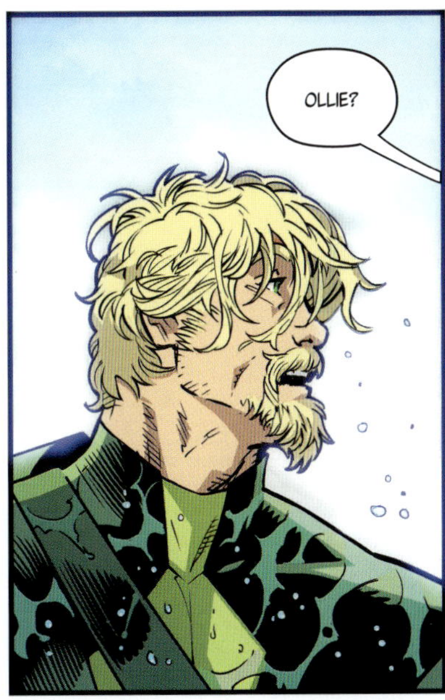
OLLIE?

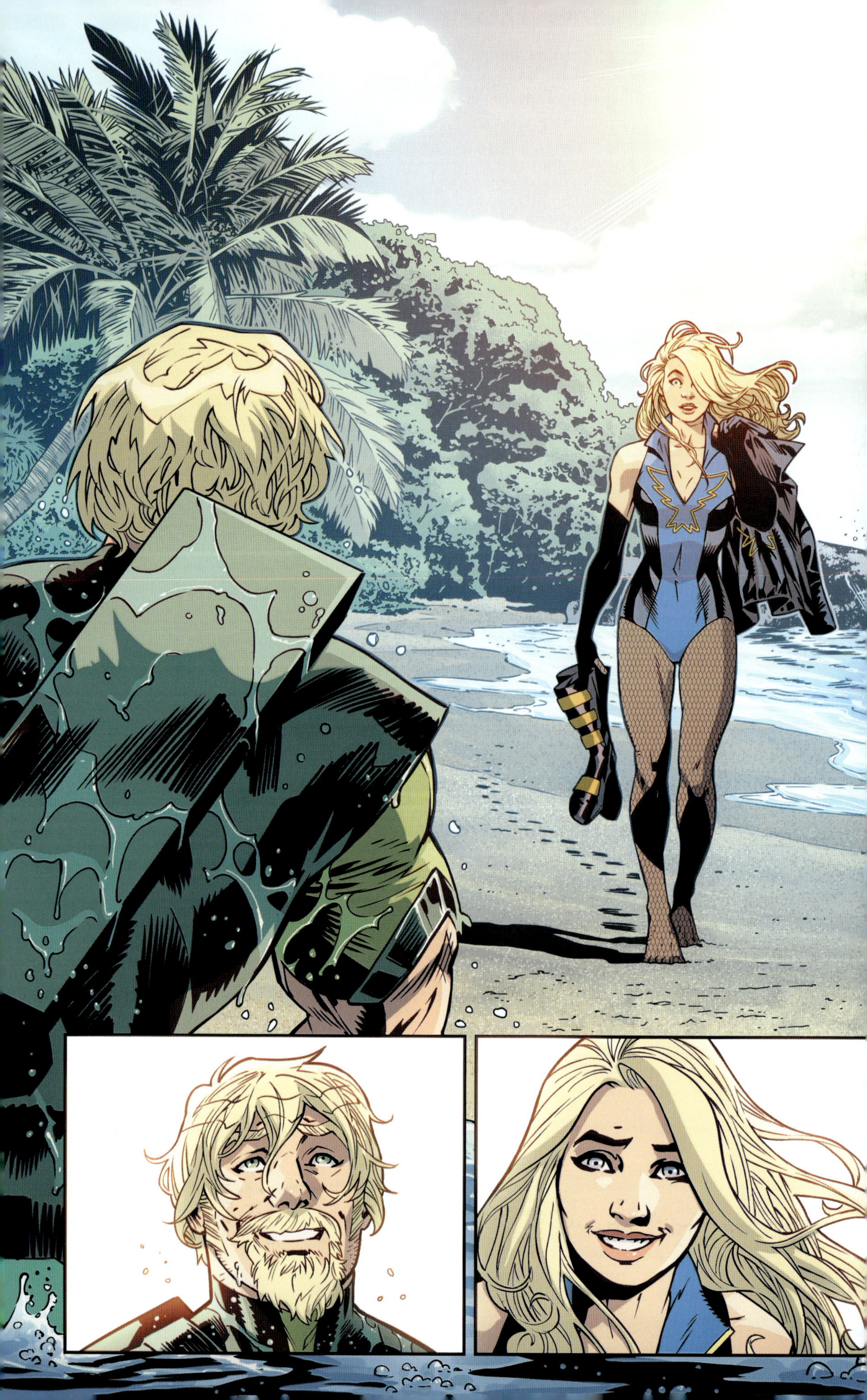

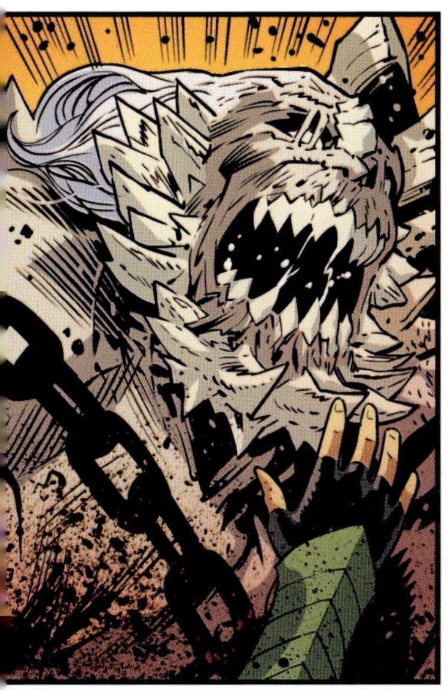
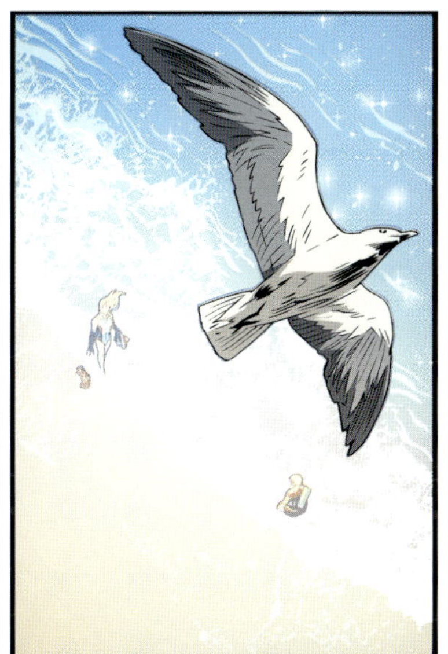
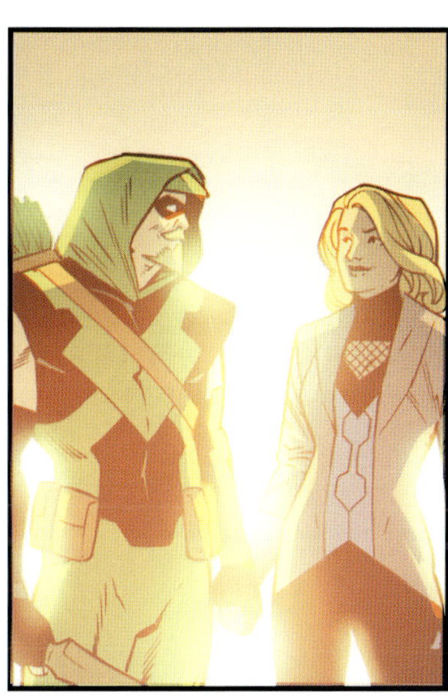
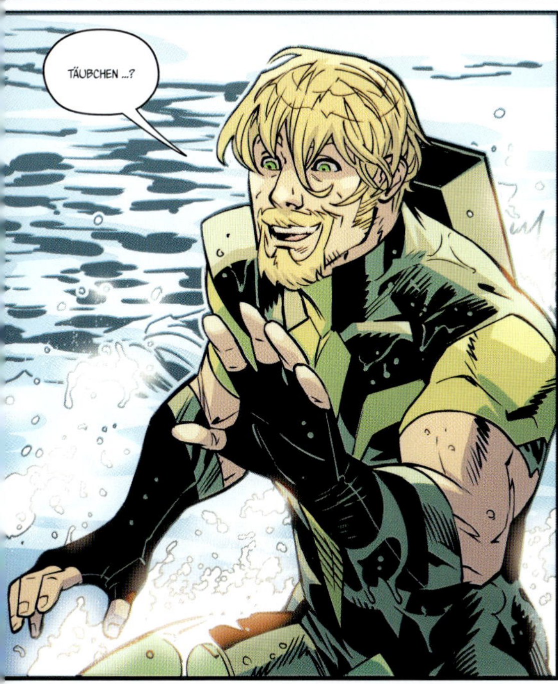
TÄUBCHEN ...?
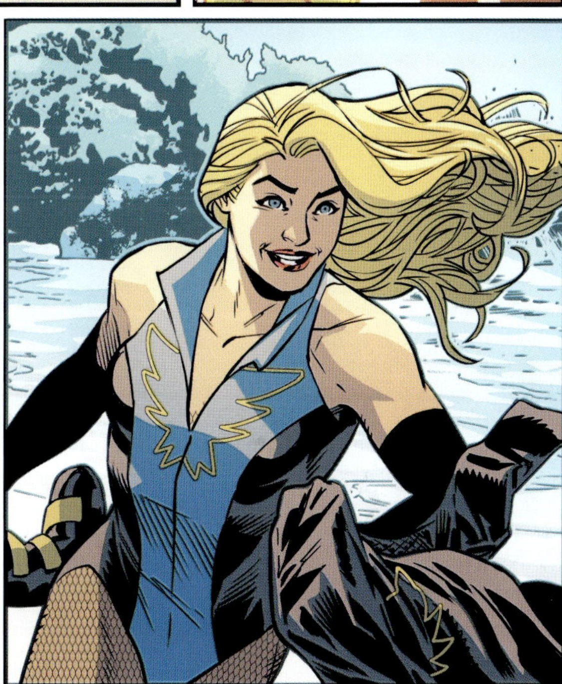
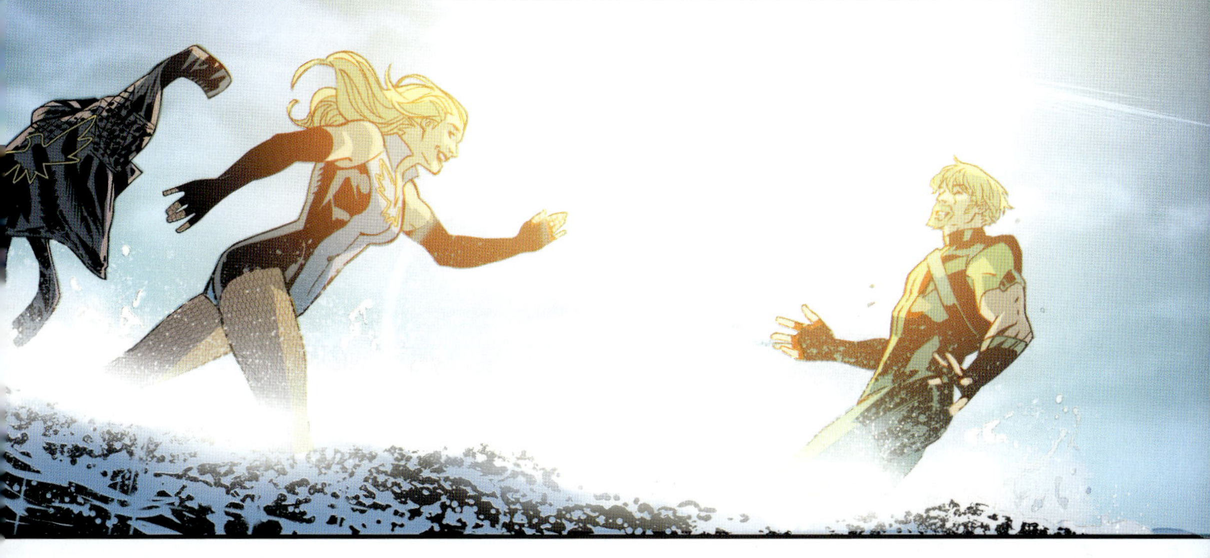

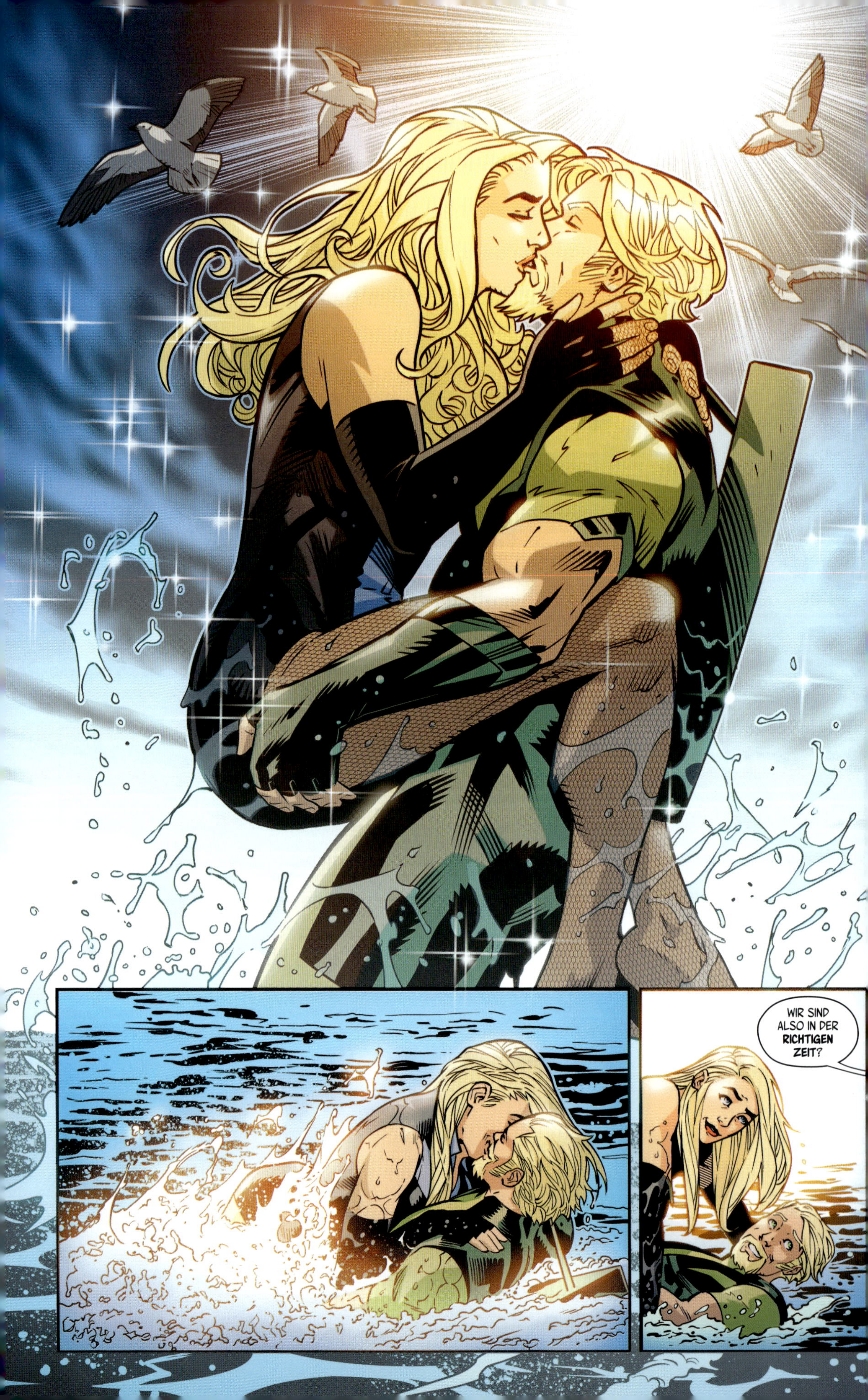
WIR SIND
ALSO IN DER
RICHTIGEN
ZEIT?

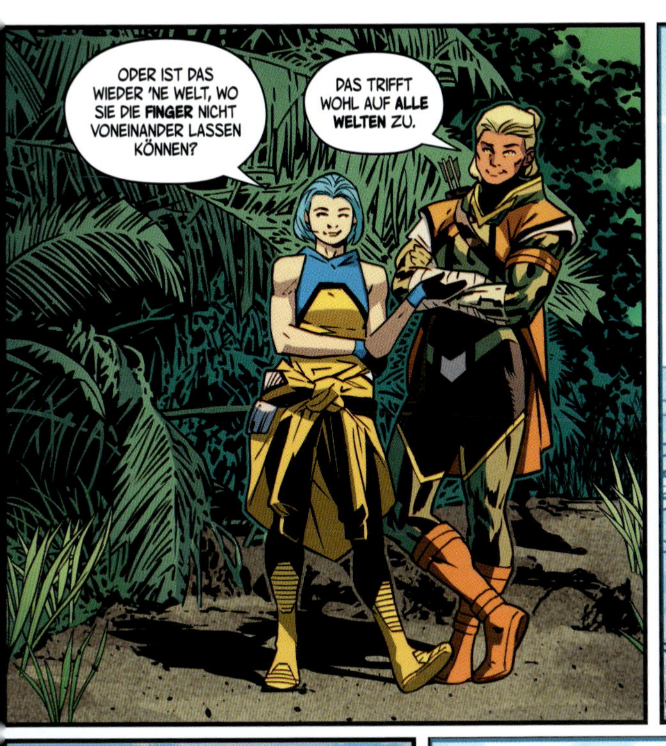
ODER IST DAS WIEDER 'NE WELT, WO SIE DIE **FINGER** NICHT VONEINANDER LASSEN KÖNNEN?
DAS TRIFFT WOHL AUF **ALLE WELTEN** ZU.

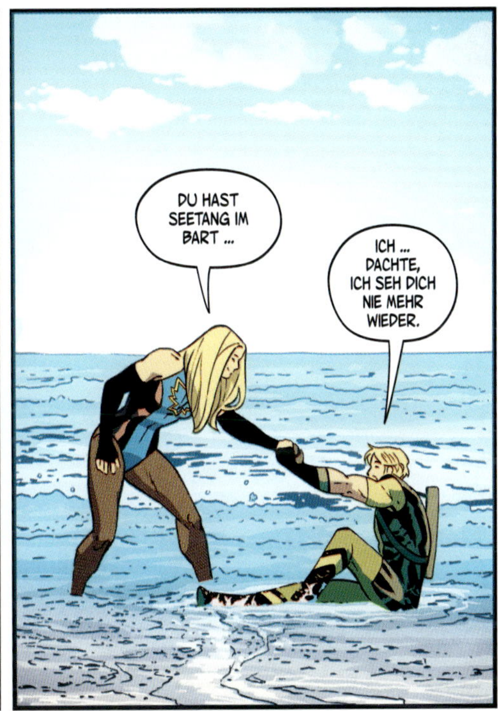
DU HAST SEETANG IM BART ...
ICH ... DACHTE, ICH SEH DICH NIE MEHR WIEDER.

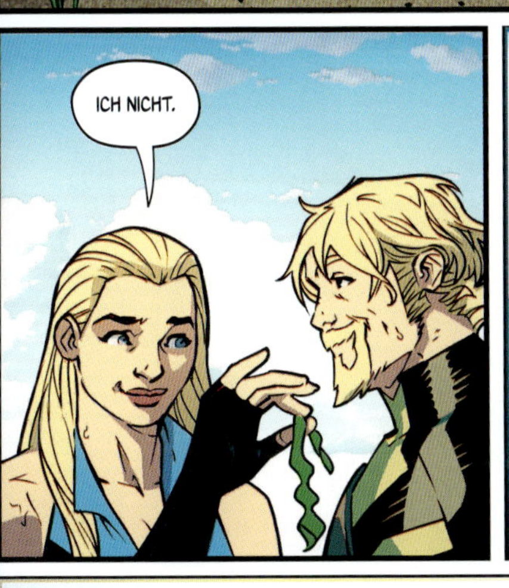
ICH NICHT.

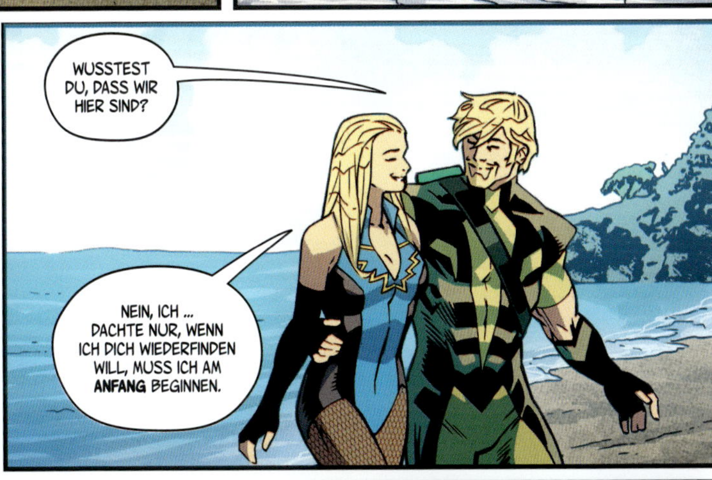
WUSSTEST DU, DASS WIR HIER SIND?
NEIN, ICH ... DACHTE NUR, WENN ICH DICH WIEDERFINDEN WILL, MUSS ICH AM **ANFANG** BEGINNEN.

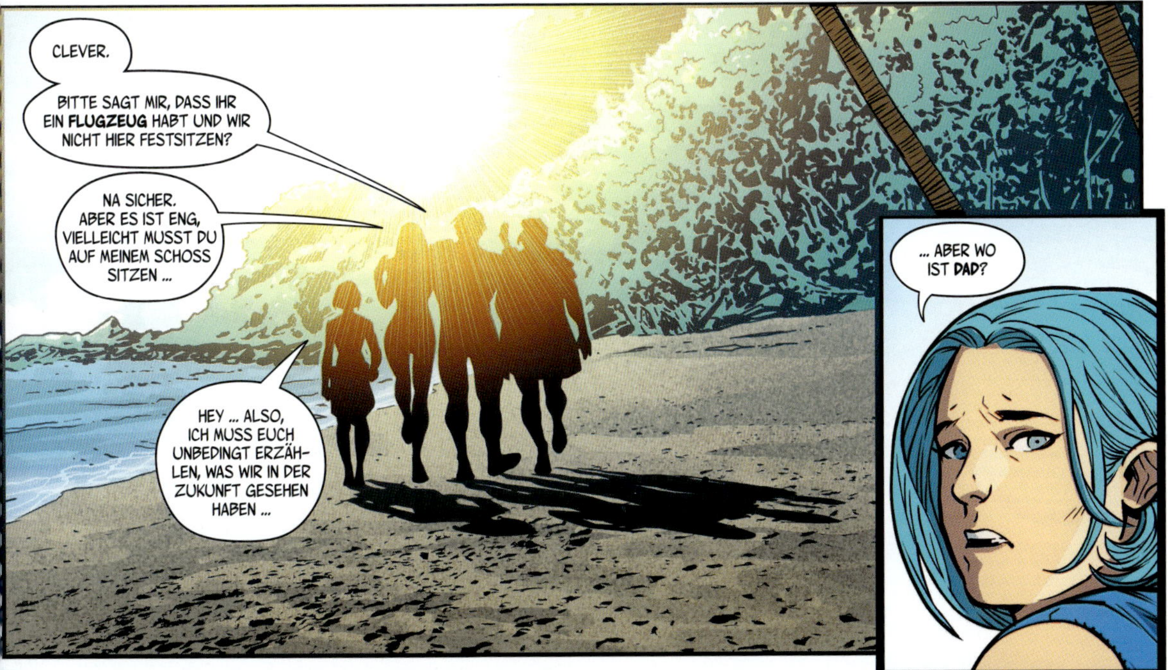
CLEVER.
BITTE SAGT MIR, DASS IHR EIN **FLUGZEUG** HABT UND WIR NICHT HIER FESTSITZEN?
NA SICHER. ABER ES IST ENG, VIELLEICHT MUSST DU AUF MEINEM SCHOSS SITZEN ...
HEY ... ALSO, ICH MUSS EUCH UNBEDINGT ERZÄHLEN, WAS WIR IN DER ZUKUNFT GESEHEN HABEN ...
... ABER WO IST **DAD**?

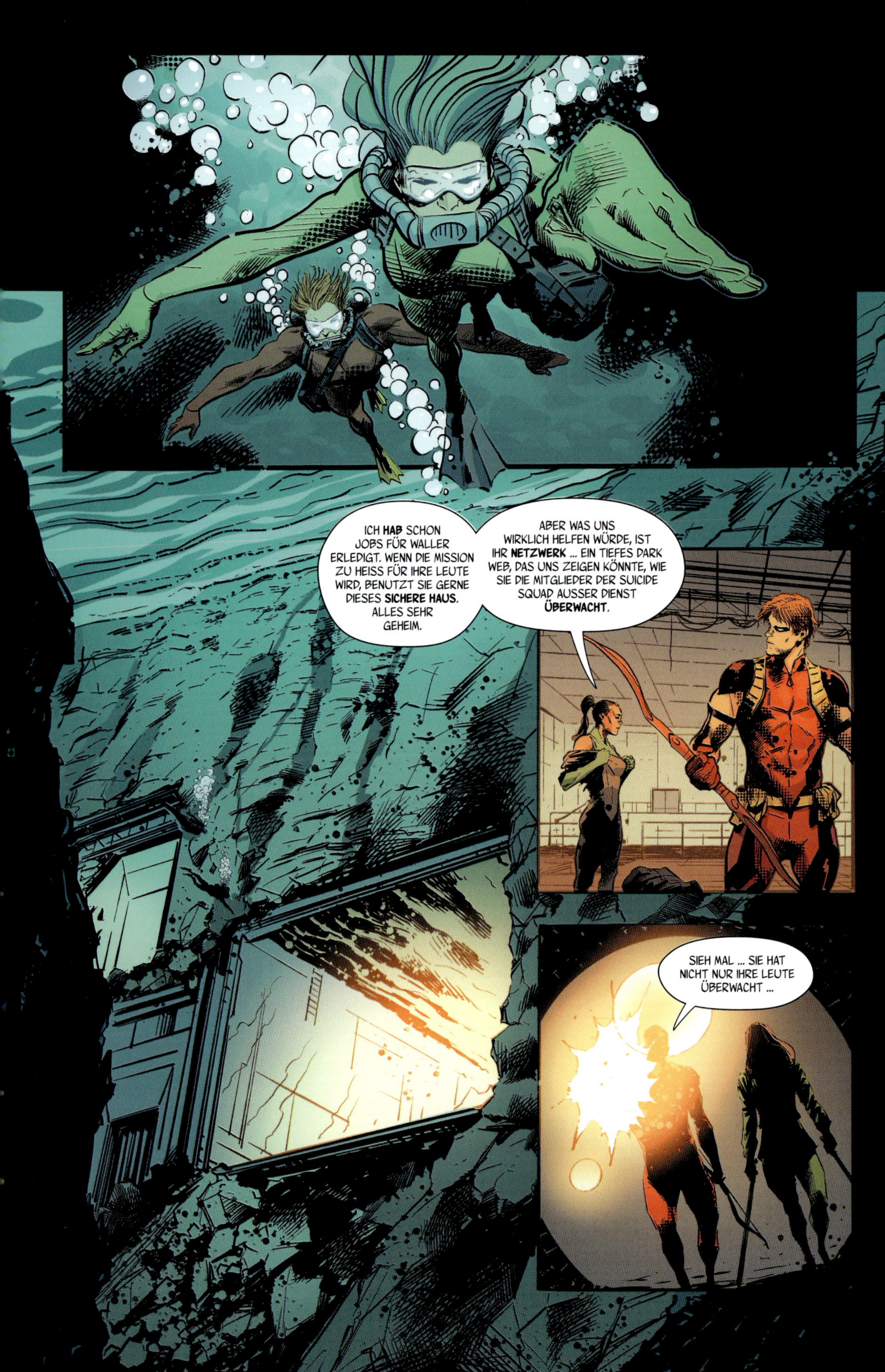
ICH HAB SCHON JOBS FÜR WALLER ERLEDIGT. WENN DIE MISSION ZU HEISS FÜR IHRE LEUTE WIRD, BENUTZT SIE GERNE DIESES SICHERE HAUS. ALLES SEHR GEHEIM.
ABER WAS UNS WIRKLICH HELFEN WÜRDE, IST IHR NETZWERK ... EIN TIEFES DARK WEB, DAS UNS ZEIGEN KÖNNTE, WIE SIE DIE MITGLIEDER DER SUICIDE SQUAD AUSSER DIENST ÜBERWACHT.
SIEH MAL ... SIE HAT NICHT NUR IHRE LEUTE ÜBERWACHT ...

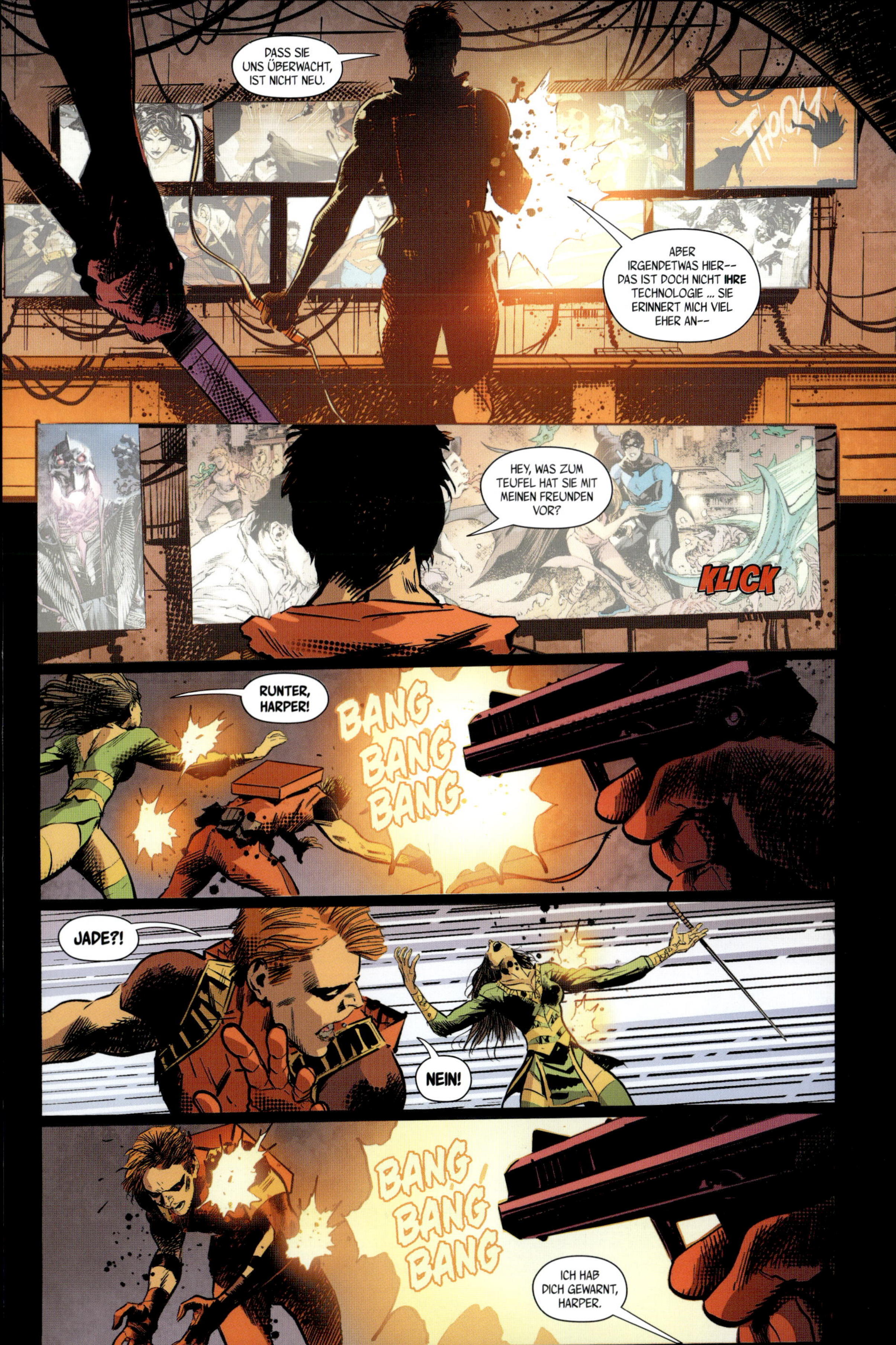
DASS SIE UNS ÜBERWACHT, IST NICHT NEU.
THOOM
ABER IRGENDETWAS HIER-- DAS IST DOCH NICHT **IHRE** TECHNOLOGIE ... SIE ERINNERT MICH VIEL EHER AN--
HEY, WAS ZUM TEUFEL HAT SIE MIT MEINEN FREUNDEN VOR?
KLICK
RUNTER, HARPER!
BANG BANG BANG
JADE?!
NEIN!
BANG BANG BANG
ICH HAB DICH GEWARNT, HARPER.

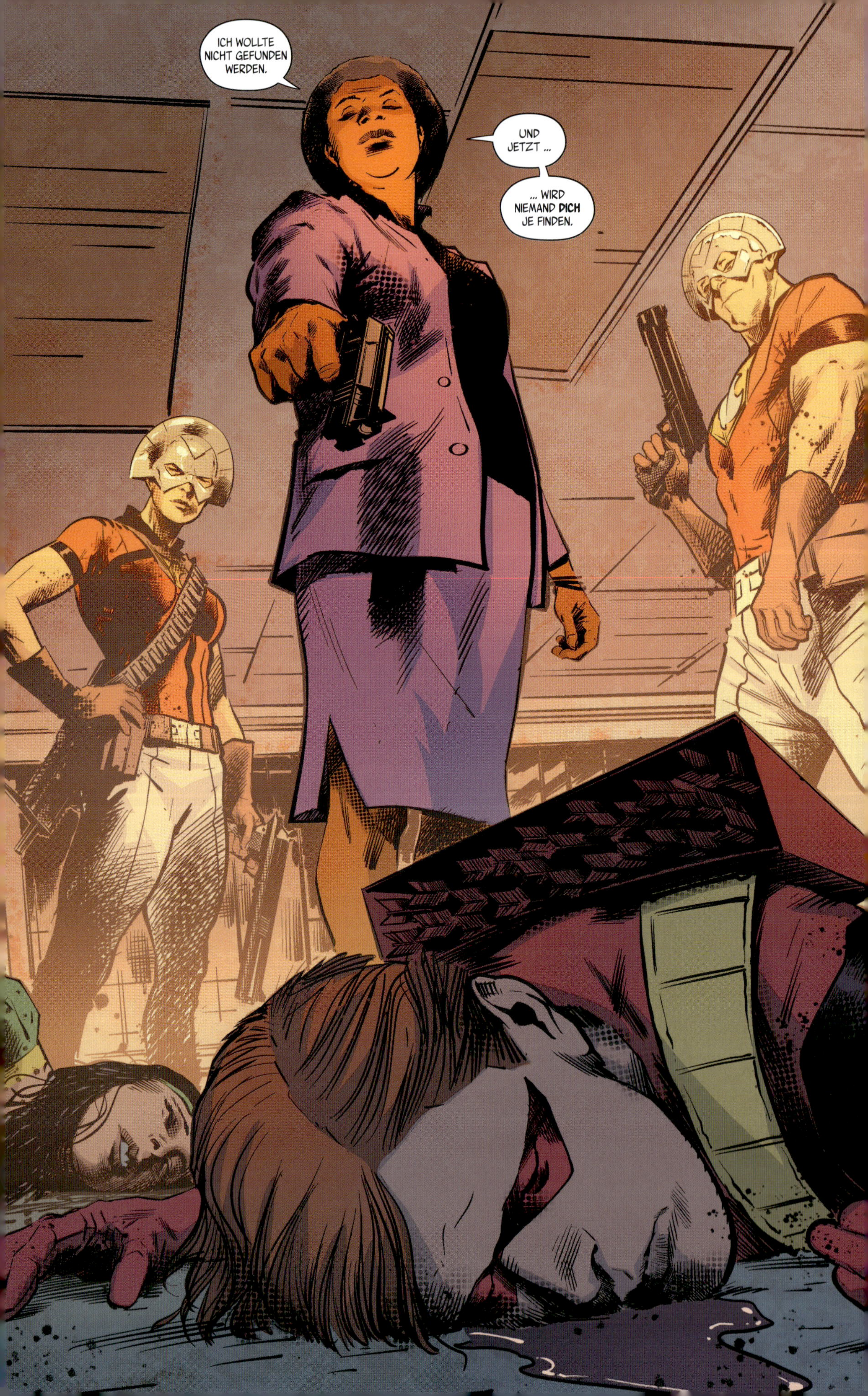
ICH WOLLTE NICHT GEFUNDEN WERDEN.
UND JETZT ...
... WIRD NIEMAND **DICH** JE FINDEN.

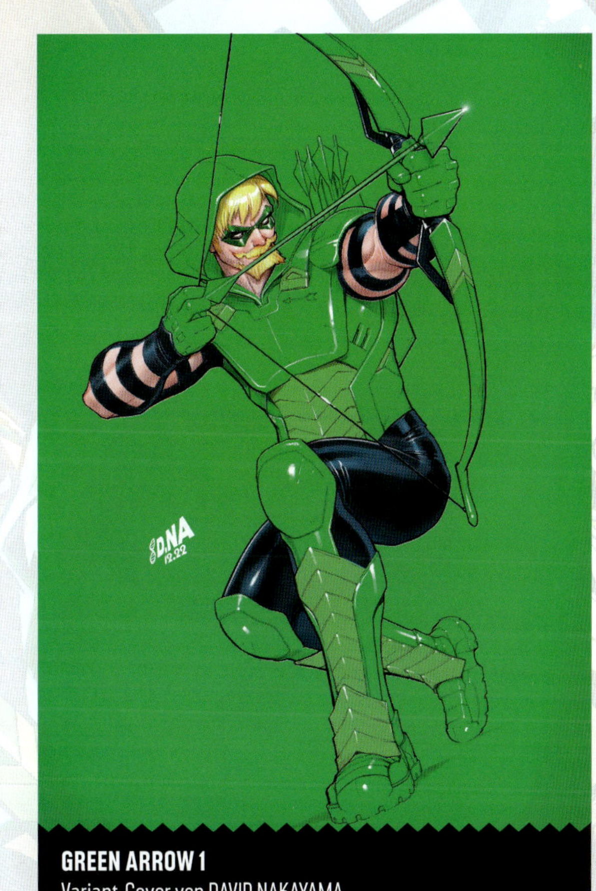

GREEN ARROW 1
Variant-Cover von DAVID NAKAYAMA

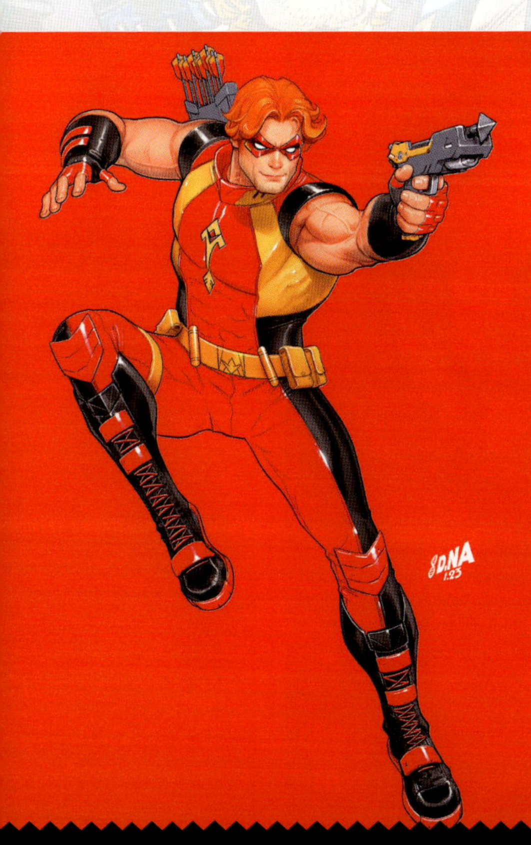

GREEN ARROW 2
Variant-Cover von DAVID NAKAYAMA

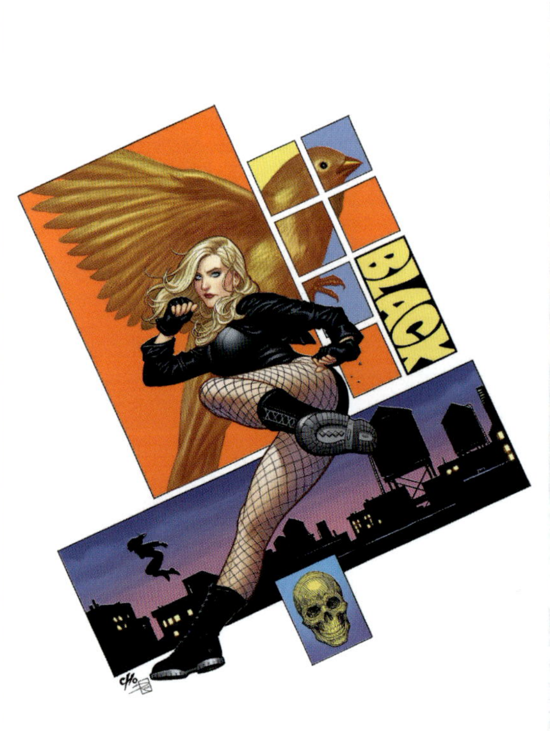

GREEN ARROW 1
Variant-Cover von FRANK CHO

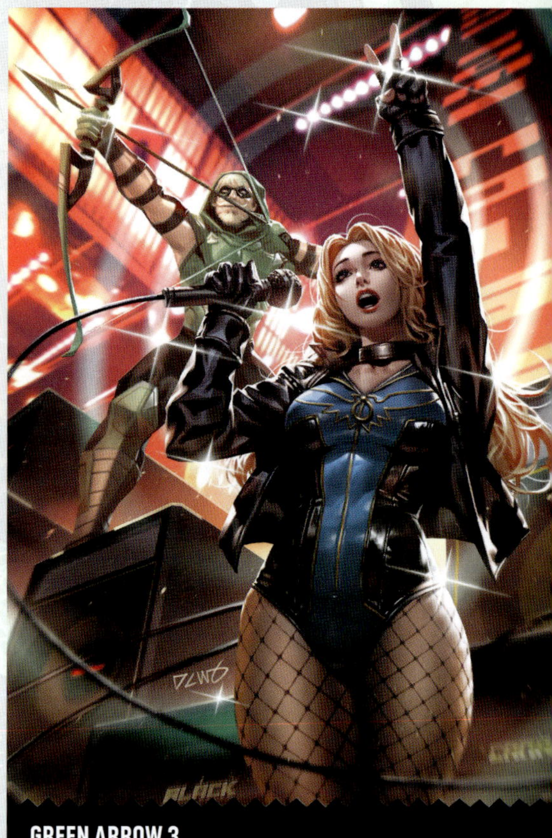

GREEN ARROW 3
Variant-Cover von DERRICK CHEW

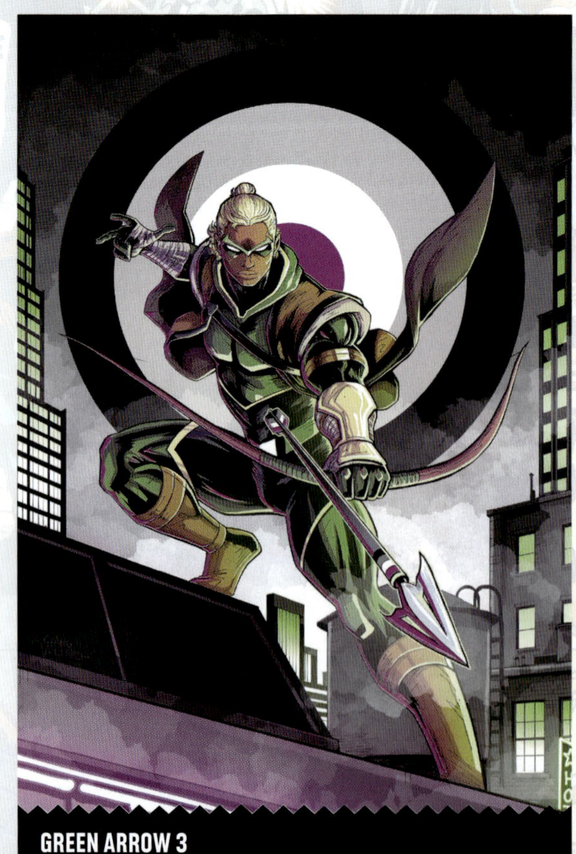

GREEN ARROW 3
Variant-Cover von LUCIANO VECCHIO

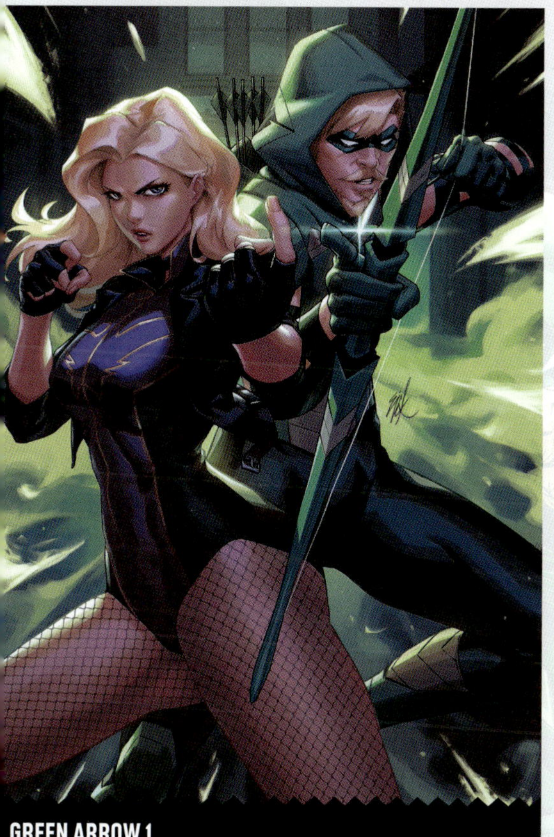

GREEN ARROW 1
Variant-Cover von EJIKURE

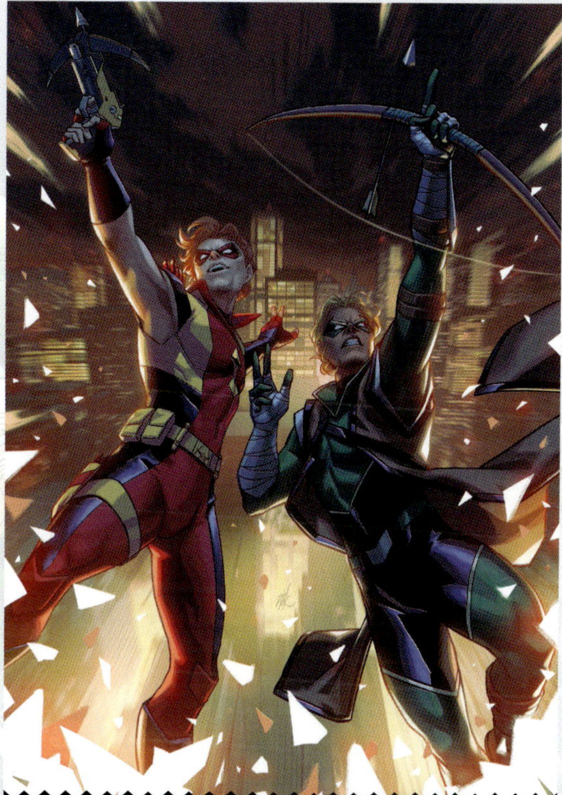

GREEN ARROW 2
Variant-Cover von EJIKURE

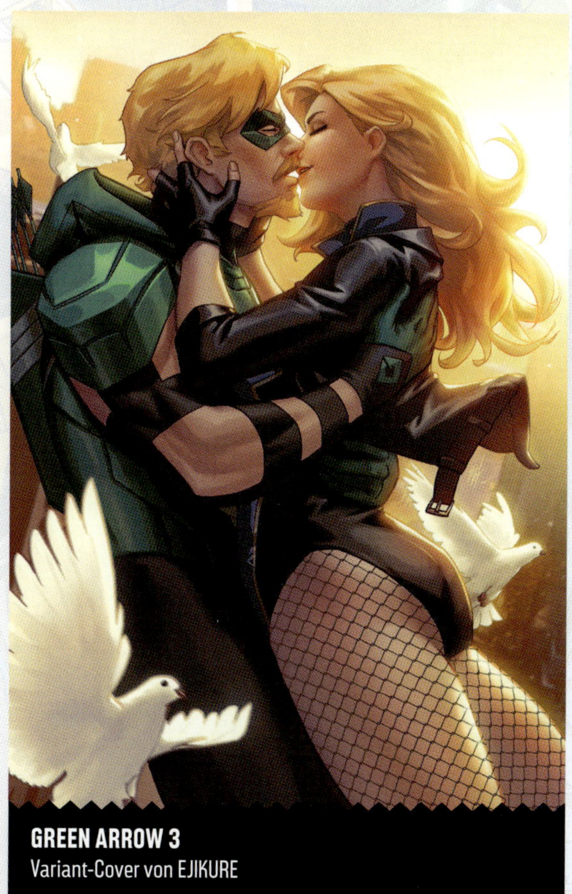

GREEN ARROW 3
Variant-Cover von EJIKURE

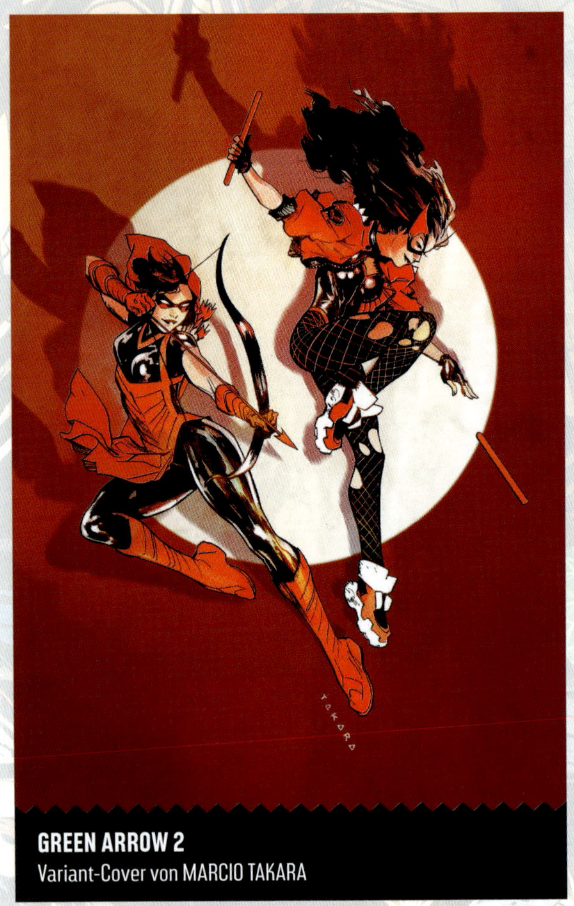

GREEN ARROW 2
Variant-Cover von MARCIO TAKARA

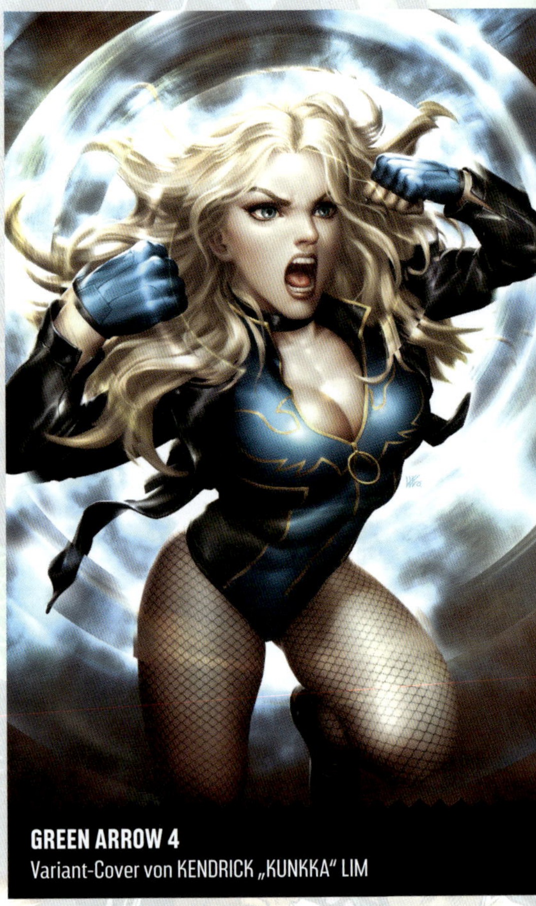

GREEN ARROW 4
Variant-Cover von KENDRICK „KUNKKA" LIM

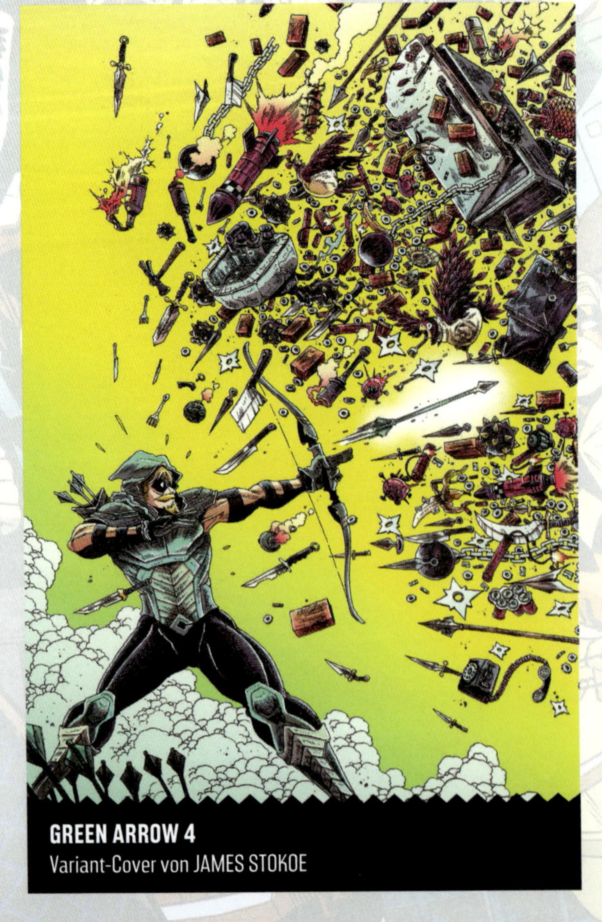

GREEN ARROW 4
Variant-Cover von JAMES STOKOE

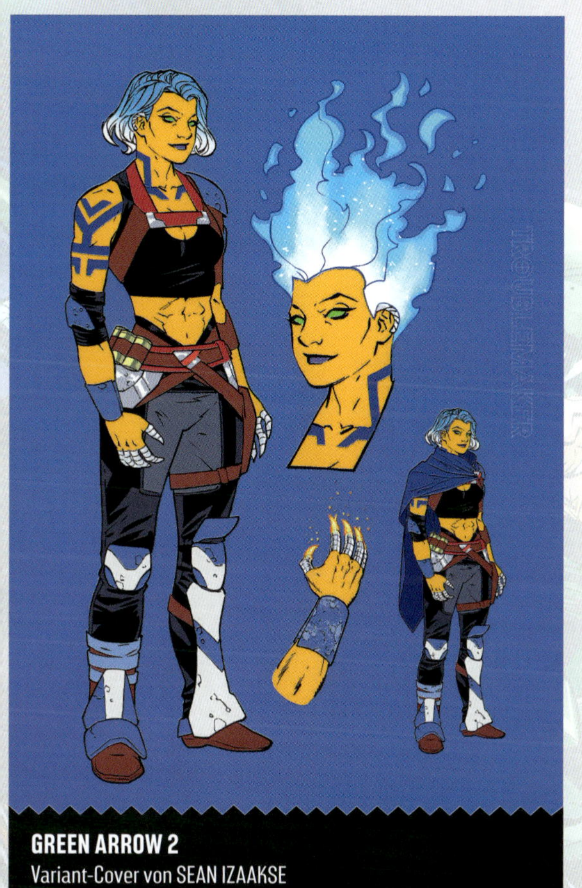

GREEN ARROW 2
Variant-Cover von SEAN IZAAKSE

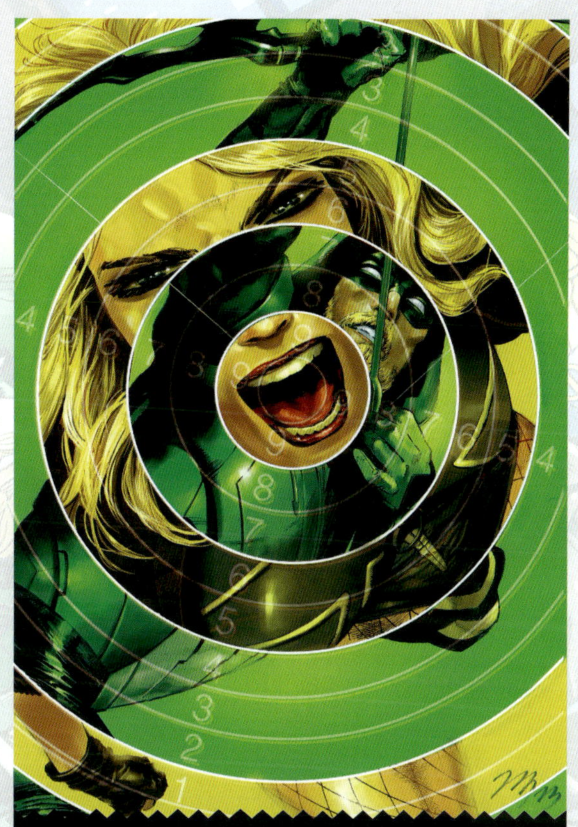

GREEN ARROW 5
Variant-Cover von ÁLVARO MARTÍNEZ BUENO

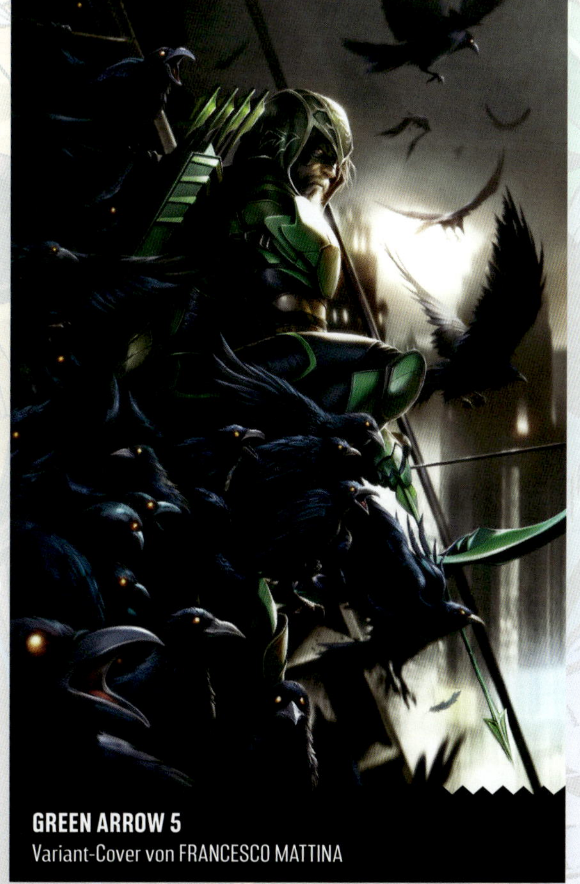

GREEN ARROW 5
Variant-Cover von FRANCESCO MATTINA

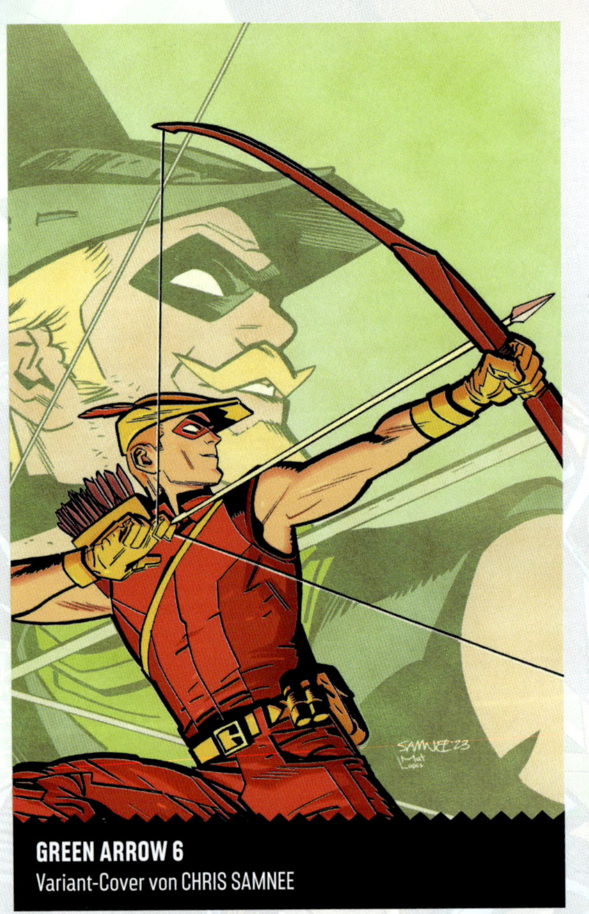

GREEN ARROW 6
Variant-Cover von CHRIS SAMNEE

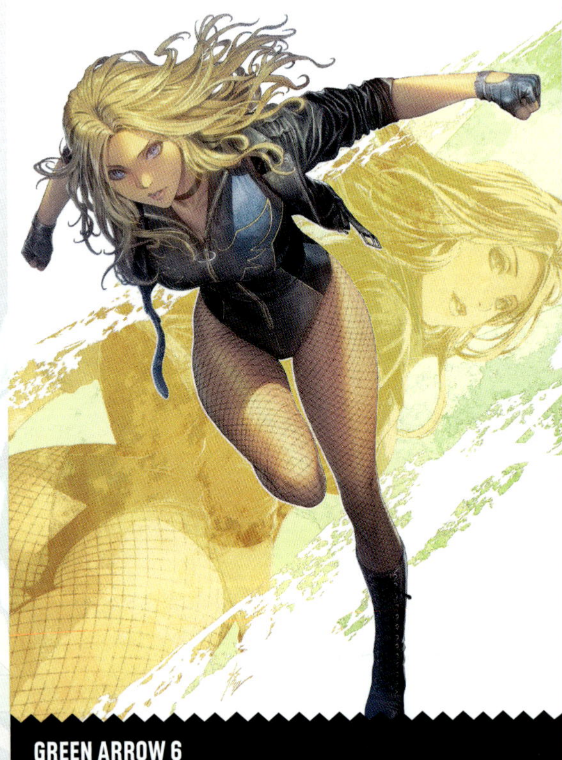

GREEN ARROW 6
Variant-Cover von HOMARE

Happy Holidays!

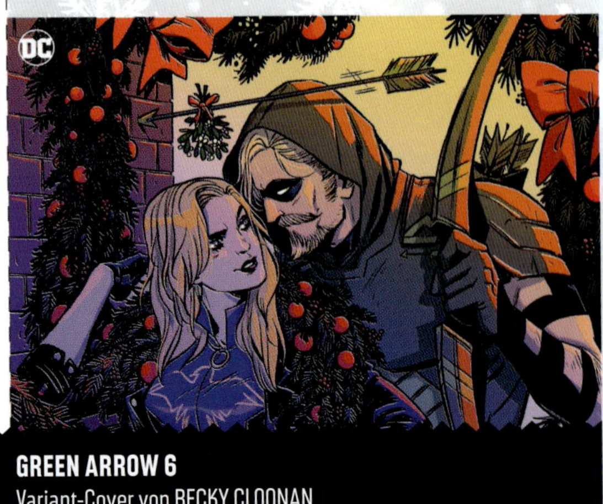

GREEN ARROW 6
Variant-Cover von BECKY CLOONAN

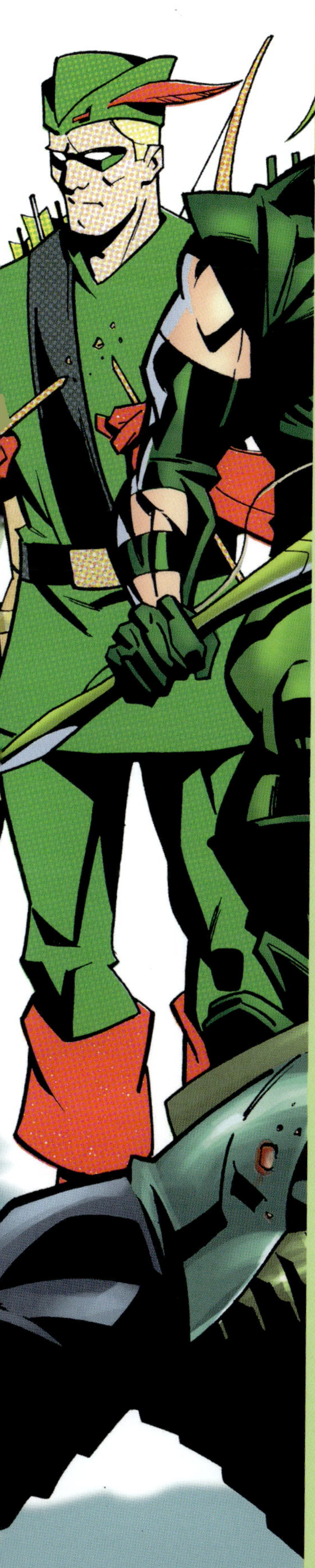

NEUE ZIELE

von **Christian Heiß**

KONTERKARIERT

Oliver Queen, Tech-Milliardär und charmanter Lebemann bei Tag, aufrechter Kämpfer für die Unterdrückten, Schwachen und Hilflosen bei Tag *und* Nacht. **Green Arrow** gilt seit Jahren als der *Everyman* unter den Superhelden von DC Comics, der sich vor allem den Problemen der kleinen Leute und Randgruppen in seiner Heimatstadt **Star City** stellt. Mit diesem Neustart setzt Autor **Joshua Williamson** jedoch einen spektakulären Kontrapunkt zum Image des Bogenschützen und schleudert ihn in eine kosmische Achterbahnfahrt durch Raum und Zeit.

Ollies Odyssee ist aber nicht der einzige spektakuläre Neuansatz, der in diesem und im nächsten Monat die Comic-Fans mitreißen wird. Mit der Verlagsinitiative **Dawn of DC** starten auch Helden wie **Superman**, **Flash**, **Wonder Woman**, **Green Lantern**, die **Titans** und die **Doom Patrol** mit neuen Serien und spannenden Kreativteams in ein „Neues Morgen"!

FAMILIENBANDE

Wie viele unauslöschliche Spuren der **Grüne Pfeil** in seiner über achtzigjährigen Geschichte bei DC Comics hinterlassen hat, zeigt nicht nur die denkwürdige Konfrontation mit all seinen verschiedenen Inkarnationen am Ende von Kapitel 5 in diesem Band, sondern auch die Existenz seiner erweiterten Green Arrow-Familie. Deren Rückgrat sind natürlich **Roy Harper**, den Green Arrow einst zu seinem Mündel und Sidekick **Speedy** machte und den er durch harte Zeiten wie seine Drogenabhängigkeit und den Tod von Roys Tochter **Lian** begleitet hat, und **Black Canary**. Ollies große Liebe **Dinah Lance** steht weiterhin zu ihrem Mann, auch wenn seine aufbrausende Persönlichkeit und sein Erfolg bei anderen Frauen einer dauerhaft stabilen Beziehung (bisher?) im Weg standen.

Olivers Sohn **Connor Hawke** entsprang einer Beziehung mit Olivers Uni-Liebschaft **Sandra Moonday Hawke**, doch Ollie sollte erst viele Jahre später von seiner Vaterschaft erfahren. Als Ollie bei einem Anschlag umkam, schlüpfte Connor in die Heldenrolle seines Vaters und wurde der zweite Green Arrow, bis das kosmische Furchtmonster **Parallax** in der Gestalt von **Hal Jordan** Ollie neues Leben schenkte. Eine zweite Chance erhielt auch Roys Tochter Lian, die in der alten DC-Kontinuität vom Schurken **Prometheus** getötet wurde. Durch die Ereignisse des **Infinite Frontier**-Events wurde jedoch die Historie umgekrempelt. Seither gilt: Lians Tod wurde nur vorgetäuscht und durch das Wirken von **Merlyn** und **Amanda Waller** wurde Lian, wie wir gesehen haben, ihrer Familie entrissen. Erst in späteren Jahren beschloss sie, unter **Catwomans** Führung ein anonymes Leben als **Cheshire Cat** in **Gotham City** zu führen.

AMANDA-ALARM

Apropos Amanda Waller: Die Chefin der **Suicide Squad**, die am Ende der **Dark Crisis** den Auftrag erhielt, der Superhelden-Gefahr auf der Erde Herr zu werden, wird Green Arrow nicht nur im nächsten Band, sondern auch weit darüber hinaus beschäftigen. Doch aufgrund ihrer Agenda werden ihr Einfluss und ihr Wirken im gesamten DC-Universum zu spüren sein. So auch im Event **Batman: Knight Terrors**, das aktuell allen Bewohnern der Erde – und somit auch allen Helden und Schurken – fürchterliche Albträume beschert.

DAS KREATIV-TEAM

JOSHUA WILLIAMSON ist ein 1981 geborener US-amerikanischer Autor aus Oregon, dessen Vorliebe für Fantasy, Sci-Fi und Superhelden schon in Titeln wie dem Serienkiller-Thriller *Nailbiter*, dem Horror-Krimi *Ghosted* und dem Fantasy-Titel *Birthright* erkenntlich war. Für DC Comics übernahm er mit dem Start der Rebirth-Ära höchst erfolgreich die Serie *Flash* mit den rasanten Abenteuern des Roten Blitzes Barry Allen. Es folgten die Hauptserie des actiongeladenen Crossovers *Justice League vs. Suicide Squad*, die postapokalyptische Science-Fiction-Serie *Frostbite* für DCs Imprint Vertigo und weitere Strecken von *Batman – Detective Comics* und *Batman/Superman*. In den letzten Jahren stieg Williamson mit Event-Titeln wie *Justice League: Infinite Frontier* und der gigantischen *Dark Crisis* zu einem der wichtigsten Architekten des DC-Universums auf, das er in naher Zukunft mit weiteren Titeln wie *Superman* sowie *Batman und Robin* bereichern wird.

SEAN IZAAKSE ist ein aufstrebender Comic-Zeichner aus Südafrika, der nach ersten Arbeiten wie der Serie *Stray* für den Verlag Action Lab und den *Pathfinder*-Serien von Dynamite Entertainment für Marvel Comics Titel wie *Uncanny Avengers* und *Fantastic Four* illustrierte. *Green Arrow* ist seine erste große Arbeit für DC Comics.

PHIL HESTER ist ein US-amerikanischer Comic-Autor und Absolvent der Universität von Iowa. Er startete 1997 erstmals durch, als seine Eigenschöpfung *The Wretch* als beste neue Serie für den Eisner Award nominiert wurde. Darüber hinaus zeichnete er *Ultimate Marvel Team-Up*, *Clerks: The Lost Scene*, *The Crow: Waking Nightmares*, *Aliens: Purge* und DC Comics' *Swamp Thing*. Am bekanntesten ist er jedoch für seine lange Strecke an DCs *Green Arrow*-Serie, die von Kevin Smith, Brad Meltzer und Judd Winick geschrieben wurde. Man kennt Hester zudem als Besitzer einer umfangreichen Sammlung von Original-Comic-Zeichnungen und als Urheber des Hester-Paradoxons: Dabei handelt es sich um eine Sammlung, die so umfangreich ist, dass es zu kostspielig wäre, sie zu versichern, die aber dennoch zu wertvoll ist, um sie nicht zu versichern.

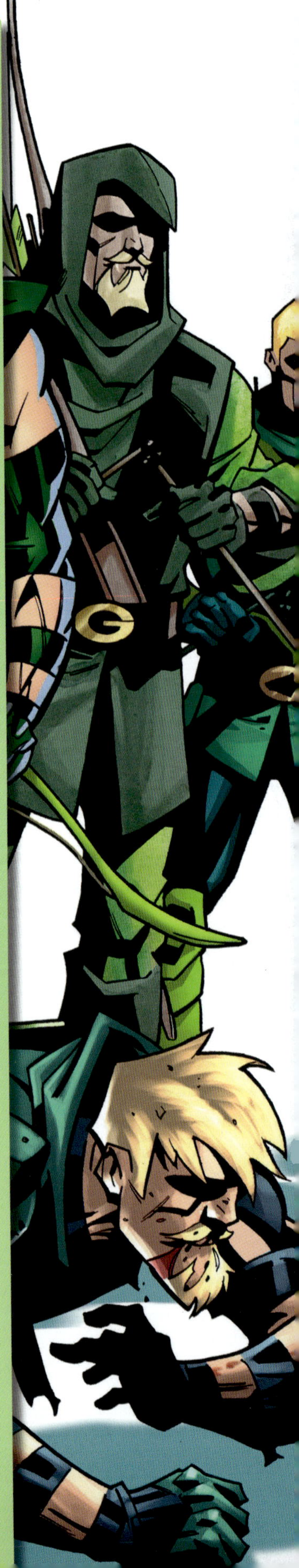